일러두기

1. 이 책에 수록한 고 김정한 작가(1908~1996)의 소설 네 편은 (사)요산기념사업회에서
   2008년에 펴낸 『김정한 전집 1~5』(조갑상 외 엮음, 작가마을)를 저본으로 삼았다.

2. 이에 김정한 소설은 전집의 편집 방향과 표기 원칙을 따르되, 가독성을 위해 띄어쓰기 등
   일부 적용만 다르게 하였다. 그 세부 내용은 아래와 같다.

1) 고유어와 사투리, 한자어 등은 작가의 문체 특성과 함께, 작가가 당대 민중의 언어를 살려
   쓰고자 한 의도를 반영하여 표준어나 현대어로 고치지 않고 그대로 살렸다.

2) 다만 대화문과 지문을 구분해, 지문에선 일부 잘못된 어휘 사용을 바로잡았다.

3) 독자의 이해도와 가독성을 높이기 위해 낯설거나 어려운 낱말엔 뜻풀이를 달았다.

4) 작품 제목이 한자로 된 경우 한글에 한자를 병기했고, 작품에서 거듭 사용된 한자는
   처음에만 괄호에 넣어 표기하고 그 뒤엔 한글로 표기했다.

5) 띄어쓰기는 표준국어대사전을 기준으로 하되, 일부 합성명사에 한해선 가독성을 높이기 위해
   붙여 표기했다.

6) 음독 표기한 일본어는 그 뜻을 번역하여 괄호 안에 넣었다.

7) 판독 불가능한 글자는 글자 수만큼 □로 표시하였다.

이야기로
양산하다

이야기로
양산하다

역사와
문학으로 읽는,
나와 양산의
오늘과 내일

경상남도양산교육지원청 **기획**
메깃들마을학교 **엮음**

창비

당신의 하루하루가
양산양산하기를

도시가 북적북적합니다. 우리는 저마다 생활을 꾸려 가느라 익숙한 길을 바삐 오갑니다. 그러느라 우리 둘레를 오래 들여다보거나 깊이 느껴 보지 못하지요. 우리가 살아가는 곳의 매력을, 여행 온 외지인보다 모를 때도 있습니다.

도시를 뚜벅뚜벅 걷습니다. 매일 오가던 길이어서 잘 안다고 여깁니다. 저 모퉁이를 돌면 네거리가 있고, 건널목을 건너면 시장이 나오고. 눈 감고도 가겠다 싶은 길입니다. 그러다 그 길 위에서 이야기를 하나 만납니다. 전엔 여기까지 바닷물이 들락거렸대. 뭐라고? 그래서 바닷고기, 민물고기가 다 잡혔다더라. 진짜? 그래서 범어라고도 하잖아, 어쩌고저쩌고……. 이야기에 걸음을 멈춥니다. 익숙함에서 발견한 낯섦이 설렘을 안깁니다. 그 낯선 설렘을, 이야기의 힘을 당신과 나누고 싶습니다. 이 책은 당신을 낯설지만 설레는 세계로 이끄는 작은 불빛이고자 합니다.

크게 세 부분으로 구성하였습니다. 먼저 '양산'이라는 익숙한 고장에 낯설게 접속해 보려 합니다. 양산의 삶과 역사를 문학이라는 창을 통해 가슴으로 밀려드는 실체로 만나기도 할 겁니다. 그러고는 우리가 터한 양산의 내일이, 곧 우리의 미래가 어떤 방향으로 흘러가면 좋을지 함께 탐색해 보려 합니다.

1부 '양산에 잇다'는 우리 자신이 대상입니다. 새로운 눈과 이야기로 우리를 양산에 이어 보려 합니다. '너와 나에게 양산은'에선 다양한 처지의 양산 시민에게 양산에 대한 기억을 물었고, 이를 통해 '나는 어떻지?'를 당신도 묻도록 했습니다. '양산 속으로'는 청소년을 주인공 삼아 양산 안으로 한 발, 두 발 내디뎌 보도록 하는 만화입니다. 당신의 호기심과 궁금증이 자극되길 바랍니다.

이어지는 '문학 속 양산 이야기'는 특집입니다. 우리네 삶을 재료로 삼는 문학이 가닿을 수밖에 없는 진실이 있다고 믿기에 문학

특집을 꾸렸습니다. 양산을 배경으로 한 중단편 소설 네 편을 특별히 엮었습니다. 경남·부산 지역을 대표하는 고 김정한 작가의 작품들로, 양산 배경의 김정한 소설을 온전하게 한데 모은 건 이 책이 유일할 겁니다. 리얼리즘 문학의 남다른 경지와 만나게 될 테니, 각 작품에 스민 예민한 진실들에 당신도 공명하리라 기대합니다. '만남'에서는 김정한 작가를 직접 만납니다. 물론 가상 인터뷰입니다만, 작품의 안과 밖을 넘나드는 대화 속에서 작가가 자신의 생애와 문학을 통해 당신과 잇고자 했던 이야기가 무언지 생각하게 되는 기회일 것입니다.

마지막 2부는 '양산과 있다'입니다. 우리는 저마다 어떤 방식으로든 이미 양산과 함께 '있습니다'. 양산에서 존재하며 살아갑니다. 그렇기에 나름의 현실 인식과 전망이 필요합니다. 양산의 무엇을 어떻게 기억할 것인가에 대한 생각들을 담은 '시선과 탐색'은 흥미진진한 길잡이가 되어 줍니다. 아울러 '양산 톺아보기'에서 드러나는, 양산에서 살았고 또 살고 있는 사람들의 다양한 삶의 결들이 당신에게 양산에 대한 애틋함으로 번졌으면 합니다.

이후 당신의 현실 인식과 애틋한 마음은 '양산의 오늘과 내일'에서 깊이 있는 인문주의 통찰과 만나게 됩니다. 여기서 당신은 양산을 일구어 온 옛사람들에 대해, 그들을 품어 온 양산에 대해, 그 유산을 이미 이어 가고 있는 자신에 대해 묘한 자부심을 느끼게 될 것입니다. 그 자부심은 작을지언정 미래를 담고 있는 단단한 씨앗이니 잃지 마시기 바랍니다.

이 책과 함께한 당신은 다시 북적북적, 양산을 오가되 전과는 다른 눈으로, 다시 뚜벅뚜벅, 양산을 걷되 전과는 다른 이야기로 걸을 것입니다. 당신 스스로 이야기를 양산해 내고(많이 발견하거나 혹은 만들어 내고), 그 이야기로 당신은 양산+하는, 그러니까 양산을 경험하며 양산의 가치를 실현해 가는 사람이 될 것입니다. '이야기로 양산하다'라는 이 책의 제목은 하나의 행동이자 실현이고, 바로 당신을 표현한 말이랍니다.

양산 곳곳을 거닐어 보세요. 새롭게 들려오는 이야기에 걸음을 멈추어 보세요. 당신은 양산의 아픈 역사뿐만 아니라 교류와 환대, 개방과 연결, 수용과 창조라는 이곳의 가치를 가슴에 새긴 사람이 될 겁니다. 하늘이 가을가을한 것처럼 당신의 하루하루가 양산양산할 겁니다. 그러기를 기대하고, 그런 하루하루를 즐기기 바랍니다.

2021년 늦가을, 편집위원 모두가 당신에게

차례

1부

양산에 '잇다'

너와
나에게
양산은

너와
내가
만나는

梁山

들보 량   뫼 산

연결의 순간과 장소

→

한반도 동남쪽, 경상남도 오른쪽 끝에 자리한 도시 양산.
큰 산과 강, 그리고 그 안에 너른 들을 품고 있는 곳입니다.
부산과 울산이라는 큰 도시를 곁에 두고 있고,
경부 철도와 경부 고속도로가 관통하는 곳이기도 합니다.
우리는 이 고장에서 살고 있거나, 일을 하거나,
혹은 그저 오가거나, 아니면 별다른 인연이 없거나 하겠지요.
우리 삶이 '시간'과 '공간'으로 기억되곤 하듯이
양산도 우리에게 어떤 '순간'이자 '장소'로 남아 있을 것입니다.
네 가지 질문을 통해 그것을 끄집어내 같이 보면서
우리가 양산이라는 도시를 통해 서로 연결되는 지점을
탐색해 봅시다. 편집실

초등학생 때부터 중학생인 지금까지 계속 행복하다. 양산엔 즐길거리와 나들이 갈 곳이 많고, 커 갈수록 나들이 갈 수 있는 영역이 넓어진다. 친구, 가족과 함께 추억을 쌓을 기회도 계속 많아진다.(14세)

퇴근길에 봄기운에 내린 어느 날이 떠오른다. 자전거 탄 아이들과 아내가 나를 기다리고 있었고, 걸이 걷는 귀갓길이 더없이 평화로웠다. 부산에 살 때보다 한결 여유롭게 느껴졌다.(41세)

워터파크에서 수학 축전이 열렸을 때를 꼽고 싶다. 보드게임이나 수학 관련 게임을 했지만, 공부한다는 느낌보단 진짜 축제를 즐기고 있다는 느낌이 들었다.(15세)

양산에서

양산 원동으로 이사 온 2012년 7월 8일. 도시 생활을 접고 설렘과 약간의 두려움을 가득 안고 시골로 이사 온 그날을 잊을 수 없다.(49세)

결혼해서 처음 양산에 자리 잡았던 때다. 그때 나는 젊었고, 동네에 아파트가 거의 없던 시절이어서 150세대 이웃들과 옛날 시골에서처럼 정말 다정하게 지냈다.(60세)

처음 양산으로 이사 왔을 때, 시골 학교로 전학 오면서 새로운 걸 경험하고 다양한 활동을 하게 돼서 좋았다. 모든 행복이 양산으로 이사 온 때부터 시작돼서 더 기억에 남는다.(15세)

'이때 나는 행복했다'

식구들하고 통도사로 나들이 갔던 날 참 행복했다. 코로나로 집 안에만 있는 시간이 길었는데, 모처럼 맑은 공기도 마시고 아름다운 건축물들도 실컷 볼 수 있었다.(18세)

8~12살 때 행복했다. 당시 양산은 거의 농촌이었고, 내가 원하는 곳이라면 어디에서든 친구들과 마음껏 놀 수 있었다.(49세)

다섯 살인가 여섯 살 때 처음으로 통도 환타지아에 가서 놀았는데, 그때가 무척 행복한 시간으로 기억된다. 신나게 놀았다.(16세)

이장으로 일했을 때 행복했다. 이웃들에게 봉사할 수 있어서였다. 여러 행사를 주최하면서 보람도 느꼈다.(68세)

대운산 자연 휴양림에서 행복했다. 아이들이 어릴 때 거의 매주 캠핑을 갔고, 아이들이 참 좋아했다.(41세)

양산의 '이 곳'에서

양산천, 신기천(북부천), 양산의 논밭 등에서다. 봄에는 봄볕이, 여름엔 수영, 가을엔 빛깔단에서 진경놀이, 겨울엔 썰매 타기 등 계절마다 다른 놀이를 할 수 있었어서 돌이켜보면 참 행복했다.(49세)

친구들과 자전거를 타고 양산천을 따라 부산까지 갔다 온 행복한 추억이 있어서 나는 양산천을 꼽겠다.(16세)

황산공원에서 행복했다. 벚꽃이 너무 예뻤다.(나이 불명, 이주 외국인)

양산시립박물관. 방학 때마다 박물관에서 봉사 활동을 하는데, 그러면서 처음으로 박물관이란 곳에서 즐거움을 찾는 방법을 터득할 수 있었다.(18세)

일요일마다 가서 놀았던 거북산 산자락에서 나는 행복했다.(47세)

통도사 주변 암자들을 찾아가는 숲 길에서 행복했다. 그곳을 거닐 때 바람과 햇살이 너무 행복한 느낌을 주었다. 좋아하는 사람과 함께 걸으면 금상첨화였겠지.^(60세)

베네콜, 네팔 친구들뿐 아니라 다른 나라 친구들과도 노래 부르고, 춤추고, 맛있는 음식 먹고, 즐겁게 보냈기 때문이다. 총룡폭포는 정말 아름다웠다.^(30세, 이주외국인)

나는 행복했다

양산타워에서다. 그곳에서 양산을 바라보니 신기했고, 내가 살고 있는 이 지역과 더 가까워진 느낌이 들어 좋았다.^(16세)

150세대 이웃끼리 다정하게 지냈던 추억이 남아 있어서, 오래전이긴 하지만 북부동(현 북안동)에서 나는 행복했더랬다.^(60세)

나는 양산 시민이

양산에서 코로나 확진률이 현저히 떨어졌을 때를 기억하자. 시민들의 협력으로 방역을 철저히 하면서 빠르게 대처할 수 있었고, 그 덕에 확진률이 낮아졌기 때문이다. (16세)

각자 자신이 양산에서 가장 행복했던 시간을 기억하길 바란다. (14세)

양산에서도 독립운동이 벌어졌다는 걸 기억하면 좋겠다. 자랑스러운 역사이기 때문이다. (53세)

요즘 틈가 빼 양산외국인노동자의 집에서 놀러 가서 재밌는 시간을 보냈다. 한국 사람들이랑 같이 놀고 한국 음식 먹고 한국 문화 배우는 우리 외국인 친구들이 양산에 함께 살고 있는 이 순간을 모두 기억해 주면 좋겠다. (31세, 이주 외국인)

양산에서 살고 있는 '지금 이 순간'을 기억하면 좋겠다. 코로나와 같은 국가 재난 상황을 전엔 상상도 못 했고 일상의 소중함을 더욱 느끼고 있는데, 그와 마찬가지로 양산에서 보내는 지금 이 순간을 항상 기억하고 감사하게 여기길 바란다. (18세)

양산 국민보도연맹 사건이 일어난 때를 기억했으면 한다. 학교 저를 동아리에서 이 사건을 주제로 활동을 하고 있는데, 많은 양산 시민이 이 역사적 사건에 대해 잘 모르는 것 같아 아쉽다. (18세)

양산삽량문화축전이 열렸을 때를 기억하면 좋겠다. 많은 양산 시민이 함께 축제를 즐기고 여러 체험을 할 수 있었기 때문이다. (15세)

기억하길 바란다

지하철 2호선 개통 당시를 기억하자. 그 덕에 생긴 현재의 편의에 감사하면 좋겠어서. (18세)

2018년 6월 통도사가 유네스코 세계문화유산으로 등재되었을 때다. 그야말로 양산의 자랑이 아닐 수 없어서 그렇다. (49세)

사랑채 아파트 건설 공사 중 유물이 나와서 공사가 멈췄을 때. 뭔가 역사적인 순간 같아서 그렇다. (16세)

황산공원과 거북산 등산로를 기억하면 좋겠다. 나에겐 무척 좋은 휴식처인데 시민들한테도 그렇다고 생각하기 때문이다. 그리고 양산시립박물관 뒤쪽의 고분군도 기억하면 좋겠다. 양산의 유서 깊은 역사를 증거하는 곳이니까.(68세)

나는 양산 시민이

'이천'입니다

양산 자체를 기억하자. 나는 이 양산이라는 지역이 품격 있다고 생각한다.(16세)

양산의 구도심과 양산천 일대를 기억하길 소망한다. 갈수록 아파트만 늘고 있는데, 오랜 삶의 생기를 품은 양산 구도심의 가치를 시민들이 재발견했으면 한다.(49세)

춘추공원과 효충사를 기억해 달라. 어곡터널이 생기고 효충마을이 공장에 둘러싸이면서 박제상이라는 기억해야 할 양산의 인물을 일부러 찾지 않으면 모르기 때문이다.(60세)

임경대와 양산의 산들(천성산, 영축산, 천태산 등). 단순히 명소라서가 아니라 힐링이 되는 매력적인 곳이라서.(15세)

누구나 다 아는 통도
사다. 양산의 과거와
현재를 모두 품고 있
는 양산의 자랑이기
때문이다.(60세)

양산천 일대. 우리 가족에게 맞
은 추억을 안겨 주던 양산삼락문
화축전을 무척 좋아했는데, 코로
나로 인해 열리고 있어 아쉽고. 다
시 열리길 바란다. 양산천 일대
가 그 축전 개최지였기에 다들
기억하면 좋겠다.(18세)

웅상의 우불산과 우불산성을 기억해야겠다.
이성계가 조선 건국 과정에서 왕조의 기반을
닦고자 전국의 명산 16곳을 다니며 기도했다
는 기록이 있다는데 그중 하나가 우불산이라
한다. 이 산엔 삼한 시대 만들어진 우불산성이
있는데, 임진왜란 때 왜군으로부터 주민을 막
아 낸 방패였다고. 사료적·학술적 가치가 상당
한데 관리가 안 되고 있으니, 기억을 해야 더는
안 그럴 거 같다.(18세)

기억하면
좋겠다

디자인공원의 양산
항일 독립운동 기념
탑을 기억하자. 아픈
역사와 자랑스러운
역사가 같이 스며 있
는 곳이니.(53세)

양산종합운동장을 기억하면 좋겠다. 양
산삽량문화축전이 열리고 겨울엔 스케
이트장이 개장하는 등 많은 행사가 열리
는 곳이라서.(16세)

'나'를 담은 양산 지도를 그려 봅시다

❶ 왼쪽 지도를 활용해 다음 활동을 해 봅시다.

(1) 자신이 사는 곳이나 살았던 곳을 찾아 ▲를 표시하고 그곳에 대해 간단히 소개해 봅시다.

(2) 친구, 친척, 지인이 사는 곳에 ■를 표시하고 그곳이 어떤 곳인지 간단히 소개해 봅시다.

(3) 자신이 좋아하는 곳에 ♥를 표시하고, 그곳을 왜 좋아하는지 말해 봅시다.

(4) 다른 지역 사람들에게 자랑하고 싶은 곳에 ●를 표시하고 그 까닭을 말해 봅시다.

(5) 앞으로 변하지 않기를 바라는 곳에 ★을 그려 넣고 그렇게 바라는 까닭을 말해 봅시다.

(6) 표시된 도형들을 같은 모양끼리 연결되도록 색깔을 칠해 봅시다. 그런 뒤 양산 지도에서
    자신의 생활과 주관이 담긴 부분이 넓은지 좁은지, 어떤 특성을 드러내는지 말해 봅시다.

❷ ❶에서 언급한 곳 가운데 세 곳을 골라 아래 [보기]처럼 즉흥 시를 지어 봅시다.

보기

통	통통한 강아지를 운동 시켜야 해요.
도	도로를 건너 통도사 앞까지 강아지랑 매일 저녁 산책을 하지요.
사	사랑하는 강아지와의 추억이 쌓여 가는 이 길을 저는 잊지 못할 거예요.

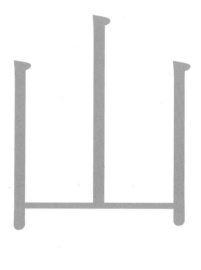

양산 속으로

한 걸음

박수연, 조원욱(이상 우리네이야기연구소 팀장) 글

이상경(웹툰 작가, 일러스트레이터) **만화**

일요일 아침,
우진이네 집

아 쫌 인나!
나가서 친구라도
좀 만나!

…….

안 되겠다, 이모.
피시방 갈래?

날도 좋은데
무슨…….

그럼, 거북산이나
한 바퀴?

주말은 쉬라고
있는 거다.

응,
안 돼.

아, 진짜.
ㅠㅠ

증산

나오니까 좋지?

어련하겠니.

이 산은 그러고 보니 아파트들 사이에 혼자 덜렁 있네.

이런 산을 '독뫼'라고 해. 다른 산이랑 연결돼 있지 않은 산.

거북산이라 부르잖아.

생긴 건 거북을 닮아서 그렇지. 머리는 어느 쪽이게?

거북 머리라, 글쎄?

대방6차아파트 앞에 구두공원 있지? 그쪽이야.

꼬리는?

경부선 철도 놓이면서 잘리고, 개발되면서 또 잘리고.

당집

당집이야.
마을 수호신한테
안녕과 풍요를 비는
제를 지내는 데지.

어,
근데 웬 집?

저쪽 철둑길 너머
마을에 홍수가
나면서 사람들이
이쪽 산비탈에
터를 잡고 당집을
만든 거야.

전에 둘레길에서도
집을 본 거 같은데.

중산마을당산

그건 기존 마을의
당집.

그럼 이건 따로 만든 거야?
그렇다면, 홍수로 집 잃고 온 사람들을
기존 주민들이 안 끼워 준 거야?

언뜻 생각하면
그런 거 같은데,
기존 주민들이 자기들
터를 내준 것만도
고마운 일이긴 하지.

그렇기도 하네.
아 참, 근데
증산은 뭐야.
그렇게도
씌어 있던데.

왜 이 산을
증산이라고도 할까?

알면 물어봤겠어?

저 표지판에
시루능선이라고 나오지?

시루?

떡 찔 때 쓰는 그릇 있잖아.
증산의 증 자가 '시루 증(甑)' 자야.

이 산이 꼭 시루 엎어 놓은 것 같다
그래서 증산이라 하는 거야.

얼~ 이 낯선 모습은 뭐지?
내 이모 맞나?

아니다.
메롱.

증산 왜성

왜성이라……
이건가?

예상한 모습하곤 다르지?
임진왜란 때 일본이 군의 근거지를
만들려고 쌓은 건데, 양식이
여느 성이랑 좀 달라.

헉! 임진왜란?
진짜 오래됐다.

그때 사람들은
전쟁을 겪었지만
우린 여기서
산책을
하는구나.

조상들이 싸운 덕이라
여기자.

일일
해설사야?

이래 봬도
나 공부 많이 한다.

누가?
누구?

으유~.

맷돌 바위

여기 길 맞아?

일단 와 봐.

저기 바위 보이지?

오, 엄청 크네!
누가 바위 두 개를
겹쳐 놓은 것 같아.

이게 맷돌 바위야.

콩 가는 맷돌?
뭐, 비슷하네.

위로 올라가 보자.

우아~
황산공원이랑
낙동강이 좌악~
멋진데.

이 일대를
메깃들이라고 했어.

메깃들?

응. 지금은 산 둘레가
거의 아파트랑 공원이지만,
전엔 평야였고,
훨씬 더 전엔 늪이었지.

메기가 비 냄새만 맡아도 홍수가 지는
곳이라 해서 메깃들이라 불렀대.

비가 오려나?

상상이 안 간다.

양산에 흥미로운 얘기가 많아.
종종 다녀 볼까? 어때?

제때 일어나기나 하셔요.
그래도 오늘 이모 반전!
동네에 대해 많이 알았네.

내가 숨은 얘기들을 좀 알지.
지명에 관해서나,
낙동강 자전거 길에 관해서나.

이모의
재발견!
ㅎㅎ

좋은 쪽이지?
ㅎㅎ

자신의 이야기가 스민 장소를 그림일기로 담아 봅시다

이야기가 있는 장소는 기억에 오래 남습니다. 그곳에 살았거나 살고 있는 사람에게는 삶의 이야기가 있으니 두말할 나위 없고, 그곳에서 무언가를 겪은 사람에게도 그 경험 때문에 특별히 오래, 진하게 남곤 합니다. 각자 자신의 이야기가 있는 장소를 떠올리며 다음 활동을 해 봅시다.

❶ 양산에서 각자 기억에 남을 만한 이야기가 있는 장소에 대해 말해 봅시다.

❷ 그곳의 이야기를 그림일기로 쓰고 그려 봅시다.

양산 속으로

梁  山

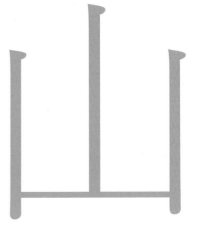

두 걸음

박수연, 조원욱(이상 우리네이야기연구소 팀장) 글

이상경(웹툰 작가, 일러스트레이터) **만화**

○○학교,
사회 시간

자,
모두 주목~.

2-3

이제
'우리 지역 알아보기'를
할 거예요.

'양산' 하면
떠오르는 것,
뭐가
있을까?

통도
환타지아요.

벗꽃
축제요!

없는데요.

여러분
집 주변엔
어떤 곳들이
있지?

다 아파튼데요.

하하하하~.

아, 양산 부산대 병원 있네요.

양산도서관요. 주말에 책 보러 가요.

워터파크도 있어요. 산책하기 좋죠.

그래. 그럼 이젠 숨어 있는 옛 흔적들을 찾아보자.

아는 곳 없니?

…….

그럼, 과제 나갑니다.

아~ 뭐예요!

어른들께 우리 지역의 옛 모습에 관한 얘기를 듣거나, 양산이 배경인 문학 작품을 찾아보거나, 유적지에서 사진이나 영상 찍거나, 뭐든 상관없어. 혼자 하든 모둠으로 하든 다 좋고. 다음 주까지 보고서 제출!

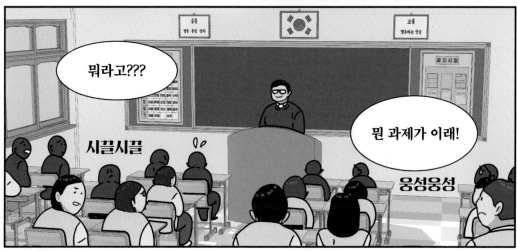

뭐라고???

시끌시끌

뭔 과제가 이래!

웅성웅성

뭐야, 어떻게 하라고?

야, 야, 도와줄 사람이 있어.

우리 이모가
별걸 다 알거든.
동네에 관해서 말야.

도와 달라면
해결될 거야.

그 추리닝 이모가?

안 바쁘셔?

너무
안 바쁘지.
ㅎㅎ

오~ 딱이네. ㅎㅎ

우진이네 집

이모!

이모!

안녕하세요~.

학교에서 '우리 지역 알아보기' 해 오래. 도와줘.

어, 안녕? 야, 야, 진정해.

뭘 어쩌는 건데?

우리 지역에 대해 얘길 듣거나, 여기저기 다니면서 사진만 찍으면 돼. 같이 다녀 주라.

재밌는 숙제네. 그러면…… 황산베랑길 거쳐서 토교까지 가 볼까? 자전거 타고. 어때?

그 쌤 멋지다.

걷는 것보단 뭐……

베랑길? 토교? 뭐지?

가면서 얘기해 줄게. 그럼 출발!

물금역

자전거부터 빌리자. 아, '물금'이란 지명의 유래 아는 사람?

비 좀 그만 오라고 물금이라 했다던데?

여기 안내판에 나오네요. "사람과 사람 사이 금하지 말라." 뭔 소리예요?

삼국 시대 때 낙동강을 사이에 두고 가야랑 신라 사람들이 교역을 했대.

근데 두 지역 간에 분쟁이 생겼을 때 심하게 감시를 하고 검문을 하니까 사람들 불만이 커진 거야. 그래서 두 지역 간의 교역을 금하지 말라, 해서 물금이 됐대.

갈등이 생겨도 교역은 하자는 거네요. 멋져요.

그렇지?
지명엔 지역의 역사나
정서, 철학 같은 것도
반영돼 있어서
재미난 게 많아.

그럼 다시 문제.
물금역은 언제 개통됐게?

그걸 어떻게 알아요.
우리가 만든 것도
아닌데.
ㅎㅎ

맞네. ㅎㅎ 경부 철도가
그 옛날 1905년에,
일제에 의해서 개통됐어.
물금역도 그때 생겼지.
역사가 엄청 깊지?

우리나라 철도는 초기엔
거의 일본이 놨대. 군사 침략과 식민지
수탈을 위해서랬나⋯⋯.

잘 아네.
일제강점기 때 철길로 물자를
많이 빼앗겼지. 양산에선
어떤 것들이 나갔을까?

쌀!

맞아. 그거 뭐더라, 산미증식계획인가 그걸로 쌀을 많이 생산해서 일본으로 가져갔다던데. 딴것도 있어요?

목화. 오봉산 자락에, 목화 재배를 많이 했다는 걸 알 수 있는 길도 있어.

아!!! 우리 집 주소가 물금읍 목화로 96인데, 그거요?

딩동댕~. 도로명으로 그 지역 유래를 알 수도 있지. 이제 출발할까?

물금역 관사

엇, 이거 우리나라 집 맞아? 좀 특이하다.

그러게. 언제 적 거예요?

45

일제강점기.
물금역 부역장의 관사였던 데야.
다다미방이 있는 일본식
건물이지.

어쩐지,
느낌이 좀.

이런 게 양산에도 있네요?
어떻게 지금까지 남아 있지?

일본 사람들이 만든 건데
왜 아직까지 남아 있지?

근대 문물이니까
남겨 놓은 거 아닐까?

뭔 소리야?
일본이 만든 건데.

그럼 무조건 다 없애?
어쨌든 우리 역사의
흔적이잖아.

우리
역사라고?

음, 너희가 좀
진지하게 고민해 볼
문제겠다.

양산에도
근대의 모습을 볼 수
있는 데가 있는 줄
전혀 몰랐어요.

여기뿐 아니지.
이번엔 강변으로
가 볼까?

황산베랑길 들머리

곧 황산강 베랑길이다.

네? 여기 낙동강 아니에요?

삼국 시대 때 양산 원동에서 낙동강 하구까지를 황산강이라 불렀대. 오봉산에 있는 철이 비에 씻겨서 누런 물이 흘러 황산이라고 했다는 얘기도 있고.

베랑길은 뭐예요?

'베랑'은 '벼랑'의 사투린데, 험한 벼랑에 선반처럼 달아서 만든 좁은 길을 뜻해. '황산잔도'라고도 하지.

티브이에서 보니까 중국에 유리잔도라는 게 있던데, 그런 길인 거예요? 무지 아찔하던데.

그런 거지. 조선 시대에 부산에서 한양 가는 길을 뭐라고 했는지 아는 사람?

영남대로!!!

이 길이 그거예요?

영남대로의 초입이 베랑길이야. 한양에 과거 보러 그 길로 걸어들 다녔지.

걸어서……. 시험 치기 전에 쓰러지겠다.

하하, 그러게. 우리 용화사 들렀다 가자.

엇, 살짝 으스스…….

들어가면 딴 세상이 짠 하고 나올 것 같다.

용화사

소설 「수라도」에 나오는
미륵당이 이 절이야.
이모랑 초등학생 때 왔었어.
오니까 기억 나네.

소설에서 박 서방이
이 절을 짓다가 옥이랑
썸을 탔지.

절을 짓다가 썸?
낯선데? ㅎㅎ

얘들아,
여기 보물이 있단다.

보물요?
돈이면 좋겠다.
ㅎㅎ

돈이겠냐?
금이라면 모를까.

대웅전에 있는
석조여래좌상이
보물 491호야.

왜? 국가 지정
보물 맞아. 내 눈에는
엄청 멋진데.

에이,
그게 뭐예요!

저 방음벽은
없었으면
좋았겠어요.

그렇지? 낙동강을
바라보는 사찰……
더 멋졌을 텐데.

근데 어디가 베랑길이에요?
전혀 안 보이는데.

부산에서 한양 가는 최단 거리가
여기선 베랑길이었지.

그래서 철길도
그 길 따라 놓였고, 그 탓에
길이 거의 사라졌어. 저쪽 가면
그 흔적이 있으니 가 보자.

황산베랑길

애들아, 저 철로 아래로
좁다란 길이 있었는데
그게 베랑길이야.

보이지도 않는데?
어휴, 떨어진 사람
많았겠다.

동래부사 행렬과 마주친 사람이
있었는데, 역졸이 밀어서 강에 빠졌대.
원동에서 물금장에 와서는 술 한잔
마시고 가다가 떨어져 죽은 사람도 있고.

너 양반이랑 마주치면
어떡할 거냐?

안 비키지.

한판 뜨는 거지.

저기 바위 보이니?

불쑥 나온 거?

응. 경파대라는 건데, 시인들이 경치 보면서 시를 읊던 곳이래.

시가 절로 나오겠어요.

ㅎㅎ 죽 달려 보자.

화제석교비

저 위쪽이 토교 마을이야. 자전거로 오니까 빠른데?

이건 뭐예요? 깨진 걸 붙여 놨네.

토교 마을 흙다리가 비에 계속 무너지자 돌로 다리 쌓은 걸 기념하려고 만든 화제석교비야. 여기 다리의 이름, 위치가 나오고, 다리가 무지개 모양이었다는 내용도 있어.

토교 마을이 「수라도」의 배경 아니야?

맞아. 가야 부인이 건너편 김해에서 배를 타고 이쪽으로 시집을 왔지. 사람들이 벼랑길에 죽 늘어서서 구경했대.

김해에서 배로요?

이모는 여기 오면 누군가가 생각나.

누구요?

「수라도」의 시대 배경이 일제강점기거든. 거기 나오는 옥이가 아마도 여기쯤에서 일본군 '위안부'로 끌려가는 대목이 나와.

그러고 보니 옥이가 김복동 할머니 같네.

나도 알아, 기사 봤어. 그 할머니 양산 분이시더라?

2019년에 돌아가셨단 기사 보고 마음이 너무 아팠는데.

옥이는 박 서방이 구출했지만, 끌려간 사람이 더 많았지.

돌아가시기 전에 일본한테서 사과만 받았더라면…….

그런 마음 잊지 않고 기억해 주면 할머니가 좋아하시지 않을까?

다시 물금역

애들아, 오늘 어땠어?

몰랐던 얘기 많이 들어서 재밌었어요. 양산이 다시 보였달까요?

친구들하고 자전거 타고 돌면서 얘기해 주고 싶어요.

오~ 고맙다. 재밌게 들어 줘서 나도 즐거웠어.

자, 그럼, 보고서 쓰러 가자. ㅠㅠ

문학 속
양산 이야기

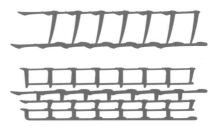

그물 罠

김정한(소설가)

罠

1

그 결과가 이렇게 될 줄 알았더면, 또쭐이는 어떻게 하더라도 그 5원을 구해서 김 주사*에게 드렸을 것이라고 생각된다. 만약 그래만 했다면 적어도 1년 동안은 무사하였을는지 모른다. 그러나 실상은 그러지 못했다. 이렇다.

일이 발생된 것은 7월이었다. 7월 어느 뜨거운 날, 또쭐이는 자기가 부치는* 박양산의 논에서 김을 매다가 점심을 먹으려고 집으로 향했다. 거츠런 볏잎과 끓는 물기운과 메탕까쓰와 비료 썩는 내음새에, 스치이고 찌이고 탈려서 얼굴은 빨갛게 부어오르고 두 눈은 가득 충혈되고 목구녕 안은 바짝 말라붙었다. 그리하여 골머리가 뻐개지도록 아프고, 몸이 빙빙 돌려 어지러운 것을 근근이 참으며, 억센 벼줄기에 시치여서 힘줄이 붉게 드러난 검으테테한 팔뚝에, 땀 배인 석세뵈일옷*을 벗어 걸치고서 논귀를 떠나 언덕으로 올라갔다. 그가 막 언덕 위에 올라서자, 거기 있는 느티나무 그늘에 뜻밖에 김 주사가 부채질을 하고 앉아 있었다. 김 주사——그는 지주* 박양산의 사음*이다. 또쭐이는 그를 보자 곧 이렇게 인사를 여쭈었다.

● 주사: 남자를 높여 이르는 말.
● 부치다: 논밭을 이용하여 농사를 짓다.
● 석세뵈일옷: 석새삼베(성글고 굵은 베)로 만든 옷.
● 지주: 자신의 땅을 남에게 빌려주고 대가를 받는 사람.
● 사음: 지주를 대리하여 소작권을 관리하는 사람.

"들에 나오섯슴니까, 이 더운데!"

그도 커다란 입가에 웃음을 띠어서 대답했다.

"그래, 송 생원•인가! 아마 저기서 김매는 것이 자넨 듯해서 여때 여기서 기달엿네그려. 더웁지?"

"괜찬하요. 그런데 왜 곳 부르지 안핫서요? 무슨 말씀이 잇섯슴듸까?"

"그래, 마 이리 와 좀 앉게. 천천히 이야기하세……."

그래서 또쭐이가 곁에 가까이 가니까, 김 주사는 큰 입을 한층 더 크게 벌려 가지고, 교만한 태도로, 그러나 어찌 보면 매우 너그러운 듯이 이렇게 말을 시작했다.

"들으니 자네에게 노는 돈이 얼마 잇다지?……"

"거짓말입니다! 저에게 돈이 잇슬 리가 잇습니까?"

"아니, 그리지 말고, 날 한 5원만 빌려 주게. 잇는 줄을 내가 다 아니까……."

"네?……."

하고 또쭐이는 놀랐다. 무리는 아니다.

——왜냐하면, 자기에게는, 5원은커녕 50전도 없을 뿐 아니라, 또 자기에게 돈 빌리러 올 처지가 절대로 아닌 김 주사가 자기 같은 가난뱅이에게 돈 5원을 빌려 달라는 것은 참으로 천만의 외였기 때문에 누가 생각해도 이상한 일이다. 그래서 또쭐이는 이렇게 말했다.

• 생원: 예전에, 나이 많은 선비를 대접하여 이르던 말.

"천만에 말슴입니다. 주사님께 엄는 돈이 저의게 잇겟습니까, 어듸."

"그럴 게 아니라, 이 사람——."

"아닙니다. 사실 돈이 업습니다. 잇다면 주사님 갓흔 양반이 말슴하시는데 어듸 안 듸릴 수 잇습니까!? 업스니 그럿치요!"

"참말로?"

"무슨 거짓말할 리가 잇습니까?"

"정말 그래!? 그럼 가겟네."

하고 앉았던 돌에서 일어나 서더니, 김 주사는 이마에 주름살을 깊게 잡아 보이면서 사기그릇 부서지는 듯한 소리로 이렇게 노하였다.

"예—기, 이 사람! 그래 안 하는 법이다. 늙은 사람이 일부러 여까지 차자와서 말하는데. 대접을 해서라도 그럴 수 업지! 안 된 사람 가트니!!"

그리고 김 주사는 돌아도 안 보고 그곳을 떠나 버렸다. 정말 기막힐 일이다.

또쭐이는 한참 동안이나, 여호●에게나 홀린 듯이 정신없이 서서, 떠나가는 김 주사의 뒤통수만 바라보았다. 아무리 생각해도 알 수 없는, 이상한, 그러나 전연 의미가 없지도 않을 듯한 연극이었다. 무슨 재미없는 일이 닥쳐올 듯한 불쾌한 전조●같이 느

●여호: '여우'의 방언.
●전조: 어떤 일이 생길 기미.

끼어졌다.

2

　그리고 몇 달이 지나서, 겨울이 왔다. 소작료● 납입기가 왔다. 소작인들은 1년 동안 피땀 흘려 지은 곡식을 반도 더, 그것도 제일 잘된 것만 골라서, 1년 내 손가락 하나 놀리지 않은 지주의 창고에 갖다 넣지 않으면 아니 된다.

　또쭐이도 박양산에게 바칠 소작료를 그의 열다섯 살 되는 아들과 같이 김 주사 댁 뜰에 가지고 갔다. 둘이서 구루마로 두 번 운반했다. 모두 넉 섬 열 말이다. 풍년이 져야 여덟 섬 날똥말똥하는 서 말 반지기 논에 넉 섬 열 말! 그리고도 지세를 소작인 측에 처넘긴다.

　소작인들은 가져온 차례대로 세를 바쳤다. 되질은 김 주사 아들과 머슴이 하고, 그 감독은 물론 김 주사다. 되질을 어떻게 하는지 열 말에 적어도 한 말 이상이 축이 난다. 그 때문에 소작인들은 예비로써 보통 몇 말 더 가지고 간다. 그러나 만약 모자랄 때에는 큰일이 난다. 먼저 되쟁이가 화를 낸다.

　"왜 이래케 가저왔소?"

　다음에는 사음――김 주사가 나선다.

　"여보게, 자넨 남의 토지를 그저 지어 먹을 배짱인가? 왜 그

● 소작료: 다른 사람의 농지를 빌려 농사를 지은 대가로 지주에게 치르는 사용료.

모양이여?"

마지막에 그 작인•은 박양산 앞에 꿇어앉아서 꾸지람을 듣게 된다.

"예기, 못생긴 사람! 졸아지게 그게 뭐냐? 심사가 그러니깐 항상 못살지!? 어서 가서 떠러진 것을 마자 가지고 오게. 어서 가!"

설사 어떠한 이유가 있더래도, 이에 대하여 싫다고 해서는, 아니, 싫은 표만 보여도 그 자리에서 곧 논이 떨어지고 만다. 무서운 일이다. 그 때문에 싫어도, 억지로 좋은 웃음을 얼굴에 드러내서 예, 예 하고 항복하지 않으면 아니 된다.

마침내 또쭐이 차례가 돌아왔다. 그러나 다행히 모자라지는 않았다. 도리어 두어 말 남겨 가게 되었다. 그래서 또쭐이는 인제 안심하고서, 목에 감았던 무명 베수건을 풀어 버리고서 박양산 앞에 나아갔다. 실상은 칭찬을 받을 줄 믿고 있었다.

언제나같이 박양산은 자선가다운 태도로써 이렇게 물었다.

"자넨 누군가?"

또쭐이는 공손히 대답했다.

"송또쭐입니다."

"송또쭐이?"

"녜, 저—— 구서리 잇는……."

"아—— 그래, 그럼 저—— 돌아간 송치삼 노인의 둘째 아들

•작인: 다른 사람의 농지를 빌려 농사를 짓고 그 대가로 사용료를 지급하는 사람.

소작인들은 1년 동안 피땀 흘려 지은 곡식을 반도 더, 그것도 제일 잘된 것만 골라서, 1년 내 손가락 하나 놀리지 않은 지주의 창고에 갖다 넣지 않으면 아니 된다.

이지?"

"녜——."

한즉, 박양산의 얼굴에는 지금까지 꾸미어져 있던 자선가인 듯한 관대한 표정은 별안간에 어디로 사라져 버렸다. 그리고 그에 지주다운 차디찬 표정과 날카로운 눈깔로서 또쭐이를 흘겼다.

"응…… 이놈——!?"

또쭐이는 박양산의 이러한 태도에 혼을 잃었다. 벌벌 떨면서…….

"——녜……?"

하고 무슨 까닭인지 몰라서 쳐다보았다.

박양산은 우레같이 고함을 내질렀다.

"녜?라니, 이놈! 내 안자 들으니 너가 조흔 나락은 골라서 네가 처먹고 나에겐 제일 나쁜 것만 돌려서 갓다 준대지? 이 망칙한 아이도적놈 갓흐니! 명년•부터는 내 논 부치지 마라! 일 업다, 인젠."

"하늘이 여긔 내려다보지만——."

"잔소리 말아라, 이놈!"

"무슨 그럴 리가 잇습니까? 이 자리에서 목숨이라도 걸어서 맹서하겟습니다."

또쭐이는 전력을 다해서 변명했다. 사실 그는 그러기는커녕, 전연 그 반대였다.——박양산의 논이 실농•될 때는 반드시 다른

• 명년: 올해의 다음.
• 실농: 농사에 실패함.

논의 좋은 나락을 대신으로 갖다 바쳤다. 그런데도 불구하고……
이게 대관절 어찌 된 셈이냐?

박양산은 술 냄새를 내뿜으면서, 끝까지 또쭐이를 내밀었다.

"뭐가 그러챤탄 말이냐? 이 아이도적놈아! 한번 안 된다면
안 된다, 가거라! 가거라! 가거라!……."

참으로 땅 팔 일이다. 또쭐이는 어쩔 줄을 몰랐다. 그때 다행
히 김 주사가 곁에 와서 이렇게 말해 주었다. 먼저 박양산을 향
해서,

"선생님, 좀 참아 주십시오."
하고 이번에는 또쭐이에게,

"이 사람, 저리 나가게. 선생님께서 발서 긔분이 좃챤케 되엿
는데, 그런 소리 햇자 별수 잇나! 무슨 할 말이 잇스면 이다음 긔
분 조흘 때 종용히 할 것이지. 위선 가게! 어서 집으로 가게!"
하고, 아주 점잖스럽게 또쭐이의 어깨를 살푼 건드렸다.

이것을 다행으로 또쭐이는 겁을 먹은 그냥 마룻바닥에서 일
어섰다. 그는 지게를 힘없는 등에 붙이고서 김 주사의 집을 나왔다.

그러나 또쭐이는, "명년부터는 내 논 부치지 마라!"고 한 박
양산의 말은 도저히 잊을 수가 없었다. 그것은 무서운 악마의 손
과 같이, 언제까지나 또쭐이의 가늘게 야윈 목줄기를 졸라 쥐고
있었다. 사실, 그는 숨이 잘 안 쉬어졌다.

그는 조약돌 많은 시골길에, 풀 죽은 다리를 터덕거리면서•

•터덕거리다: 몹시 지치거나 느른하여 힘없이 발을 떼어 놓으며 걷다.

이렇게 생각했다.

'이거 확실히 어느 놈이 내 부치는 논을 떼어 부치기 위하야 나를 먹어댄 모양이다. 박양산이나 김 주사를 차자가서 그런 비열한 거짓말을 한 모양이다. 대체 어떤 놈일까?…… 김 주사—? 그럴넌지도 모르겠군, 그놈이 하도 남의 논을 잘 떼어 부치니깐. 그리고 지난여름 그자가 나를 차자와서 아지 못할 연극을 한바탕 햇겟다? 쥐색기 갓흔 놈! 하여튼 어떤 놈이든지 닥처라! 난 박양산과 5개년간의 소작 계약을 매잣것다. 아즉 3년은 남앗다. 그처름 수얼하게 물러안질 것 갓듸!? 쳇!'

그는 조약돌에 발을 채이면서 이런 생각을 했다.

그리고 그는, 소작료를 바치고 돌아올 때 하는 농민의 버릇으로, 길가의 적은 술집에 들어갔다. 거기서 그는 소주를 먹기 시작했다.—한 잔, 두 잔, 석 잔, 넉 잔…… 곁에 있던 동무가 만류해 보았다. 그러나 그는 듣지 않았다. 연방 더 빨아 댈 뿐이다. 결국은 소주에 취했다. 빨갛게 취해 버렸다. 혀가 맘먹은 대로 돌아가지 않게 되었다.

그리하여 그는 마침내, 돌아가지 않는 둔한 혀로써, 이렇게 부르짖었다.

"어느 놈이든지 제발 내 논을 떼—떼기만 해 봐! 글 그냥 두는가!? 아무리 내가 못 먹어도 독긔 하나쯤은 맘대로 쓰—쓴다, 이놈들!!"

3

춘분 드디어서 번경•이 시작되었다.

또쭐이가 이웃집 소를 빌려 가지고 들에서 백결•을 갈고 있으니깐, 그의 조그만 딸아이가 찾아와서 빠른 입으로 이렇게 조잘거렸다.

"아부지! 한어머니께서 어서 오시래요. 머들 잇는 김 주사 댁에서, 안골• 우리 논을 간다고, 어서 아부지를 데리고 오시랫서요."

또쭐이는 머릿속에 뜨거운 핏줄기를 느꼈다.── 김 주사! 논! 5원! 소작권! 과연 김 주사!!…… 또쭐이는 전부를 량했다•.

"어듸 가 보자!"

순간 또쭐이는 굳센 결심을 품었다.

어린 딸아이의 말과 같이 안골 논을 갈고 있는 것은 과연 김 주사 댁 사람들이었다. 김 주사의 아들 두 분과 머슴이었다. 셋이서 소 두 마리를 가지고, 안골 안이 터지도록 의기양양하게 고함을 내지르고 있었다. 이러한 건방진 광경을 보자, 또쭐이는 한층 더 화가 났다. 화에 북받쳐서 간도 한층 더 커졌다. 그리하여 그는 김 주사의 아들을 향해서, 이렇게 말했다.

•번경: 간 논을 다시 갈아 뒤집는 일.
•백결: 백결(百結), 곧 '넓은 땅'으로 추정됨.
•안골: 골짜기 안에 있는 마을.
•량하다: 살펴 알게 되다.

"여보게, 이게 무슨 짓이야? 왜, 말업시 남의 논을 갈긴 갈아? 응? 건방지게! 대관절 누구의 허가냐?"

물론 김 주사의 아들도 이에 대해서 가만있지 않았다. 계집애 호양질을 해도● 제 할 말은 다 있다고, 그도 얼굴을 빨갛게 해 가지고 떠들기 시작했다.

"무슨 짓이냐고? 건방지게? 누구의 허가냐고? 그래 아무의 허가면 왜? 지주의 논이니깐 물논 지주의 허가겟지?"

"어떤 놈의 지주가 그래? 5개년 소작 계약은 어쩌고?"

"그야 내가 알 수 잇나? 금년부터는 소작권이 우리에게 잇다는 것만 알 뿐이지."

"예끼, 화적●놈의 색기! 전부가 네 애비 그놈의 수작이다! 어디 해보자……."

"뭐가 어째?"

농민이란 지리한 입다툼은 할 줄 모른다. 그런 점잖은 일에는 영리치 못하다. 곧 주먹이 나선다. 저편이 틀린 줄을 알기만 하면 곧 주먹으로써 해결해 버린다. 또쭐이도 그러한 농민이었다.

"뭐, 내 말이 틀렷늬, 그래? 응? 이 간사한 쥐색기 갓흔 놈아!"

하고 그는 김 주사 아들의 뺨을 한 대 뭇줄하게● 갈겼다.

이리하여 주먹 싸움이 시작되었다. 그러나 또쭐이에게 비하

●계집애 호양질을 해도: 윤리적으로 큰 잘못을 저질러도.
●화적: 떼를 지어 돌아다니며 재물을 마구 빼앗는 사람들의 무리.
●뭇줄하다: 무쭐하다. '묵직하다'의 방언.

면, 김 주사 아들은 힘이고 잽이손*이고 붙을 나위가 없었다. 김 주사의 아들은 몇 번이나 땅바닥을 끌어안았다.

그러나 그때, 여태껏 멀리서 두 사람의 싸움을 가만히 구경만 하고 있던, 김 주사의 다른 아들과 머슴이 두 사람 곁에 달려왔다. 그리하여 싸움은 크게 벌어졌다. 또쭐이 한 사람을 향해서 여섯 손발이 한꺼번에 덤벼들었다. 하나마 또쭐이도 그렇게 쉽게 물러앉을 겁쟁이는 아니었다. 그는 이를 악물고 반항했다. 곧 일장의 격투가 계속되었다. 네 사람은 모두 몇 번씩 땅바닥에 넘어졌다. 넘어지는 놈 위에 다른 놈이 걸터 붙었다. 마치 곰 싸움하듯이. 그리하여 결국은 네 사람이 모두 팔에 힘이 빠졌다. 그러나 중과부적*으로, 끝에 가서는 또쭐이가 봇도랑에 내리박히게 되었다. 또쭐이가 불꽃같이 화를 내 가지고, 입에까지 묻은 진흙을 닦으면서 다시 일어서니까, 김 주사 아들이 부르짖었다.

"이놈아, 그럴 게 아니다, 법에 가자! 주재소*에 가자! 너 가튼 놈들을 길드리기 위하야 저긔 법이란 것이 잇다! 아느냐? 이놈, 어서 가자!"

또쭐이는 이렇게 말하는 자의 주둥이를 냅다 치더니, 어느 여가에 그 손으로써 그놈의 오른편 팔을 틀어쥐고서 앞으로 몰았다.

"가자, 어데든지 좃타. 법이면 더욱 좃타. 주재소라면 누가

---

* 잽이손: 제비손. '잡을손'의 방언. 일을 다잡아 해내는 빠른 솜씨.
* 중과부적: 적은 수효로 많은 수효를 대적하지 못함.
* 주재소: 일제강점기에 순사가 머무르면서 사무를 맡아보던 경찰의 말단 기관.

겁낼 줄 아늬? 똥 싸고 빌 줄 아늬, 응? 이 개색기 갓흔 놈아!"

"넌 거기 서 잇서!"

두 사람이 주재소 문을 열고 안에 들어서려니깐, 몹시 젊은 조선 순사가 귀찮은 듯이 그들을 힐끗 쳐다보더니 또쭐이만은 안에 못 들어오게 했다. 전신이 뻘덩어리가 되어 있었기 때문이다. 부득이 그는 밖에 서 있었다. 마치 얻어먹는 사람처럼.

"어째 왓서?"

순사는 먼저 김 주사 아들을 향해서 이렇게 물었다. 김 주사 아들은 거게 대답했다.

"다런 게 아니라, 내가 논을 갈고 잇스니깐, 저기 잇는 저 사람이 차자와서 일을 방해할 뿐 아니라, 게다가 또 사람까지 치고 야단을 하니깐 그래요, 어쨋든 저런 놈들은 법을 쓰시는 경관 나리께서 잘 처리해 주서야겟습니다."

한즉, 순사는 문밖에 서 있는 또쭐이를 보고 이렇게 부르짖었다.

"넌 무슨 까닭으로 남의 일을 방해해? 그리고 왜 또 사람은 처?"

또쭐이는 무거운 목소리로써 대답했다.

"손질이야 양편이 다 갓치 햇지만, 저자가 괜히 내 논을 갈기 때문에 그랫서요."

순사는 다시 김 주사의 아들 쪽으로 향했다.

"왜 너는 남의 논을 갈아서? 도적놈 아니냐?"

"아니, 그런 게 아닙니다. 논은 저놈 논도 아니고, 내 논도 아닙니다. 박양산의 논입니다. 그런데 소작권만은 내가 가젓서요."

"아닙니다. 나리!" 하고 또쭐이는 문밖에서 떠들었다.

"그 말은 신용할 수 업습니다. 지주야 박양산입니다만, 나는 그 박양산과 재작년에, 5개년간의 소작 계약을 맷고, 여때껏 그 논을 지어 왔습니다. 그 소작증이 아즉 집에 가만히 잇습니다."

"아니, 저도 소작증을 가젓습니다."

하고, 김 주사 아들은 매우 흥분된 손으로써 개아춤*에서 조그만 종잇조각 하나를 꺼내 가지고 순사의 테이블 위에 놓으면서 태연스럽게 말을 이었다.

"여긔 잇습니다. 이것입니다. 작년 겨울에 낸 것입니다."

순사는 그 종잇조각을 잠깐 들여다보더니, 곁에 있는 부장에게 일본 말로 무어라고 지껄였다. 서류 정리를 하고 있던 부장은 귀찮은 듯이 두어 마디 캐물었다. 그것을 조선 순사는 두 농민에게 번역해 들려주었다.

"소작증은 두 분이 다 가젓슬넌지 모르나, 우리는 그 최근의 것만을 신용한다. 5개년 계약을 한 자는 아마 지주에게 무슨 좃치 못한 일을 해 가지고 소작권을 빼앗긴 모양이지. 하여튼 최근의 것이 유력하다. 하니깐——."

하고 김 주사 아들에게,

"당신은 곳 가서 논을 가시오."

하고 다음에 또쭐이를 향해서,

---

*개아춤: 고의춤. 고의나 바지의 허리를 접어서 여민 사이.

"넌, 너 일 보러 가! 다시는 방해를 놀아서는 안 된다. 잡아다 가둔다! 알겟늬?"

그러나 또쫄이는 불복*이었다.

"하지만 나리! 나는 아즉 지주에게 대해서 조금도 좃치 못한 일을——."

하자, 순사는 얼른 그의 말을 끊었다.

"잔소리 말어! 우린 그런 것 모른다. 그런 소리는 박양산에게 가서 해! 우리도 바뿌니 어서 ×! ×!"

별수 없이 또쫄이는 그곳을 ××났다.

또쫄이는 이렇게 속으로 중얼거렸다.

집에서는 어머니와 아내가 죽어 가는 사람처럼, 기운 없이 울고 있었다. 참 정말 소작인에게 있어서는 논 떨어지는 것이 죽는 것과 별로 틀림없다.

또쫄이는 자기에게도 북받쳐 오르는 눈물을 억지로 눌러 숨기면서, 그들을 위로하기 위하여, 될 수 있는 대로 침착한 태도로써 이렇게 타일렀다.

"울긴 왜들 울어요? 박양산 논 아니면 어듸 굶어 죽을 것 갓습니까? 논 업스면 다른 일이라도 하지요. 념려 마라요, 조금도! 내 어째도 어머니허구 처자쯤은 넉넉히 버려 먹일* 테니깐."

---

*불복: 남의 명령·결정 따위에 대하여 복종·항복 따위를 하지 아니함.
*버려 먹이다: 벌어서 먹이다, 살게 하다.

4

그리고 이삼 일 뒤였다.

"주사님 게심니까?"

"응, 그 누구냐?"

"송또쭐이올시다."

"또쭐이, 그래 들오게!"

김 주사 댁 사랑이었다.

또쭐이가 그날 들에서 저물게 돌아오니깐 그의 어머니가, 낮에 김 주사가 찾아와서 저녁에 그를 자기 집까지 꼭 좀 나와 달라 하고 간 것을 말했다. 그리고 어머니는 또 이렇게 말을 달았다.

"애, 어서 저녁 먹고 가 봐! 행여나 또 다른 논이라도 돌려줄 넌지 아나?"

그러나 또쭐이는 저녁밥도 먹지 않고, 선걸음●에 나섰다. 물론 어머니와 마찬가지로 일루●의 희망을 가슴에 품고서.

……또쭐이는 조심스럽게 김 주사의 방문을 열고 안에 들어갔다. 방 한구석에 앉았다.

한즉, 김 주사는 갑자기 일어나 앉아서, 긴 담뱃대로 또쭐이의 턱 밑을 들이받으면서 이렇게 떠들었다.

"엑기, 망칙한 아이도적놈 가트니! 건방지게 네가 이놈, 내가

● 선걸음: 이미 내디뎌 걷고 있는 그대로의 걸음.
● 일루: 한 오리의 실이라는 뜻으로, 몹시 미약하거나 불확실하게 유지되는 상태를 이르는 말.

부치랴는 논을 못 갈게 헤방을 논다고? 누구 압힌 줄 알고 그래, 응? 이 본대 업시 자란 놈아!"

너무나 의외였기 때문에 또쭐이는 정신을 못 차렸다. 이자가 미치지나 안 했나 하고, 한참 동안 김 주사의 얼굴을 쳐다보다가, 마침내 그도 무섭게 화를 내었다. 김 주사에게 지잖케• 큰 소리를 내었다.

"아이도적놈이라고? 야, 이 늙은 놈아, 정신 좀 차려라! 그래 무고히 논 떼인 놈이 도적놈이냐, 맘대로 남의 논 뗀 놈이 도적놈 이냐? 어느 놈이 도적놈이란 말이냐? 응? 이 늙은 놈아!"
하고 또쭐이는 번개같이 김 주사의 머리에서, 커다란 관을 벗겨 가지고, 와드득와드득 찢어서 문밖으로 내던졌다.

김 주사는 가장 위엄 있는 듯이,

"그래 못 하지, 이놈——?"
하고 긴 담뱃대로써 또쭐이의 턱을 또 한 번 들이받았다.

또쭐이는 불길같이 화를 내 가지고 건방진 긴 담뱃대를 빼앗 아, 도리어 김 주사의 가슴패기를 사정없이 콱 지르면서 이렇게 떠들었다.

"이놈——? 야, 이자가 또 양반 상놈을 가릴 모양이로구나! 그래, 넌 양반! 주사! 그러나 뭐 하잔 물건이냐? 남의 논 떼는 주 사냐? 주사! 내 밋구녕으로 난 주사냐!? 더러운 늙은 도적놈 가 트니."

• 지잖케: 못지않게.

한즉, 김 주사는 이 역시 의외로, 그러나 이번에는 가장 인정스러운 듯한 웃음을 얼굴에 드러내면서 어지간히 낮은 목소리로,

　　"그거 다 무슨 소리냐? 이 사람 송 생원, 왜 자네가 그런가, 응? 남의 집에 와서 어쩌자고 그리 떠들어? 이웃집에서 들으면 뭐라고 하겟늬? 참게! 젊은 사람이란 대처 원……. 그런데 송 생원! 내가 오늘 저녁에 자네더러 꼭 좀 나오란 것은 다른 게 아닐세. 조흔 논이 한 자리 생겻는데 자네 생각이 어떨넌지 무러볼랴고 그랫네. 어떤가 마음에……. 논은 이 사람 구서들에서는 그만한 것은 업네그려! 만약 마음이 잇거든 한 50원만 구해 오게. 어떤가?……."

하고, 손바닥으로써 또쭐이의 뺨을 거짓말같이 살푼 첫다.

　　"50원은 뭐 하잔 돈입니까?"

　　또쭐이는 수상스럽게 물었다.

　　"50원? 응, 그건 지주 조고만히 드리고, 작인에게 조고만히 주는 것 아닌가! 그글 어듸 내가 먹을가 봐!?"

하고, 김 주사는 새침이를 뚝 떼었다.

　　"논은 대관절 어떤 논입니까?"

　　"바로 자네 동리 압헤 잇는 논일세그려. 저—— 그 춘삼이가 부치는."

　　"뭐? 춘삼이가 부치는 논을!?"

　　"그래, 왜 그러케 놀래?……."

하고 김 주사는 재미없이 비쭉비쭉하면서, 또쭐이의 눈치를 살폈다.

또쭐이는 말했다.

"그럴 수 잇나! 춘삼이는 내 이웃 사람일 뿐 아니라, 친구요 또 나와 갓치 가난한 사람인데……."

"그건 다 배부런 소리지!?"

"뭐? 배부런 소리?"

하고 또쭐이는 참다못해서 그예 다시 소리를 높여 부르짖었다.

"배곱흐면 그래, 괜이 죄 업는 사람의 논을 떼어? 응? 이 늙은 도적놈아! 춘삼이가 그래 무엇이 나뻐? 5원에 속앗지만 50원에 안 속는다, 이 자식! 아나 50원! 못된 쥐색기 갓흔 놈 갓흐니! 누구를 또 속일랴고?"

"이런 망칙한 놈이 잇담? 늙은 사람을 대해서……. 애, 태식아, 어서 와 이놈 잡아 내——."

말이 끝나기 전에 또쭐이는 머리 위에 어떤 뭇줄한 것을 느끼고 그 자리에 쓰러졌다. 굵다란 방망이었다. 때린 것은 김 주사의 큰아들——태식이었다.

다음에 작은아들이 번개같이 날라 와서,

"이런 무, 무, 무도한* 놈이 잇담그래!?"

하고 말을 더듬거리면서, 쓰러져 있는 또쭐이를 마루 끝에 끌고 나오더니 풋볼 차듯이 축 밑에 차 내리었다.

그때 다행히, 담 너머에서 구경을 하고 있던 이웃 사람들이 쫓아와서 겨우 싸움을 진정시켰다.

• 무도하다: 말이나 행동이 인간으로서 지켜야 할 도리에 어긋나서 막되다.

또쭐이는 이웃 사람들의 손에 끌려서, 김 주사의 집을 떠났다.

혼자서 캄캄한 들길을 걸으면서, 또쭐이는 생각했다.

"어째도 내가 원수는 갑고야 말 것이다! 먼저 주재소에 가서…… 뭐? 주재소?……?"

그는 생각을 그치고 중얼거렸다.

●● 발표 지면: 월간 『문학건설(文學建設)』 1932년 12월 호(창간호)

김정한(소설가)

산서동
山西洞

뒷산 이야기

경부선을 타 볼라치면 기차가 별안간 꽥—— 소리를 내지르며 마을 턱받이를 마구 스쳐 가는 데가 몇 군데 있다. 밤에는 그저 노란 등잔불 빛이 드문드문 보일락 말락 할 따름이지만 낮이 되면 꾀죄죄한 옷가지를 걸쳤거나 중의• 벗은 코흘리개들이 멍청히 지나가는 차를 보고만 섰다.

낙동강 하류에 있는 ㅁ역을 지나 남쪽으로 조금만 내려가면 산서동이란, 벼랑에 매달린 듯한 작은 마을도, 바로 그러한 곳이다. 그다지 많잖은 집들이 흡사 벼랑처럼 가파른 야산 비탈에 층층이 붙어 있기 때문에 차창에서 보면 거의 모든 집 안방이나 뜨락 들이 손에 잡힐 듯 똑똑히 들여다보인다. 그래서 기차가 지나갈 때는 부락 전체가 온통 연기를 뒤집어쓰기 마련이다.

그곳 주민들은 그래도 자기들의 요람이라고 '산서동'이라 일컫지만 이웃 마을 사람들은 '벼랑 마을', 혹은 '명매기 마을'이라고들 얕잡아 부른다. 그것은 그곳에 마을이 들어서기까지만 해도, 명매기 떼가 곧잘 바위틈에 집을 살던 벼랑 같은 산비탈이었기 때문이다.

이 명매기 마을—— 아니 산서동 앞길에 뜻밖에 고급 세단 차가 덜그덕 서더니 그 안에서 나온 청년 신사 하나가 바른총•으로 비탈진 마을 골목을 더위잡는다.

총선거가 낼모레라지만 마을 사람들은 철이 철인 만큼 거의

•중의: 남자의 여름 홑바지.
•바른총: 곧바로. 곧장.

들로 나가고 마을은 온통 빈 듯이 조용하다. 조무래기들은 물론이고, 개 소리에 놀라 어쩌다 바깥을 내다보는 아낙네들도 그를 알아보는 이가 없다. 청년 신사는 아주 익숙한 듯이 곧장 비탈길을 더위잡더니● 어떤 함석집 사립● 안을 기웃거린다.

'선거 술은 어제도 먹었는데…… 또 농협에서 왔나……?'

박 노인은 수상쩍게 여기면서, 뜨락에 내려섰다. 농협이라면 으레 비료대 독촉이려니 반갑잖은 손님이다.

"어데서 왔소?"

해 놓곤, 잠깐 그 청년 신사의 얼굴을 뜯어보더니,

"아니 '이리에쌍' 아이가?"

한다.

"그로시무더. '이리에 나미오'이미더. '바꾸 춘시기' 아부지지요?"

청년 신사는 다행이란 표정을 지으며 뜰 안으로 들어섰다.

"옳지 인자 알겠다. '이리에쌍' 두째 아들이제?"

박 노인은 못내 반가워하며 그를 청으로 데리고 갔다.

"그래, 정말 몰라보겠네. 부모님은 다 잘 계시나?"

박 노인은 상대방의 어깨라도 툭 치고 싶을 정도로 반색을 했다.

"아부지는 돌아가고 오마니는 살아 있이무니더. 모도 안부

● 더위잡다: 높은 곳에 오르려고 무엇을 끌어 잡다.
● 사립: 나뭇가지를 엮어서 만든 문.

존하라 캅디더."

'나미오'는 마치 옛 고향에라도 돌아온 듯이 반가웠다. 한국
말이 옛날보다 약간 서툴렀다. 그러나 박 노인의 주름 바가지 얼
굴이나 거칠게 등을 받아 입은 입성, 그리고 26년 전과 조금도 달
라 보이지 않는 마을 집 모습들을 두릿거리는• 그의 눈귀에는 알
수 없다는 듯한 일종의 의아랄까 이상스러운 놀라움 같은 게 점
점 깃드는 것 같았다. 하긴 박 노인의 주름살 빼놓곤 이 땅이 그
들의 식민지로부터 해방이 되고 그들이 일본으로 되돌아가던 26
년 전과 거의 달라진 데가 없긴 했다. 달라진 것이 있다면 초가지
붕 골이 푹푹 둘러꺼진 거라든가, 기둥뿌리가 더 썩어 들어간 거
라든가, 차창에서 보면 똑바로 보이는 흙담, 그것도 바깥 쪽에만
희끄무레한 회칠이 거칠게 되어 있는 따위였다.

'이리에 나미오'는 이곳에 와 본 도시와 농촌의 모습이 너무
나 동떨어지게 다른 데 우선 놀랐다. 더구나 일본의 신문에까지
떠들썩하게 소개되었던——세계에서도 드물게 옥상 '풀'까지 설
치된 집도 있다는, 으리으리한 호화 주택들로 짜진 서울의 속칭
'도둑촌'을 먼 눈으로 보고 온 그의 머릿속에는, 이곳 산서동은
마치 한국 땅이 아닌 어떤 다른 미개지에라도 온 듯한 서먹함과
동시에 야릇한 울분까지 곁들었다. 그것은 이 산서동이란 벼랑
마을이 옛날 일본의 식민지였다는 것보다, '나미오'에게는 바로
그가 태어나고 자라난 고향이란 실감 속에 살아온 땅이었기 때

•두릿거리다: '두리번거리다'의 방언.

문이다.

"그래, 느그^(너희들)는 어째 잘 살게 되었나? 느그 부모나 느그나 다 우리들과 같이 산다고 어지간히 욕을 보더니……."

박 노인은 '이리에 나미오'의 심상찮은 표정을 얼른 눈치채기라도 한 듯이 이렇게 물었다.

"예 더꾸택으로. 일본 논촌은 도회지와 그렇게 큰 차별 없이 살아가무니더."

청년은 이러고서, 자기가 가져온 술과 담배를 박 노인 앞에 꺼내 놓으며, 한국에 가거든 꼭 이곳 산서동을 찾아보고 오라던 어머니의 이야기와, 자기들의 살림살이에 대한 이야기를 숨김없이 늘어놓았다.

"그래? 어머니는 이곳 일을 못 잊을 끼다. 이곳 우리네 할멈들과 꼭 같이 들일을 하면서 느그들을 키우며 산다고 무척 욕을 보았으니까. 벌써 칠십이 넘었을꾸로?"

박 노인은 '나미오'란 일본 청년의 얼굴을 다시 한 번 뜯어보았다. 귀밑에 있는 사마귀가 아이 때 그대로다.

"치루십 네 살이무니더."

'나미오'도 박 노인의 표정에 한결 친밀감을 느꼈다.

"그럴 끼라. 벌써 20년이 훨씬 넘었으니……. 정말 훌륭한 어머니었대이! 어머니 잘 모시야 돼!"

박 노인은 '나미오'가 조작거릴● 때, "요놈은 내 아들 합시대

─────────────────────

●조작거리다: 처음 걸음을 걷기 시작하는 어린아이가 자꾸 배틀거리며 귀엽게 걷다.

이!" 하고 그의 어머니에게 우스개를 하던 일까지 문득 기억에 떠올렸다. 그렇게 무관한● 이웃이요, 사이들이었던 것이다.

부근에 일본인을 위한 소학교가 없었기 때문에 '나미오' 형제들은 한국 아이들과 함께 한국인 소학교에 다녔으며, 이 산서동엔 일본인이라곤 단 한 가구뿐이었던 그의 부모들도 한국 사람들과 꼭 같은 농부 생활을 했으며 한국말도 곧잘 했었다. 물론 어린 것들은, 말이며 노는 짓까지 한국 애들과 조금도 다를 바 없었다. 그들의 성이 일본 성일 따름이지 서로 민족적인 감정 같은 건 전혀 없었던 것이다. 그러니까 해방 당시 다른 일본인들은 마치 쫓겨나듯 했었지만, 산서동에 살던 이 '이리에' 일가만은 오히려 부락● 사람들과 서로 헤어지기를 서운해하기까지 했던 것이다.

그러나 산서동 사람들이 '이리에' 일가를 잊지 않고 있는 까닭은, 그들이 다른 일본인들처럼 민족적 우월감을 갖고 있지 않았다든가, 그래서 단순히 그들과 가깝게 지냈다든가 하는 사실 자체보다, 오히려 '나미오'의 아버지가 그곳에서 보인 끔찍스러운 일로 말미암아서였다.

"아버진 돌아가셨다고? 참 사내다운 패기를 가졌디이……!"

박 노인은 '나미오'가 따라 주는 술을 받으면서, 한결 회고지정●에 사로잡히는 것이었다.

●무관하다: 서로 허물없이 가깝다.
●부락: 시골에서 여러 민가가 모여 이룬 마을.
●회고지정: 지나간 일을 돌이켜 생각하며 드는 정, 마음.

"그래요. 저쪽에 가서도 농지를 비행장에 뺏길 무렵에도 몹시 싸왔었지요. 그래서 한때 또 견찰 신세를 지고 안 했는기요."

이러는 '나미오'의 말을 듣자 박 노인은, '넉넉히 그럴 아버질 거라.'고 생각하며 고개를 끄떡였다. 동시에 그는 '나미오'의 아버지와 함께 이 산서동이란 부락을 만들고, 계속해서 가뭄과 홍수와 지주들과 싸워 가던 30여 년 전의 젊었을 때의 일들을 기억 속에서 더듬는 것이었다. 오늘날의 이곳 얼빠진 젊은이들과는 판이했던 그때의 일들을 생각하면 정말 애닯고도 감개무량한® 바가 없지 않았다.

'나미오'의 아버지 '이리에쌍'(마을 사람들은 그저 그의 성만 따서 불렀다)은 원래는 ㅁ선로반에 속해 있던 선로수(線路手=보선 공원)®였었다. 해 뜨기 전에 시퍼런 작업복을 걸치고 나서면 그 해가 져야만 집으로 돌아오곤 하였다. '핸드 카'에 연장과 함께 실려 레일 위를 달릴 때는 곁눈에는 제법 신바람이 날 듯이도 보였겠지만 그 일도 결코 쉬운 일은 아니었다.

ㅁ선로반의 본선 구역은 ㅁ역을 중심으로 해서 강둑을 따라서 북으로는 멀리 ㅇ역 가까이까지 뻗쳐 있었다. 비가 오나 눈이 오나 웬만한 날은 쉬지 않고, 10여 명의 동료 반원들과 함께 무거운 곡괭이를 휘둘러야만 했다.

● 감개무량하다: 마음속에서 느끼는 감동이나 느낌이 끝이 없다.
● 선로수: 철도 선로의 부설, 보수, 보호 따위에 관한 일을 맡아보는 직책. 또는 그런 일을 하는 사람.

"얀톤 고랴샤!"

란, 그들 독특한 노래의 매김 소리가 걸리면,

"얀톤 고랴샤또!"

하며 일제히 침목(枕木)• 가장자리를 내려쳐야 한다.

　　이마까라 나끼다샤, 얀톤 고랴샤또,

　　미나도니 쯔꾸마데, 얀톤 고랴샤또,

　　나까나꺄 나란노쟈, 얀톤 고랴샤또,

　　(이제부터 울기 —— 즉 부르기 시작하면 항구에 닿을 때

　　까지 안 울고는 못 배긴다는 뜻)

　곡괭이를 번쩍 높이 쳐들었다 다시 내려찍고 하면서 부르는, 이런 선로수의 노래들은 결코 흥겨워서 나오는 것이 아니었다. 멀리 강 위에까지 들려올 때는 애처롭기까지 했다.

　'이리에쌍'은 이런 세월을 몇 핸가 보내다가, 그 일로써 다리를 다친 뒤부터는 부인과 함께 ㅁ역 강가에 주저앉은 채 밭농사를 시작했었다.

　그들 내외가 농부로서 처음 발을 붙인 곳이, 하필 박 노인이 살던 철둑 너머 '모랫등'이란 개펄 마을이었다. 그곳은 같은 개펄에 뚝뚝 떨어져 자리 잡고 있는 '들마을'이니 '오리숲'이니 하는 조그만 부락들과 함께 넉넉잡아 3년들이 한 번씩은 호된 물난리

• 침목: 선로 아래에 까는 나무나 콘크리트로 된 토막.

를 겪는 위험 지대였다. 말하자면 올 데 갈 데 없는 따라지° 목숨들이나 부지해° 사는 지역이었다.

'이리에' 일가가 그곳에 정착한 뒤에도, 몇 번인가 큰물이 들을 덮고, 미처 못 피한 사람들이 그들의 쓰러진 집들과 함께 마구 홍수에 휩쓸려 가기도 했다.

그럴 때마다 당국은 치수 대책엘랑 별 성의를 보이지 않고서, 손쉬운 개밭°에 목을 매달고 막무가내 개펄에 붙어사는 따라지들만 냉큼 이사들을 가라고 들볶아 댔다. 아닌 게 아니라 그들도 개펄을 떠나고 싶은 마음이야 하루 열두 번도 더 들었지만 갈래야 도시° 갈 곳이 없는 땅거지들이었다.

갑술년 여름 큰물에도 둑 너머 개펄 집들이 모조리 휩쓸려 갔다. 게다가 워낙 거창스러운 홍수가 돼서 시위가 여러 날을 빠지질 않았다. 지칠 대로 지쳐 ㅁ소학교에 수용돼 있던 모랫등, 들마을, 오리숲의 이재민들 사이에는 드디어 심상치 않은 움직임이 보이기 시작했다. 시위가 빠지더라도 그 개펄엘랑 다신 집을 얽지들 말고, 이번에는 꼭 둑 안쪽으로 옮기도록 해 보자는 것이었다.

이런 엄둘 내게끔 된 것은 그때만 해도 아직 젊었던 박 노인 (그땐 수봉이란 이름으로 불렸다)과 '나미오'의 아버지 '이리에쌍'의 발론°에

●따라지: 보잘것없거나 하찮은 처지에 놓인 사람이나 사물을 속되게 이르는 말.
●부지하다: 상당히 어렵게 보존하거나 유지하여 나가다.
●개밭: 갯바닥이나 늪 바닥에 있는 거무스름하고 미끈미끈한 고운 흙이 많이 섞인 밭.
●도시: 도무지.
●발론: 제안 또는 의논거리 따위를 말하여 드러냄.

"뭐라구요? 우리들도 세금을 내고 있는 국민이란 걸 모르오? 우리가 주먹밥을 얻어먹는 것도 미리 양식을 냈단 말이오. 이전 비용이란 말이 안 댔으면 신축 보조금이라 해서라도 내놔야 되잖겠소? 국민들로부터 거더들인 세금은 어떤 데만 씨지——?"

의한 것이었다. 아무런 대책도 없이 성가시니 그저 다른 데로 옮겨 가라고만 들볶는 당국에 대해, 이들이 주동이 되어 이전 비용을 청구하기로 했다. 물론 개펄 농사는 계속 지어야 될 형편들이었지만 가까이 옮겨 갈 만한 땅들이 있는 것도 아니었다. 그러나 박수봉 씨나 '이리에쌍'은 내킨 맘에 면사무소부터 찾아갔다.

수해 뒤치다꺼리에 시달린 탓들인지 면사무소 사람들은 그들을 그다지 반갑게 맞아 주지 않았다. 내무계장인가 하는 사람은 지레 무슨 짐작이 갔던지 얼른 외면하는 듯한 눈치까지 보였다.

그것이 얄미워서 박수봉 씨는 바른총으로 그의 테이블 앞으로 다가갔다. 다소 예의에 벗어났을진 몰라도 대뜸 찾아온 용건부터 얘기했다. 그저 시쁘게* 듣고만 있던 계장은,

"다 없어진 집들인데 새삼스레 무슨 이전 비용이 든단 말이오?"

첨부터 상대를 않는다기보다 백무가관*이란 듯이 나왔다. 그러고는 커다랗게 하품까지 했다. 귀찮다는 게지?

그러고만 그쳤더라도 좋았을 텐데, 뒤퉁스럽게도 곁에 섰는 '이리에쌍'을 돌아보며,

"안 그렇소? 이리에쌍!"

하고 도리어 동의를 구하려 들었던 것이다. '이리에쌍'은 자기의 입을 미리 막으려는 수작이란 걸 눈치채자 도리어 일종의 모욕

●시쁘다: 껄렁하여 대수롭지 않다.
●백무가관: 많은 것 가운데에서 볼만한 것이 하나도 없음.

을 느꼈다.

"뭐라구요? 우리들도 세금을 내고 있는 국민이란 걸 모르오? 우리가 주먹밥을 얻어먹는 것도 미리 양식을 냈단 말이오. 이전 비용이란 말이 안 됐으면 신축 보조금이라 해서라도 내놔야 되잖겠소? 국민들로부터 거둬들인 세금은 어뜬 데만 쓰지——?"

'이리에쌍'의 말끝은 거칠었다. 순간 노가다 출신의 성깔이 그의 눈에 얼씬했다.

"이쪽은 죽느냐 사느냐 하는 판인데 당신들의 태도가 그렇기 나와서야 되겠소?"

형세가 더 험악해질 것 같아서 박수봉 씨가 지레 침을 놓았다.

"글쎄요, 면에서야 어데 마음대로 할 수 있나요. 군에가 물어 봐야지요."

내무계장은 금방 한풀 죽은 소릴 했다. 그것이 관리들의 버릇인 것을 아는 듯 '이리에쌍'은,

"처음부터 그렇게 나와야죠."

하며 상대방을 내처 으르듯 노려보았다.

이렇게 시작된 교섭이 다행히 보람이 있어서 모랫등, 들마을, 오리숲 사람들은 쥐꼬리만큼씩 한 이전 비용이란 걸 받게 되었다. 그래서 더러는 제각기 반연•을 찾아 다른 인근동•으로 옮겨가기도 했었지만 대부분의 사람들은 지금의 이 산서동이란 데로

•반연: 얽히어 맺어지는 인연.
•인근동: 이웃 동네.

자리를 옮겨 잡았다. 아니, 바로 그들이 산서동이란 새 부락을 만든 셈이었다.

말은 쉬우나 마을 터를 잡는 데도 만만찮은 난관이 있었던 것이다. 산서동이 자리 잡은, 그 이름도 없던 독메*는 원래 그 야산 동쪽에 있는 부락의 공동 산판*이었던 만큼, 그곳 토박이들이 쉬 들어줄 리 만무하였다. 물론 근본을 따져 들어가면 당연한 국유지였지만.

아무튼 그 야산 서쪽 비탈을 승낙받는 데도 박수봉 씨와 '이리에쌍'은 적어도 열 번 이상 동쪽 부락 사람들을 만나러 갔었다.

"제 혼자만 살려고 했더라면야 그렇게까지 안 나부대도 됐을 텐데……."

박 노인과 '이리에쌍'은 가끔 가다 이런 술회*를 했었지만, 그들의 검질긴 노력에는 개펄 사람치고 고맙게 안 여기는 사람이 없었다. 드디어 면장도 직접 나서서 거들고 해서 겨우 등 너머 토박이들의 승낙을 얻었던 것이다.

이 소식을 듣자, 절망에 빠져 있던 개펄 사람들은 새로운 구세주라도 만난 듯이 기뻐했다. 용기를 얻었다. 원래 갈게*처럼 모래톱이나 후비적거리던 알가난뱅이들이지만, 노력만은 아끼지 않았다. 아무 데나 터를 잡기가 바쁘게 그야말로 명매기 둥우리

---

*독메: 외따로 떨어져 있는 조그마한 산.
*산판: 나무를 함부로 베지 못하게 가꾸는 산.
*술회: 마음속에 품고 있는 여러 가지 생각을 말함. 또는 그런 말.
*갈게: 개펄이나 갈대밭에 구멍을 파고 사는 게.

붙이듯* 우선 흙담으로 둘레를 만들고, 쓰러진 갈대를 베어다 부랴부랴 지붕을 이었다. 그러구러 한 열흘 남짓해서 독메의 서쪽 비탈에는 새가 시퍼런 토담집들이, 더러 빠져 없어진 고기비늘처럼 쳐다보이게 되었다.

그러나 그런 움파리* 같은 집들이지만, 비만 좀 낮게 와도 곧장 불안에 떨던 개펄 사람들에게는 그래도 다행한 보금자리였다. 지대는 아주 높았지만 우선 무엇보다 자기들의 명줄인 개펄 밭들에서 가까워서 좋았고, 또 때로는 진저리가 나도록 원망스럽기도 한 강이지만 유유히 흘러가는 낙동강과 그 유역의 질펀한 개펄들이 한눈에 환히 내려다보이는 것이 숫제 흐뭇하기까지 했다.

한편, 이 새 마을의 새 주인들은 그렇게 되기까지의 여러 가지 일들을 통해서, 그것을 설두한* 박수봉 씨나 '이리에쌍'을 고맙게 생각하게 되고, 또 단결심이란 것이 가난한 사람들엘수록 얼마나 필요한 것인가를 차차 깨닫게 되었다.

"이번 큰물엔 해감*이 더 많이 앉았일 끼라!"

사내들은 시위*가 물러간 개펄 땅을 바라보며 모이면 이런 소리들을 하였다. 전화위복으로 큰물 뒤엔 해감이 두둑이 앉아 땅이 더욱 비옥해지는 법. 봄갈이 농사는 완전히 한몫 보아야겠

•멱매기 둥우리 붙이듯: 제빗과의 철새가 짚 따위를 붙여 집을 만들 듯.
•움파리: 움막. 땅을 파고 위에 거적 따위를 얹고 흙을 덮어 추위나 비바람만 가릴 정도로 임시로 지은 집.
•설두하다: 앞장서서 일을 주선하다.
•해감: 흙과 유기물이 썩어 생기는 냄새나는 찌꺼기.
•시위: 비가 많이 와서 강물이 넘쳐흘러 육지 위로 침범하는 일. 또는 그 물.

다고들 뼈무는● 것이었다.

　전해 오는 말대로 7백 리를 밀려온 해감이 확실히 걸긴 했다. 갑술년 여름은 큰물로 혼들이 났으나, 그해 가을 농사만은—기껏 메밀과 늦콩, 그리고 무·배추·호박 따위 소채●가 주였지만—별거름을 주지 않아도 제법 어거리풍년●이라 할 만큼 잘되었다.

　아낙네들은 초가을부터 애호박이니 열무 등속을 커다란 대광주리에 담아 이고 닷새마다 서는 장날을 멀다 하고 아침저녁 ㅁ역 앞 장거리를 찾아갔다. 채소 농사가 많은 사람들은 멀리 ㄹ읍에까지 무시로 여날랐다. ㄹ읍까지 아침 저자에 나가는 치들은 전날 땅거미가 내릴 무렵 솎아 온 것들을 먼동이 트기 전에 말끔하게 다듬어야만 한다. 물론 아직 어둑어둑할 때 집들을 나선다. 그러자니 산서동 비탈 부락에는 첫새벽부터 "자야, 순아, 어서 안 갈래?" 하는 아낙네들의 또랑또랑한 목소리가 여기저기서 들리곤 했다. 그렇게들 해서 돌아올 때는 그녀들의 광주리 속엔 안남미나 보리쌀이 몇 되씩 담겨 있는 것이다.

　'나미오'의 어머니도 꼭 그런 식으로 살아왔다.

　"이상체? 일분 사람이 머리에 다 이는 거 보래……."

　같은 마을 아낙네들도 처음에는 놀랐다. (일본인들은 원래 머리에 잘 이지 않았으니까.) 그러나 오히려 더 친근감을 느끼게

●뼈물다: 무슨 일을 하려고 자꾸 벼르다.
●소채: 심어 가꾸는 온갖 채소와 나물을 통틀어 이르는 말.
●어거리풍년: 매우 드물게 농사가 잘된 해.

되었다. 더구나 한국 아낙네들과 품앗이까지 같이 하게 되자, 이건 일본 사람이란 생각보다 자기들처럼 못사는 농사꾼의 마누라란 생각이 앞섰다. 그리고 그 많은 일본 사람들이 한국인들을 보고 툭하면 '요보'라고 깔보아도 '나미오'의 어머니가 그러는 것을 보고 들은 사람은 없었다. 게다가 한국말도 곧잘 했으니까 다 같이 못사는 개펄 농사꾼이지 민족적인 차별감 같은 건 서로가 거의 가지지 않았다.

'나미오'의 어머니의 그러한 사람됨을, 박수봉 씨는 그녀의 남편의 영향이라고 믿었다. '나미오'의 아버지가 선로수로 다닐 무렵부터 박수봉 씨는 그를 대강 알았다. 직접 사귄 적은 없었지만, 그가 술이 좀 심하다는 것과, 성미가 급하다는 것을 한국인 선로수로부터 익히 들었던 것이다.

"'이리에'란 사람은 좀 이상합니대이. 속이 틀리면 즈그 왜놈끼리도 막 안 싸우능기요!"

한국인 선로수들은 이렇게 그를 평했다.

'이리에쌍'과 박수봉 씨가 가까워진 것은 '이리에쌍'이 선로수를 그만두고, 모랫등으로 들어와서 개펄 농사를 짓게 된 뒤부터였다. 역시 술은 좀 심한 편이었으나, 결코 악인은 아니었다. 물론 술이 좀 지나치면 한국 사람을 빈정거리기도 했다.

"바보! 머저리 같은 것들!"

최초에는 그의 그러한 말이 귀에 거슬리기도 했으나, 그렇게 말하는 그의 진의를 알고부터, 박수봉 씨는 도리어 그와 가까워졌다.

"나도 논부의 아들이요. 소작인의 아들이란 말이요. 그래서 못살아 이곳에 나와 봤지만, 소작인의 아들은 오데로 가나 못 사루긴 한가지야!"

그는 술을 마시면 곧잘 이런 넋두리를 예사로 했다.

큰물에 혼이 날 때마다 늘 둑 안으로 옮겨 살고 싶어 하는 개펄 사람들이 갑술년 홍수 뒤에 겨우 산서동이란 부락을 만들게 된 것도 실은 이 '이리에쌍'의 선동이 크게 작용했던 것이다.

그 뒤로부터 산서동 사람들은 '이리에쌍'을 다른 일본인들과 달리 보았고, 관청이나 지주들 상대의 까다로운 교섭에는 늘 그를 앞장세우게 되었다. 물론 그도 그런 일들을 맡기를 꺼리지 않았다.

우선 갑술년 가을 일만 해도 그랬다. 그렇게 몰강스러운• 수해를 겪고 나서 가을 채소 따위로써 겨우 입에 풀칠을 하고 있는 형편들인데도 불구하고, 그 개펄 땅에 지세가 나왔고, 또 그걸 종전처럼 지주 대신 소작인들이 물어야만 되고, 지주는 지주대로, 옳은 소작료는 못 받더라도 채소는 풍작이니 거기에 대한 소작료는 내놔야 한다고 나섰다. 대부분의 개펄 땅이 부산 등지에 사는 일본인들——소위 '부재지주'들의 소유가 돼 있었으나, 실제로 그 땅을 짓고 있는 산서동 사람들의 형편으로서는, 그 해는 지세고 소작료고 도저히 낼 힘이 없었다. 말하자면 모두 반대였다.

"조선 사람이 밭 떨어지까 봐 약게 구러하면 안 대! 어느 놈

•몰강스럽다: 인정이 없이 억세며 성질이 악착같고 모질다.

이든지 그 땅을 안 지어 먹을 각오만 하면 대는 기요. 물론 다른 부락 놈들도 얼씬 못 하도록 하고——."

이것이, 산서동 부락민들이 그와 박수봉 씨를 교섭 대표로 뽑았을 때의 '이리에쌍'의 다짐 말이었다.

다행히 그 일이 성사가 되자, 그로부터 '이리에쌍'은 박수봉 씨와 함께 부락민들로부터 개펄 땅과 산서동의 기둥처럼 존경을 받게 되었다.

그러나 이들로 말미암아 산서동 사람들이 한때 만만찮은 고초를 겪기도 했다. 산서동이 선 지 바로 이태 뒤의 일이었다. 마침 ㄹ군 농민 봉기 사건이 벌어진 때였다. 느닷없는 입도 차압과 소작권 이전 등 지주들의 횡포에 대한 규탄과 소작료 인하를 위한 투쟁이 전 군을 통해 일제히 일어났었다. 지금 생각하면 꿈같은 얘기지만, 그때만 해도 벌써 농민조합이란 것이 조직되어 있어서 지주들의 힘만으로서는 어찌할 도리가 없었다. 결국 경찰이 농조 간부들을 체포 구속하자 그에 격분한 농민들이 떼를 지어 경찰서를 습격하여 무기를 탈취하는 등 만만찮은 사태로까지 나아갔다. 드디어 부산서 헌병대까지 동원돼 오고, 많은 농민들이 마구잡이로 구속되는, 일대 비극이 벌어졌다.

산서동에서도 박수봉 씨를 비롯해서 농조에 관계했던 사람들은 모조리 경찰에 끌려갔다. 일본인인데도 불구하고 '이리에쌍'도 물론 체포되었다. 뿐 아니라 그와 박수봉 씨는 다른 사람들이 풀려나온 뒤에도 오래도록 경찰에 갇혀 있었다.

"'이리에'란 자는 나쁜 사상 가진 놈이여, 일본서도 그러다가 그때만 해도 벌써 농민조합이란 것이 조직되어 있어서 지주들의 힘만으로서는 어찌할 도리가 없었다. 결국 경찰이 농조 간부들을 체포 구속하자 그에 격분한 농민들이 떼를 지어 경찰서를 습격하여 무기를 탈취하는 등 만만찮은 사태로까지 나아갔다.

쫓겨났단 말이다."

심지어 일본인 순경들까지 산서동 사람들을 보고 '이리에쌍'을 이렇게 욕했다. 그러나 산서동 사람들은 순경들이 그런다고 '이리에쌍'을 결코 나쁜 사람이라고 생각하진 않았다. 그와 박수봉 씨가 풀려나왔을 때는 오히려 온 부락민이 그들을 위로하는 잔치까지 벌였다. 물론 요즘 선거 때 곧잘 벌어지는 그 따위 탁주 파티와는 질이 달랐다.

아무튼 이 ㄹ군 농민 봉기 사건을 계기로 해서 그는 단 한 사람뿐인 일본인 가담자로서 산서동만이 아니라 전 군에 널리 알려졌다. 해방 후 그가 일본으로 돌아갈 때 일부 지방 농민들이 그를 부산 부두까지 전송을 한 것도 실은 이러한 여러 가지 일들이 있었기 때문이었다.

"아버지는 고국에 돌아가서도 내내 그 기질을 버리지 않았었다고——?"

박 노인은 '나미오'의 해말쑥한 얼굴을 탐스럽게, 어쩜 부러운 듯이 바라보면서 말을 계속했다.

"글씨, 인간이란 손바닥 뒤집듯이 요리조리 잘 변하는 놈이 있는가 하면, 자네 어른처럼 억척보두● 같은 사람도 있는 모양이지!"

그러곤 '나미오'에게로 잔을 돌렸다.

─────────────────

●억척보두: 심성이 굳고 억척스러운 사람.

"아버지뿐만 아니라 전쟁 뒤 일본에는 그런 고집쟁이들이 많아졌지요. 사람들이 많이 달라졌어요. 가령 논협(農協)도 논민들이 직접 운용하게 대고…… 그래서 겨루국 논촌도 비교적 잘댄 셈이지요. 요긴 아직 곤무원들이 마음대로 하는 모양이지요?"

요놈이 일본서 듣고 왔나, 아니면 한국에 와서 보고 들었나, 다 아는 모양이로군!――박 노인은 약간 창피스러운 생각까지 들었다. 그 이상 더 저쪽 사정 같은 것 묻고 싶지 않았다. 그는 신문이라든가 일본서 돌아온 사람들을 통해서 일본인들의 앙칼진 반미 운동이라든가, 소위 민주적인 투쟁 사건 같은 걸 어느 정도 알고 있었던 것이다.

"여긴 노돈조합 같은 것 있어도 어욘 조합이고, 논민조합 같은 건 처음부터 없다 카지요?"

'나미오'는 자구 엉뚱스러운 걸 물으려고 들었다.

"글씨…… 농민조합은 다 해산당했지."

"그럼 30년 아니 반세기 전보다 못한 셈이군요. 역사 뒷걸음 쳤으니까요."

'나미오'는 무슨 뜻인지 입을 넓적하게 하고 웃었다.

박 노인은 얼굴을 들기가 거북스러웠다. '나미오'도 그걸 눈치채는 모양이었다. 그도 화제를 돌렸다.

"참 춘식이는 와 요태 안 오논기요?"

"춘식이?"

박 노인은 무어라 해야 좋을지 몰랐다.

"모두 들에 나갔다 안 했논기요?"

"아니, 춘식이는 6·25사변 통에 죽었어."

"죽어했어요——?"

'나미오'는 눈이 휘둥그레졌다. 그러나 그의 눈에는 비록 이 민족이지만 동족상잔의 비극을 슬퍼하는 빛이 완연히 드러나 보였다. 그들은 옛날 소학교 동창이었다.

'나미오'는 위로 겸 박 노인에게 다시 술을 권하고 담배를 붙여 올렸다. 그러고는 문득 옛날 일이 생각난 듯이 황량한 갈밭들과 개펄 쪽을 내려다보았다.

"저 고목이 아직 살아 있네요?"

모랫등 자리에 서 있는 해묵은 느티나무를 가리켰다. 말인즉 4백 년이 넘는다는 그 나무는 더 커지지도 작아지지도 않고 옛 모습 그대로 서 있었다. 마치 슬프기만 한 이 나라 역사를 지켜보는, 혹은 지켜보려는 괴물처럼 버티고 서 있었다. 이윽고 '나미오'는 자리를 떴다. 자기의 노모가 내년 봄쯤 꼭 한번 다녀갈 거라고 했다. 그러고는 동네 어른들과 약주나 한잔씩 나누라면서 돈 5만 원과 자기들 가족사진 한 장을 두고 갔다.

'나미오'가 떠난 뒤, 박 노인은 그들의 가족사진이란 걸 다시 꺼내 놓고 부러운 듯이 들여다보았다. 74살이라지만 옛날보다 몸이 훨씬 붇고 얼굴이 한결 푼더분해진● 어머니를 한가운데 두고, 이십여 명의 자손들이 느런히 에워 서 있는 컬러 사진이 보기만 해도 행복스러웠다. 물론 얼굴이야 그 얼굴이지만, 암만해도

● 푼더분하다: 생김새가 두툼하고 탐스럽다.

한가운데 앉아 있는 의젓한 부인이, 26년 전 자기들의 마누라들과 함께 개펄 땅에 엎치고, 또 대광주리에 오이니 애호박 따위를 담아 이고 ㅁ역 앞 시장 거리를 서성대던 부인같이 느껴지지는 않았다.

　　── 무엇이 들어 그들과 우리들을 이렇게까지 다르게 만들었을까?──'이리에' 씨와 같이 싸워 가던 옛날 일을 생각한 박 노인의 눈귀엔 별안간 축축한 것이 느껴졌다.

　　"이틀 후면 또 기가 막히는 선거가 민주주의의 탈을 쓰고 치러지리라!"

　　박 노인은 이렇게 중얼대면서 허리를 폈다. 마침 명매기 마을 턱받이를 가로지른 철로 위에선 술이 거나하게 돼 보이는 한 패의 젊은이들이 비틀거리고 있었다.

　　●● 발표 지면: 월간 『창조(創造)』 1971년 9월 호(창간호)

김정한(소설가)

사밧재

'문경 새재가 높다 카더만 머 이 사밧재보다 짜다라^(그다지) 높지는 않을꾸로!'

'문경 새재가 높다 카더만 머 이 사밧재보다 짜다라(그다지) 높지는 않을꾸로!'

송 노인은 흔한 하늘조차 속 시원히 못 보게 가로막는 듯한 먼 잿마루[•]를 벌써 몇 번이나 바라보았다.

안팎 오르내리기가 거의 20리나 된다는 지루한 잿길[•]의 자락 쯤에서 그는 아직도 허덕이고 있는 셈이었다. 옛날부터 국도(國道)였다고는 하지만 굽이굽이 골짜기가 으슥해서 대낮에도 곧잘 도둑이 붙던 곳이다. 지금은 다행히 신작로가 나고, 달구지랑 자동차 들이 심심찮게 지나다녀서 덜 무섭긴 해도 재넘이[•] 골바람은 여전히 맵고, 때로는 먼지까지 들씌우는 것이 질색이었다.

대한도 벌써 지난 때이지만 눈은 아직도 골짜기마다 허옇게 쌓여 있고, 길섶 따라 서릿발이 그대로 남아 있기도 했다. 그러니까 팔순이 가까운 송 노인의 콧방울도 붉을 수밖에 없고, 그 빨개진 코끝에는 말간 콧물이 대롱거리기 마련이었다. 게다가 사나운 재넘이가 이따금 무명 두루마기를 사뭇 벗겨 갈 듯 휘몰아치고, 숨이 턱턱 막힐 때는, 아닌 게 아니라 손자며느리의 말이 문득 머리에 떠오르기도 했다.

"날씨가 좀 더 풀리거든 가시지요?"

이른 아침부터 떠날 채비를 하고 있자니까, 그녀는 조심스럽게 이런 말을 했었다.

• 잿마루: 높은 산 고개의 맨 꼭대기.
• 잿길: 높은 산 고개에 난 길. 또는 언덕의 꼭대기에 난 길.
• 재넘이: 산꼭대기에서 평지로 부는 바람.

"날씨 기다리다가 아무 일도 안 대구로(안 되게)!"

그는 이러고서 집을 나섰던 것이다. 그러나 후회는 하지 않았다. 송 노인을 아는 사람들은 무턱대고 그를 고집쟁이라고만 하지만, 손발 꼭 옴츠리고 앉아서 날씨니 세월이니를 기다린 다든가, 그러고서 기껏 옹알거리기나 하는 따위를 그는 아주 싫어했다. 그래서 그는 덮어놓고 가물을 불평만 하지 않고, 그의 별똥 지기* 논귀에다 남들이 잘 안 파는 듬벙*(웅덩이)까지 꼬박꼬박 팠던 것이다. 말하자면 그저 고집을 부리는 것이 아니고 힘껏 부딪쳐 보는 거다.

추위도 마찬가지다. 겨울은 으레 추운 것. 춥다고 손만 호호 불고 앉아 있는 건 싫다. 그러니까 그런 날씨에 집을 나선 걸 새삼 후회하기는커녕 오히려 대한을 넘기고 나선 것이 꺼림했다.── 누부(누님)가 얼마나 기다리고 있을까 생각하면, 걸음이 절로 빨라졌다. 잿길이 더욱 지루했다.

그럴 때 마침 멀리서 자동차 소리가 들려왔다. 버스였다.

'차빌 오라지기 줄라 칼 끼라……?'

그러나 그는 버스를 타기로 작정했다. 마침 오솔길에 들어 있던 그는 부리나케 신작로 쪽으로 되돌아섰다. 시골길에서 낡아 먹은 버스가 시커먼 목탄 연기를 풀풀 내뿜으며 다가왔다.

"보소오, 좀 태아(태워) 주이소!"

•별똥지기: 천둥지기. 빗물에 의하여서만 벼를 심어 재배할 수 있는 논.
•듬벙: 둠벙. 논에 물을 대기 위해 논 한가운데나 근처에 만든 물 저장용 웅덩이.

송 노인은 손에 짐을 든 채 마구 흔들어 댔다.

노인이 헐레벌떡 뛰는 것이 우습고도 가엾었던지 차가 저만큼서 무춤* 섰다.

문이 안에서 열렸다. 송 노인은 들은 말이 있고 해서 우선 갓부터 벗어 들었다. 행여 갓모자를 상할세라 두려웠던 것이다(그는 난생처음 자동차란 걸 타게 되었다).

다행히 빈자리가 있었으나, 송 노인은 그저 어리둥절 어름대기만 했다. 물론 차는 그가 오르기가 바쁘게 움직이기 시작했다. 송 노인은 몸의 중심을 미처 잡지 못하고서 넘어질 듯 넘어질 듯 휘뚝거렸다. 다행히 앞줄에 자리 잡고 있던, 눈이 부리부리한 한 젊은이가 그를 껴안듯 해서 자기가 앉았던 자리에 앉히고서 자기는 뒤쪽으로 물러갔다.

송 노인은 고맙다는 수인사도 할 경황 없이 엉덩이를 서투르게 시트에 걸쳤다. 물론 두루마기 자락을 걷어 올릴 겨를도 없었다. 기름 한 방울이 피보다 귀하다고 떠들던 전시라, 목탄 개스로 움직이던 버스는 줄곧 뒤흔들리기만 하고 시원스럽게 달리지도 못했다. 그래도 버스를 처음으로 타 보는 송 노인에게는 그것이 신기하고 아찔해서 눈이 둥글해져 있었다.

"영감 차를 처음으로 탔소?"

바로 곁줄에 자리 잡고 있던, 얼굴이 넓적한 순사 하나가 빙글빙글 웃으며 이렇게 물었다. 말하는 목소리가 몹시 껄껄했다.

---

*무춤: 놀라거나 어색한 느낌이 들어 하던 짓을 갑자기 멈추는 모양.

"야."

송 노인은 잠깐 흘끗했을 뿐 다시 쳐다보지는 않았다. 시골 사람들은 대체로 순사를 그다지 좋아하지 않는다. 더구나 송 노인은 얼굴이 그렇게 가랫날⁕처럼 넓적한 사람들을 덜 좋아했다. 게다가 그날 본 그 순사는 얼굴 생김도 그런 데다, 두툼한 입술이 흡사 메기입같이 넓죽하게 째져 있어서, 더욱 인상에 좋지 않았다. 암만해도 만만찮은 행티⁕가 있을 것만 같았다. 송 노인의 이와 같은 겉가량⁕은 결코 단순한 억측에만 그치지 않았다.

"가주고⁽가지고⁾ 있는 그게 뭐지요?"

아니나 다를까, 넓적이는 송 노인에게서 눈을 떼지 않고서, 그의 무릎 위에 놓인 보따리를 손으로 가리켰다.

"약입니더."

송 노인의 대답은 내처 퉁명스러웠다.

"약이라뇨?"

넓적이는 송 노인의 그러한 대답 태도가 숫제 못마땅하기라도 한 듯한 표정을 지었다.

"수시엿⁽수수엿⁾이오."

"수수엿?"

넓적이는 차가 별안간 끼우뚱하는 바람에 잠깐 말을 끊었다가,

"병에 든 건 뭔가요?"

⁕가랫날: 가래(흙을 파헤치거나 떠서 던지는 기구)의 끝에 끼우는 삽 모양의 쇠.
⁕행티: 심술을 부려 남을 해롭게 하는 버릇.
⁕겉가량: 겉으로만 보고 대강 하는 셈.

목이 더욱 꺽꺽거렸다.

송 노인은 아차! 싶었다. 고놈의 병 꼭지가 공교롭게도 보따리 밖으로 빼쭉 나와 있었기 때문이다. 그러나 곧은불림*으로 안 댈 수도 없었다.

"배미술*(蛇酒)입니더."

얼떨결에 이래 놓곤,

"약에 씰라꼬요(쓰려고요)."

란 말을 겨우 덧붙였다.

"배미술? '요—메이슈(養命酒)다 나!'"

넓적이는 이렇게 일본 말로 꼬리를 달면서 눈을 똥그랗게 떴다. 그러고는, 바로 그의 곁에 새침하게 앉아 있는 또 한 사람의 순사를 돌아보면서 일본 말로 무어라고 중얼거렸다. 동행인 듯한 사내는 면도 자리가 파르족족한 것이 누가 보더라도 일본 사람에 틀림이 없었다. 넓적이의 말을 들으며 슬그머니 이쪽을 흘겨보는 눈길도 그랬다.

"그래, 영감 지금 어딜 가는 길이요?"

넓적이는 송 노인 쪽으로 다시 시선을 돌렸다. 벌써 그의 넉가래* 같은 얼굴의 어느 구석에도 아까와 같이 빙글거리는 빛이라고는 요만큼도 남아 있지 않았다. 어느새 밀주*나 놋그릇을 뒤

•곧은불림: 지은 죄를 사실대로 바로 말함.
•배미술: 뱀술.
•넉가래: 곡식이나 눈 따위를 한곳으로 밀어 모으는 데 쓰는 기구.
•밀주: 허가 없이 몰래 술을 담금. 또는 그 술.

지러 다닐 때의 그런 사람들의 기색으로 되돌아가 있었다^{(2차 대전 때}

그들은 무기 원료로서 식기까지 빼어 갔다)_.

기차 소리도 들리지 않는 두메산골●에서만 살아온 송 노인 같은 시골뜨기들도, 관리들의 그러한 눈치나 표정의 변덕만은 쉬 짐작할 수가 있었다.── 이자가 또 무슨 수작을 걸어오는지……. 송 노인은 마음이 조마조마해졌다.

"누부 집에 가오."

역시 사실대로 말했다.

"누부 집에?"

넓적이는 짐짓 놀라는 듯한 표정을 지었다. 송 노인의 그러한 대답에 이상한 눈을 한 사람은 비단 넓적이뿐이 아니었다. 곁에 있던 승객들도 모두 송 노인을 다시 쳐다보았다. 애들이, 시집 간 누나를 찾아간다는 것은, 우리들의 풍속으로서는 항용 있는 일이지만, 팔순이 다 된 노인이 누나 집에 간다는 것은 거의 없는 일이었기 때문이다.

송 노인도 넓적이나 주위 사람들의 그러한 눈치를 비로소 알아챈 듯이,

"누부가 얼매 몬 살 끼라면서 나를 꼭 한분 보고 싶다 안 캐 왔능기요. 그래서 천만 병에 좋다 카는 수시엿도 고고, 마침 약이 댄다는_(된다는) 배미술도 해 둔 기_(게) 있고 해서 가주가는 길임더."

이런 식으로 고분고분 일러바쳤다. 순진하기가 꼭 어린애 같달

─────────────

●두메산골: 사람이 많이 살지 않는 변두리나 깊은 곳.(=두메)

까? 그리고서야 자기가 생각해도 좀 쑥스러웠던지, 숫제 볼을 약간 붉히면서 주위를 슬쩍 돌아보았다.

그러나 이런 어리석은 태도는 관리란 사람들을 대할 때는 도리어 이쪽의 약점을 되잡히기가 일쑤다.

"뱀술은 술이 아니오? 술을 함부로 만들어서 되나요. 그래 누님 댁은 어디요?"

넓적이는 이렇게 능청을 떨었다.

"갯목이구만요."

송 노인도 달갑게 받지는 않았다.

"갯목이라…… 갯목 누구네 집이오?"

"백씨 가문이요."

"백씨 가문이라면, 죽은 백 접장네 집안이던가요?"

넓적이의 눈은 한결 날카롭게 빛났다. 이자가 갯목 일을 잘 아는 모양이로구나 하고, 송 노인은 생각했다. 그러면서도 곧이곧대로 대 주었다.

"야, 바로 그분이 우리 자형[•]입니더."

백 아무개라면 인근동은 물론이고, 이웃 고을에서도 널리 알려져 있던 어른이라서, 송 노인은 서슴없이 밝혔던 것이다. 그러나 그게 얼뜨기 같은 짓이었다는 것을 그는 이내 깨달았다.

"그래요? 끝내 창씨(일본식 성으로 바꾸게 하던 일)를 안 했죠. 그리고 그분의 손자 하나가 학도병[•] 지망은 안 하고 만주로 도망을 갔겠

• 자형: 손위 누이의 남편을 이르거나 부르는 말.
• 학도병: 학생 신분으로 군대에 들어간 병사. 또는 그 군대.

다? 머 떠나면서 친구들에게, 자기는 독립군에 들어갈 거라고 했다던가?…… 잘됐소!"

이러고서, 넓적이는 곁에 있는 일인 순사를 돌아보고 뭐라고 일본 말로 쑥덕이더니,

"그 술 이리 내오! 맘대로 술을 만드는 게 아니오. 영감도 알잖소?"

"이건 약입니더. 천만에 욕을 보고 있는 우리 누부 드릴 약임더."

송 노인은 그저 누부라 하지 않고 어린애들처럼 '우리'란 말까지 붙여 가며 얼른 응하지 않았다. 그는 싫다기보다 오히려 애원하듯 한 표정을 지어 보이며 보따리를 더욱 그러안았다.

"내놓랄 때 좋게 내놓으시오!"

넓적이의 목소리는 더욱 꺽꺽해졌다. 동시에 그의 커다란 손은 송 노인 쪽으로 불쑥 내밀리었다. 이렇게 내미는 순사들의 손은, 상대방의 태도에 따라서는 정말 어떻게 움직일지 모른다.

결국 송 노인은 술병을 내놓지 않을 도리가 없었다. 그러나 뱀술 병을 내주는, 그의 뼈만 남은 얄팍한 손은 애처롭게 보일 정도로 떨렸다.

"이 술은 말요, 여기 있는 이 청년들에게 주는 게 좋을 거요. 바로 이분들은 학도병으로 지원해 가는 사람들이거든요. 그럼 무슨 뜻인지를 알겠지요? 성스러운 출전을 축하하자는 겁니다. 낼모레면 독립군인가 나발인가 하는 나쁜 놈들을 멋지게 쏘아 댈 청년들이니까 말이오. 알겠소?"

넓적이는 안성맞춤이란 듯이 목이 잘록한 흰 술병을 받아 들더니, 앞에 있는 청년들과 송 노인을 번갈아 보며 떠벌였다.

송 노인은 순사들의 앞자리——그러니까 차 앞머리 쯤에, 일본 국기 마크가 벌겋게 박힌 수건들을 머리에 동여매고 있는 5, 6명의 청년들을 흘끗하고는 이내 눈을 감았다. 소위 대동아 전쟁●에 나가는 학도 지원병들이었다.

'지원? 말이 지원일 테지. 와 도망질들을 몬 했을꼬? 머저리 같은 녀석들! 헷공부 했지, 헷공부……!'

송 노인은 대뜸 이런 생각이 들다가도 불현듯 등골이 섬뜩하는 것을 느꼈다. 더구나 그들 가운데, 넓적이가 수통 뚜껑에 따라 주는 뱀술을 널름널름 받아 마시는 헐렁이가 있는 것을 보자, 한없이 역겨운 한편 또 그만큼 섬뜩하기도 했다. 아닌 게 아니라, 넓적이의 풀이대로 저런 학생은 간도로 내뺀 상덕이(자기가 찾아가는 누님의 손자다) 같은 독립패들을 만나기만 하면 미친 듯이 쏘아 댈는지도 모른다.—— 틀림없이 그럴 끼라! 먼 후일에 가서 누가 물으면, 시키니까 그랬노라 얼버무릴 테지. 또 경우에 따라서는(왜놈들의 형편이 좋아지면) 그걸 도리어 큰 자랑 삼아…… 그런 세상이 아닌가! 그러나 송 노인은 그 이상은 생각하기조차 싫었다. 더럽고 무서웠다.

그는 차 안에 있는 모든 것이 갑자기 더러워지기라도 한 듯이 눈을 창밖으로 돌렸다. 응달에 남은 눈더미가 한결 희게 보였다. 그는 눈을 더욱 크게 떴다. 그렇게 눈더미를 지켜보고 있는

●대동아 전쟁: '태평양 전쟁'을 당시 일본에서 이르던 말.

그의 머릿속에는 뱀술이니 순사니 하는 것들은 벌써 남아 있지 않았다. 대신 지금쯤은 독립패에 섞여서 그 같은 눈벌을 헤매고 있을, 아니 어쩜 노루 새끼처럼 뛰고 있을는지도 모르는 상덕이의 일이 느닷없이 떠올랐던 것이다.

'간대로 쉬 붙잡힐 놈은 아니지!'

숫제 이런 자신까지 가져 보는 것이었다.

"느그(너희들) 보래, 요놈이 아주 영리할 끼데잇!……. 요 눈 생긴 것 좀 보지!"

일찍이 누부가, 말도 잘 못하는 그를 무릎 위에 앉히고서 귀여워하던 옛일까지 오롯이 기억 속에서 풀려 나왔다. 그녀는 손자녀를 몇이나 본 뒤에도 며느리랑 어린 손자녀들을 앞세우고 곧잘 친정 나들이를 했던 것이다.

상덕이는 나이가 꽤 든 뒤에도 할머니의 친정 갈래인 송 노인의 집을 찾아왔었다. 그의 고향인 갯목 마을은 강물이 메깃들이란 들녘으로 넘어 드는 어귀라, 시위가 난 뒤에는 커다란 잉어들이 곧잘 통발에 들었다. 명절 때는 세배 문안으로 으레 다녀갔었지만, 대학에 들어가기 직전까지만 해도 잉어가 잡히면 할머니의 심부름으로 종종 그놈을 싸 들고 터덕터덕 찾아오곤 했던 것이다. 그러나 그가 지난봄에 들른 것이 최후같이 되고 말았다.

"할배, 며칠 쉬고 갈람데이……."

뜻밖에 이런 소리를 하며 찾아왔었다. 시간도 꽤 늦은 저녁이었다. 나중에 안 일이지만, 그는 당시 극성을 부리던 학도병 지망을 피해서 왔었던 것이다.

"그래, 놈들이 어데 이런 산골에까지사 얼른 찾아오겠나."

송 노인은 수월스럽게 그를 맞이했다.

"누가 묻더라도 모른다 카이소잇!"

상덕이는 신경이 상당히 날카로와져 있었다.

"그래, 염려 말게. 물을 사람도 없일 끼고……."

"그래도 알 수 있입니꺼?"

"괜찮다 얘. 이곳 촌사람들은 도방 사람●들하고는 좀 틀린다. 말은 안 하더라도 속은 다 뻔하다 말이다. 징용에 멫(몇)이 끌리 가고부터는 왜놈이라문 다 원수같이 알고 있거든!"

송 노인은 이렇게 말해서 딴은 안심을 시켰다. 그러나 상덕이의 집에 순사가 늘 찾아온다는 말을 듣자, 아닌 게 아니라, 마음이 약간 불안해지기도 했다. 더구나 그날 밤 상덕이로부터 시국에 관한 여러 가지 이야기들을 듣고부터는 그러한 불안감이 더 커졌다. 동시에 엽전(조선 사람이 스스로 얕잡아 부르던 말이다) 신세 더럽게 됐구나 싶었다.──왜놈들이 그러는 것은 할 수 없일 끼라. 그러나 3·1운동 때는 독립선언선가 뭔가까지 만들었다는 사람이라든가, 그때 앞장을 섰다는 사람, 그리고 글 잘한다고 소문난 누구누구들꺼정 덩달아서, 학생들을 빨리 군에 나가 일본에 충성을 다하라고 떠벌리고 댕긴다니 과연 그럴 수가 있을까? 최후의 일인까지 싸워서 독립을 해야 한다고 열을 올릴 때는 언제고, 일본에 충

●도방 사람: '도방'은 '지방'에 맞서 만들어진 말로, 도시 사람을 일컬음.

성을 하자고 나발을 불고 댕기는 건 무슨 놈의 소갈머리*들일까? 그기(그게) 소위 배웠다는 사람들의 할 일일까? 퉤!

송 노인은 담배를 연거푸 태웠다.

"느그(자네) 할배가 일찌감치 돌아가시기 잘했지. 지금 이 꼬라지(꼬락서니)들을 바심(봤음) 그 성미에 숨통이 터져서라도 몬 살 끼라!"

송 노인은 그날 밤 자기가 한 말을 지금도 똑똑히 기억하고 있다.

상덕이는 어디서 여러 날 잠도 제대로 못 잤는지 송 노인의 곁에 눕기가 바쁘게 그만 곯아떨어졌다.

그와는 반대로, 송 노인은 오래도록 잠을 이루지 못했다. 그는 희미한 호롱불에 비친 상덕이의 입성이 놀랍게 추레한 것과, 또 그렇게 푼더분하던* 얼굴이 눈에 뜨이도록 파리해진* 것을 새삼 눈여겨보면서 안타까운 생각을 금하지 못했다. 더구나 할머니를 쏙 빼었다고들 하던 그의 귀밑이라든가 턱 언저리에 시선이 갔을 때는 그러한 심정이 한결 더했다. 하마터면 손으로 어루만지기라도 할 뻔했다.

'우째(어찌) 저렇게도 누불 닮았일꼬? ……왜놈들을 위해서 절대로 군에 들어갈 놈은 아니지!'

송 노인의 시선은 상덕이의 자는 얼굴에 얼어붙었다.──안

• 소갈머리: 마음이나 속생각을 낮잡아 이르는 말.
• 푼더분하다: 생김새가 두툼하고 탐스럽다.
• 파리하다: 몸이 마르고 낯빛이나 살색이 핏기가 전혀 없다.

가고 말고! 어느 시러배아들*은 숫제 혈서꺼정 써 바쳐 가며 입대를 지망했다지만, 상덕이만은 아무리 위협을 받더라도 호락호락 군에 들어갈 애가 아니라고 믿어졌다. 끝내 일본식 창씨를 않고 버틴 즈(제) 할아버지를 보아서도 알 수 있듯이, 결코 그러한 쓸개 빠진 피내림이 아니라고 생각했다. 게다가 방학에 돌아올 때도 사각모자라곤 머리에 얹어 본 일이 없었고, 다른 유학생들은 해수욕이니 뭐니 하고 흥청거려도 언제나 나이든 친구들과 어울려서 순회 강연이나 다니던 본인의 소행으로 미루어서도 섣불리 그런 위협이나 권유에 넘어갈 청년은 아니었다.

이윽고 송 노인은 가만히 자리에서 일어났다. 장죽*에 담배를 한 대 꼭꼭 잰 뒤, 등잔불을 불어 버리고서 살며시 밖으로 나왔다. 할멈 곁으로 갈 작정을 했던 것이다. 그럴 때는 누구라도 붙들고 이야기를 해야만 속이 후련해지는 성미였다.

마침 농번기*에 접어든 무렵이라 낮에는 송 노인의 집 식구들은, 시집온 지 얼마 안 되는 손자며느리를 빼놓고는 모두 들로 나갔다. 모내기를 앞두고 논보리 거두기며 논 갈기에 한창 바쁠 때였다. 비단 송 노인의 집만이 아니었다. 한 20가구 남짓되는 두메 전체가 그래서 낮에는 온통 빈 듯이 조용했다. 이럴 때일수록 낯선 사람이 들어왔다는 것은 더욱 알려지기 쉬운 일이었다.

---

* 시러배아들: 시러베아들. 실없는 사람을 낮잡아 이르는 말.
* 장죽: 긴 담뱃대.
* 농번기: 농사일이 매우 바쁜 시기.

상덕이는 물론 사립 밖을 나가지 않았다. 그렇다고 긴긴 봄날을 줄곧 방 안에만 처박혀 있기도 무엇했으리라. 그는 심심풀이로 사랑방 도배도 해 주고(처음 들어갔을 때부터 그런 생각을 했다) 일손들이 바빠서 하다가 둔 듯한 보리타작도 한 마당 해치웠다. 그러다가 어디서 개 짖는 소리가 들려오면, 시치름히* 뒤란으로 돌아가서 서성거리더라는, 손자며느리의 얘기였다.

밤에는 시간 보내기가 더 힘드는 눈치였다. 개 짖는 소리에 더욱 신경을 쓰곤 했다.

"이 동네는 개가 많은가 베요?"

그는 뒤퉁스럽게 이런 질문까지 했다.

"머 많지는 않은데, 밤이 대문(되면) 잘 짖는구만. 복날이나 지나면 좀 덜할까."

송 노인은 이렇게 슬쩍 얼버무렸다.

"요새도 복날에 개를 잘 잡능기요?"

"중복, 말복에는 잡아 쌓지. 개 개기(고기) 아니문 일 년 내 가야 개기 구경 몬 하는 사람들이거든. 두불 논(두벌 논)꺼정 매고 나문(나면) 몸에 늘치가 나서(몸이 늘어져서) 그기라도 안 묵으문……."

송 노인은 농민들이 개를 잡아먹는 것을 숫제 발명이라도 하듯이 말했다. 물론 그는 상덕이가 개 짖는 소리에 신경을 쓰는 이유를 짐작 못 하는 바 아니었다. 그러니까 그도 개가 짖으면 따라서 짜증을 내었다.

---

*시치름히: 시치미를 떼고 꽤 태연한 태도로.

"저놈의 짐승들이 밤이 대문 제 동네 사람도 몬 알아보는 모양이지?"

그러나 그런다고 상덕이가 개 소리를 대범하게 들어 넘길 리 만무했다. 하루 저녁은 시간이 꽤 늦은데도 불구하고 바람을 좀 쐬고 오겠다면서 집을 나가더니, 어딜 돌아다녔는지(송 노인은 그가 아마 뒷동산에라도 가서 일부러 시간을 보낸 것이 아닌가 생각했다) 자정이 지나서야 돌아왔다. 그러고서도 늦잠이 들었지만, 그는 마치 열병이라도 앓는 사람처럼 잠꼬대를 자꾸 했다. 그 잠꼬대 속에 뜻밖에 "개새끼들"이란 말이 섞이는 것을 듣자, 송 노인은 그건 그저 개를 두고 하는 말이 아니리라 짐작하고, 그의 잠든 얼굴을 유심히 지켜보기도 했다. 그건 그가 송 노인의 집에 온 지 나흘째 되는 날 밤이었다.

이튿날 아침 그는 송 노인더러 갑작스레 떠나겠다고 했다.

"와 있기가 불편한가?"

"아임니더. 어데 언제꺼정 이라고만 있겠능기요. 전쟁이 어느 때 끝날는지도 모르는데……."

상덕이는 무슨 별다른 궁리라도 있는 듯이 말했다.

"그건 그렇다만…… 우짤라꼬? 요새는 대학생들에 대한 조사가 아주 심하다면서?"

"그렇다고 병신처럼 가만히 숨어만 있음 머 하겠능기요."

그는 이미 어떤 결심이 돼 있는 듯한 말눈치였다.

"어데 갈 데가 있나?"

"강을 건닐람더. 바다는 몬 건널 끼고……."

"강을 건니다니? 간도(間島)•로 간단 말인가?"

"야."

"이기 어느 때라고? 두만강이나 압록강에는 파수꾼이 꽉 깔리실 낀데……."

송 노인은 그의 용기에 놀라면서도, 당치도 않는 말 말라는 듯한 표정을 지어 보였다.

"할배도 참! 그럼 파수꾼이 없어질 때꺼정 가만히 기다리란 말입니꺼? 그렇게 때만 기다리다가는 아무 짓도 몬 해 보고 죽고 마라고요. 군대에 끌려가서 개죽음하는 학생들처럼……."

그는 파수꾼 몇 놈쯤 해치우고라도 국경을 기어이 넘어 보겠다고 했다. 갯목•에서 뼈가 굵어진 그는 자맥질•에는 어느 정도 자신이 있었던 것이다.

'고집과 담이 크기가 꼭 즈 할배 같구만!'

송 노인은 그의 결심이 만만찮음을 깨달았다.——하긴 그게 사내자식다운 도릴 테지! 말려 봐야 소용없는 일이라 생각했다.

송 노인은 상덕이의 출발을 하루만 더 늦추게 하고, 노자•를 얼마쯤 만들어 주었다. 그러고서 거의 달포•가 지난 뒤에야 겨우 뒷소문을 들었다. 무사히 두만강을 건너갔다는…….

• 간도: 중국 길림성의 동남부 지역.
• 갯목: 강이나 내에 바닷물이 드나드는 좁은 곳.
• 자맥질: 물속에서 팔다리를 놀리며 떴다 잠겼다 하는 짓.
• 노자: 먼 길을 떠나 오가는 데 드는 비용.
• 달포: 한 달이 조금 넘는 기간.

……송 노인은 넓적이가 '독립군' 운운한 것은 근거가 없는 소리가 아니라고 새겼다. 싸고 싼 향내도 난다니까! 그러나 넓적이의 뻔뻔스러운 장담처럼 상덕이가 간 대로, 거기 구겨져 있는 학도병 따위들에게 어찌 될 청년은 아니라고 믿었다.

'순사에게 배미술이나 얻어먹고 시시덕거리는 저런 쓸개 빠진 것들에게 싸…… 턱도 아니지!'

송 노인은 일본 국기 마크를 이마에 동여매고, 왜놈식 성(姓) 쪽지를 가슴에 달고 있는 청년들의 뒤통수를 동정과 멸시에 찬 눈으로 쏘아보았다.

바로 그때였다. 뒤를 잠깐 돌아보던 학도병 하나가 송 노인의 그러한 시선과 마주치자, 이내 얼굴을 붉히며 고개를 돌렸다.

길은 연신 경사가 심해졌다.

'부르릉, 부르릉…….'

목탄차는 엔진 소리만 컸지 좀처럼 치닫지는 못했다.

"여보 영감, 가만히 앉아만 있지 말고 앞에 있는 그 가로 쇠를 잡고 용을 좀 쓰시오. 이럴 때는 모두 그래야만 차가 가는 거요."

넓적이는 별안간 송 노인을 보고 이런 말을 했다. 어리석기만 한 송 노인은 정말 그런 건가 의심을 하면서도 능청스러운 넓적이처럼(그는 일부러 그러고 있었다) 앞 좌석의 뒤턱에 붙어 있는 가로 쇠를 꽉 쥐었다. 그러나 녀석의 하는 소위가 아니꼬워서 힘을 주어 당기는 체하면서도 실지로는 주지 않았다. 뒤에 있던 손님들이 킥킥거리는 소리를 듣자, 송 노인은 곧 쥐고 있던 가로 쇠를 놓아 버렸다. 그제야 넓적이에게 속았다는 것을 깨달았다.

부르릉거리던 차가 결국 덜그럭 멈추었다. 잿마루까지는 아직도 길이 멀었다. 이렇게 되면 손님들이 내려서 차를 밀어야 한다. 그러나 물론 손님 나름이다. 순사와 학도병은 물론이고, 다행히 나이 덕으로 송 노인도 차 안에 남았다. 나머지 손님들은 넓적이의 명령에 의해서 죄다 차를 내렸다. 일제히 차체의 옆과 뒤에 지네발처럼 달라붙어서 밀기 시작했다.

"역사, 역사!"

모두들 있는 힘을 다 내었다. 운전수는 계속 기어를 움직이며 악세러라이터를 밟아 댔다. 그러나 차는 내처 부르릉거리기만 하고 좀처럼 나아가지는 않았다. 땅이 녹아 진창이 된 언덕길이라, 바퀴가 줄곧 진흙을 문 채 서기가 바빴다. 언제 잿마루에 이르는지 모를 일이었다.

송 노인은 동전 몇 푼을 운전수에게 쥐어 주고 그만 차에서 내렸다. 그는 원래대로 다시 지름길을 걸을 작정을 했던 것이다. 괜히 그놈의 버스를 탔다가 아까운 배미술만 놈들에게 뺏겼다고 생각했다.

걷기는 지름길이 훨씬 나았다. 땅이 녹은 짬이라도 마른 풀들이 무덕지게* 덮여 있어서 발이 빠지지는 않았다. 그래서 잿마루에 왔을 때도 타고 오던 버스는 아직도 저 아래쪽에서 뭉그적거리고 있었다. 그 못난 괴물을 부축이라도 하듯 뒷부분에는 내처 손님들이 허옇게 달라붙어 있었다.

---

*무덕지다: 한데 수북이 쌓여 있거나 뭉쳐 있다.

재•몬다위•는 한결 휘휘했다•. 태양이 머리 위에서 이글거렸지만, 하늬바람•은 더욱 쌀쌀했다. 마지막 안간힘을 쓴 탓인지, 송 노인은 잔등에 가는 땀을 느꼈다. 숨도 가빴다.

그는 매바위란 바윗자락에 엉덩이를 걸쳤다. 그 재를 넘는 나그네들은 꼭 한 번씩 앉아야만 된다는 내림이 있는 바위다. 뾰족뾰족한 뿔이 몇 개나 하늘을 향해서 내민, 꺼무튀튀한 바위 윗부분에는 매똥이 희끔희끔 말라붙어 있었다.

내릴막은 좀 더 빨리 걸을 작정을 하고, 송 노인은 우선 담배를 한 대 피워 물었다. 그 잿마루가 마침 T고을과 Y고을을 갈라놓는 살피였기 때문에, 두 고을의 산과 분지 들이 한눈에 굽어보였다. Y고을 쪽의 '천성'이니 '부로'니 하는 높은 봉수산들이 흰 눈을 떠 인 채 아득히 바라보이는가 하면, T고을 쪽 봉수대가 있던 '개명봉'은 바로 송 노인이 앉아 있는 매바위 왼편에 하늘을 찌를 듯이 급하게 솟아 있었다. 그 너머 큰절이 있다(사람들은 그저 큰절이라고 불렀다). 아마 거기에 절이 서고부터 이 재를 사밧재(娑婆嶺)라고 부르게 되었는지도 모른다고——옛날 누부가 근친• 왔다 자기를 데리고 돌아가면서 하던 말을 그는 문득 생각해 내었다. 그때 자기 나이 아마 열두 살이던가, 머슴과 함께 떡이랑 술을 가지고 그

•재: 높은 산의 고개.
•몬다위: 두두룩하게 솟은 부분.
•휘휘하다: 무서운 느낌이 들 정도로 고요하고 쓸쓸하다.
•하늬바람: 서쪽에서 부는 바람.
•근친: 시집간 딸이 친정에 가서 부모를 뵘.

재를 넘던 기억이 새로워졌다. 공교롭게도 눈에 다래끼가 나서 눈두덩이 복숭아꽃처럼 붉던 누부의 그 당시의 얼굴도 눈에 선해 왔다.

'모든 것이 꼭 어제 일 같그만…….'

어느덧 60여 년의 세월이 흘러갔던 것이다. 꿈같았다. 그사이 우애가 깍듯하기로 널리 알려져 있던 누부는 늦도록까지, 친정 일가친척들의 대소사는 물론, 명절에는 거의 빠짐없이 친정곳•을 다녀갔으니, 아마 줄잡아도 이 재를 오고 가고 이백 번은 족히 넘었을 거다. 길이나 가까운가, 60리나 되는 길을! 친정아버님이 돌아갔을 때는 그 60리 길을 얼마나 울며 달렸는지 민다래끼가 났을 때보다 눈이 더 퉁퉁 부어 있던 누부!

'그 눈이 지금 나를 기다리고 있일 끼라……!'

송 노인은 부랴부랴 사밧재를 내리기 시작했다. 물론 내처 지름길이었다.

큰절에서는 벌써 사시마지(巳時麻旨)•를 올리는 큰 종소리가 꽝……꽝 은은히 울려왔다. 송 노인은 마음이 한결 바빠졌다. 오솔길에는 아직도 눈이 남아 있는 곳이 많았다. 길이 보이지 않는 데도 있었다. 그런 경황 속에서도 그는 재차 상덕이의 일이 머리에 떠올랐다.

'놈은 잘도 뛸 거라, 노리(노루) 새끼처럼…….'

• 친정곳: 친정 동네.
• 사시마지: 사시인 오전 아홉 시에서 열한 시 사이에 부처 앞에 올리는 밥.

송 노인은 힘을 내었다. 그러나 조심은 하면서도 궁둥 떡을 몇 번인가 찧었다. 나이가 나인 만큼 아랫도리가 어설펐다. 자꾸만 떨렸던 것이다.

"이놈의 달가지(다리)가 와 이래 말을 안 들을꼬!"

그는 이렇게 구두덜거리며• 일어섰다.

그러나 메깃들 끝에 있는, 누부의 시갓곳•인 갯목 마을이 멀리 시야에 들어왔을 때는 송 노인의 그 주름투성이의 얼굴에도 금방 미소가 담겼다.

"동숭(동생) 오나!" 하고 옛날처럼 달려 나오지는 못하더라도 얼마나 반가워할까 생각하면 웃음이 절로 나왔다. 하지만 겨우내 천만으로 바깥출입을 못 하고, 상덕이로 말미암아 식음을 전폐할 때가 많다니까 무척 수척도 했으리라 염려가 되었다.

──열일곱에 이름 대신 '갯목 아아'로 불리며 시집간 뒤 반세기가 훨씬 넘도록, 강둑 안팎 개밭•에만 엎드려서 살아온 누부! 돈으로서는 남같이 자식들 호강은 못 시켜도 이녁• 몸으로서는 남보다 더 해 주겠노라 손끝이 닳도록 상일을 해 가며 여덟 남매를 떳떳이 길러 내고, 못사는 친정까지 돌보려 애쓰던 그녀의 한평생 일을 생각하면, 그저 의젓하다고만 할 수 없는 무엇이 있었다. 송 노인은 별안간 눈뿌리 짬이 찡해 옴을 느꼈다.

• 구두덜거리다: 못마땅하여 혼자서 자꾸 군소리를 하다.
• 시갓곳: 시부모 또는 남편 집안 사람이 사는 동네.
• 개밭: 갯바닥이나 늪 바닥에 있는 거무스름하고 미끈미끈한 고운 흙이 많이 섞인 밭.
• 이녁: 듣는 이를 조금 낮추어 이르는 이인칭 대명사.

줄곧 그러한 생각에 잠기면서 사밧재 마지막 자락인 '돌틈이'란 모롱이●를 돌아왔을 때였다. 송 노인은 전연 생각지도 않았던 어떤 광경에 눈이 휘둥글해졌다.—— 바로 그 '돌틈이' 끝에 있는 외딴 주막집의 좁은 뜰이며 앞 행길●에 웬 사람들이 떼를 짓듯해서 웅성거리고 있었기 때문이다.

'무슨 일이 있었을꼬?'

송 노인은 어리둥절하면서 발을 재게 떼 놓았다.

'돌틈이 주막' 하면, 사밧재의 지름길과 신작로가 마주치는 지점에 자리 잡고 있는 단 하나뿐인 주막이다. 그런 주막인 만큼 옛날부터 재를 넘나드는 나그네들이나 들르기가 고작이지, 그렇게 많은 사람들이 한꺼번에 모인 예는 일찍이 듣지 못한 일이었다.—— 필유곡절●이리라! 송 노인은 멀리서 우선, 모여 있는 사람들의 몰골●부터 살폈다.

'가만있자 보자…… 아니, ……?'

아까 그 버스에서 보던 얼굴들이 섞여 있지 않은가!

송 노인은 이렇게 중얼거리며 한결 재게 다가갔다. 이상한 예감 같은 것이 푸뜩 머리를 스쳐 갔다.

"아이구 영감님 인자(이제야) 여게 오는 기요?"

● 모롱이: 산모퉁이의 휘어 둘린 곳.
● 행길: '한길'의 방언. 사람이나 차가 많이 다니는 넓은 길.
● 필유곡절: 반드시 무슨 까닭이 있음.
● 몰골: 볼품없는 모양새.

아까 차에서 자기에게 자리를 내어 주던, 눈이 부리부리한 청년이 앞으로 썩 나서며 반가워했다.

"야. 빨리 온다고 오는 기 그렇구마. 그런데 차는 우짜고 모두 이래……?"

송 노인은 눈을 더욱 크게 떴다. 어떤 이상한 예감은 내처 머리에서 사라지지 않았다.

"말도 마이소. 차가 그만 비렁(낭떠러지) 밑으로 안 떨어졌능기요."

그러자 키가 작달막한 또 한 청년이,

"거의 재 몬댕이(마루)꺼정 다 와서 안 그랬능기요."

이렇게 덧붙였다.

"저런! 그래, 타고 있던 사람들은?"

송 노인은 수수엿이 든 보따리를 하마터면 땅에 떨어뜨릴 뻔했다.

"다 절단(결딴)났지요 머! 타고 있던 사람이라 캐야 아까 그 순사들하고 청년들뿐이었지만, 모르지요, 운전수하고 순사 하나나 제우(겨우) 살아날까요. 나머지는 모두 떡이 됐지요. 둘은 직사(즉사)를 했고요. 암매 지금쯤은 다 갔을지도 모릅니더. 차가 온통 편두박살*이 났이니칸에요……."

눈이 부리부리한 청년은 이렇게 현장 설명을 늘어놓았다. 거기 모였던, 지나가던 사람들과 가까운 마을 사람들은 줄줄 따르

---

*편두박살: 한쪽 머리 부분이 깨어져 산산이 부서짐.

듯 그의 곁에 바특이• 다가섰다. 몇 번 들어도 끔찍스러운 얘긴
듯이.

　청년의 말에 의하면, 자기들은 내처, 물론 더러는 돈 내고 이
게 무슨 꼴이냐 불뚝거리며• 아무렇게나 차를 떠밀기만 했는데,
아마 운전수가 실수를 했는지, 막 비렁 끝을 감돌 무렵에, 와장창
하고 차체가 별안간 아래로 곤두박질을 쳤다는 것이었다. 비렁
높이가 거의 스무 길은 될 테니까 적어도 차가 너댓 바퀴는 곤두
박질을 했을 거라고 했다. 그래서 쿵, 쿵, 꽝 하는 충격 소리를 들
었을 때는 벌써 박살이 났겠구나 싶더라고. 다행히 차를 떠밀던
사람들 가운데는 한 사람도 희생자가 없었다고 했다.

　순간, 송 노인은 자기도 일찌감치 빠져나오기 만행이었지,
그대로 차 안에 남아 있었더라면, 지금쯤은 영락없이 황천객•이
되고 말았을 거라는 섬뜩한 생각이 들었다.

　"그래, 상한 사람들은?"

　송 노인은 안타까운 듯이 물었다.

　"뒤쫓아 내려가 봤더이, 일이 그 모양이라, 우선 창들을 뿌수
고 안 끄잡아(끄집어) 냈능기요. 도랑가에 줄느러미 니피(누여) 놓았지
만, 모르지요, 숨이 붙어 있는 사람도 몇이나 살게 댈는지……."

　청년은 거의 절망적이란 듯이 고개를 저어 보였다. 그러고서
마침 자전거를 타고 지나가는 손님이 있기에 곧 경찰에 연락을

─────────────────────

•바특이: 두 대상이나 물체 사이가 조금 가깝게.
•불뚝거리다: 무뚝뚝한 성미로 갑자기 자꾸 성을 내다.
•황천객: 죽은 사람.

해 달라고 부탁한 뒤, 일부는 그 자리에 남아 있고, 자기들은 갈 길이 멀어서 그렇게 먼저 왔다고 한다.

"영감님이 그렇게 안 내놓겠다던 배미술은 기어코 뺏어 가길래 난 그때 벌써 알아봤지요. 환장한 놈들이라고. 그러니까 천벌을 맞았는지도 모르지요."

키가 작달막한 청년은 이런 악담 비슷한 말을 덧붙이기도 했다. 그의 표정에는 동정에 가까운 빛이라곤 거의 찾아볼 수가 없었다.

"씰데없는 소리!"

송 노인은 그를 흘겨본 다음,

"군에는 가 보도 몯하고 황천객이 댄 청년들이 불쌍하구만. 결국 그 배미술이 발인주가 댄 심이로구만(셈이구먼)?"

송 노인은 이럴 뿐, 즉사를 한 순사가 어느 순사였는지도 묻지 않았다. 다만 "이 학도병들이 출전을 하면 독립군인가 나발인가에 가담하고 있을 상덕이 같은 청년들의 뒤통수를 멋지게 쏘아 넘길 거라"고 으르대던 그 메기입이 잠깐 머리에 떠올랐을 뿐이었다. 그러나 역시 가엾은 생각이 들었다. 더구나 학도 지원병들의 일이. 이왕 그렇게 무의미한 죽음을 할 바에는, 차라리 상덕이처럼 간도까지는 못 내빼더라도 좀 더 버티어 볼 것 아닌가 하는 애석한 생각이 자꾸만 들었다.

어느새 소문이 퍼졌는지, 건너편 사밧터란 부락의 젊은 사람들과 아이들이 사고가 난 곳을 향해 급히들 뛰어가고 있었다. 주막 앞에 모여 있던 사람들은, 산허리를 가로질러 가는 그들을 구

그러나 역시 가엾은 생각이 들었다. 더구나 학도 지원병들의 일이. 이왕 그렇게 무의미한 죽음을 할 바에는, 차라리 상덕이처럼 간도까지는 못 내빼더라도 좀 더 버티어 볼 것 아닌가 하는 애석한 생각이 자꾸만 들었다.

경 삼아 바라보았다.

그럴 때 마침 반대쪽에서 급히 달려오던 트럭 한 대가 주막 앞에 덜컥 멈추었다.

"참 내 보따리?"

눈이 부리부리한 청년이 무슨 눈치를 챘는지 잽싸게 주막 안으로 사라졌다. 송 노인은 그저 모른 체하고 트럭만 비켜 서 있었다.

트럭 운전대에서 순사 한 사람이 뛰어내리더니 다짜고짜로,

"사고 버스에 탔던 사람이 누구지요?"

하며 군중 앞으로 다가왔다.

웅성대던 사람들은 모두 어리둥절했다.

"사고 버스에 탔던 사람들은 빨리 이리 나오시오!"

마치 그들이 일부러 차를 밀어서 낭떠러지 아래로 떨어뜨리기라도 한 듯한 순사의 어투였다.

"나는 걸어가는 사람이오."

송 노인은 지레 무슨 짐작이 갔던지, 태연스럽게 해 던지고서 곧 주막 앞을 떠났다. 물론 돌아볼 필요조차 없었다.

한참 걷다가 뒤를 흘끗하니까, 아까 그 눈이 부리부리한 청년만이 달려오고, 나머지 동행인 몇몇 사람은 트럭에 실려서 도로 사밧재를 더위잡고 있었다.

'저놈들도 바보지!'

송 노인은 이렇게 중얼대며, 한길을 비켜서 곧 메깃들로 접어들었다.

"영감님, 같이 가입시더!"

뒤에서 청년이 불렀다.

송 노인은 잠깐 걸음을 멈추고 돌아보았다.

"지(_제)는 상덕이 친굽니더. 우리 집은 갯목 몬 가서 독메에 있임더."

이러면서 청년은 다가왔다.

송 노인은 한참 걷다가 입을 떼었다.

"운전수가 실수를 했다 캤나?"

그저 예사롭게 물었다.

"글씨요(_{글쎄요})……?"

눈이 부리부리한 청년은 확실찮은 대답을 했다. 송 노인은 군이 그의 표정을 살피려고도 하지 않았다.

"집이 독메•에 있다 캤제?"

"야. 갯목 몬 가서……."

둘은 이러고서 묵묵히 봇둑길•을 재게• 걸었다. 멀리 트인 메깃들을 건너려면 아직도 상당한 시간이 필요했다.

●● 발표 지면: 월간 『현대문학(現代文學)』 1971년 4월 호(제196호)

•독메: 외따로 떨어져 있는 조그마한 산.
•봇둑길: 보를 둘러서 쌓은 둑을 따라 난 길.
•재게: '빨리'의 방언.

김정한(소설가)

수라도

修羅道

"저 애씨는 시집 몬 갈까 바 불공 디리러 왔나? 이 비좁은 방에 온!"

"와 그라노, 우리 부체●새끼를…… 그라지 말아, 내 손지다."

아직 불당답게 채 꾸며지지도 않은 방 안벽받이●에 안치된 커다란 돌부처 곁에 빠듯이 끼어 앉아 있는 소녀는, 겨우 여남은 살 될까 말까 하는 나이다. 소복 차림의 보살 할머니들이 웅성대는 양을 눈여겨보고 있던 소녀, 별안간 자기를 놀려 주는 핀잔 소리에 눈이 오끔해지다가●, 할머니 가야 부인의 감싸 주는 말이 떨어지자 모두들 딱다그르하고 웃는 바람에, 못내 수줍어진다. 그녀의 얼굴보다 더 붉게 물들여진, 수박처럼 둥글둥글한 종이 등들이 천장이며 뜰 안을 온통 메우고 있다. 관등절●의 오후였다.

……분이는 이러한 어릴 때의 아득한 기억을 더듬으며, 할머니 가야 부인의 장엄한(그녀는 장엄이란 형용사를 떠올리고 있었다) 임종●을 지켜보고 있다. 벌써 그녀는 소녀가 아니다. 낭자●가 반듯한 색시다.

덩치가 큼직큼직한 아들들이 할머니의 곁을 떠나지 않고 있다. 참기 어려운 마지막 고통인 듯 가야 부인의 넓은 이마에 잇달아 맺히는 땀방울을 차례로 닦아 준다. 눈같이 희고 곱슬곱슬한

●부체: '부처'의 방언.
●안벽받이: 건물의 안쪽 벽에 닿을 만큼 가까운 곳.
●오끔하다: '오긋하다'의 방언. 안으로 조금 오그라진 듯하다.
●관등절: '부처님 오신 날'을 달리 이르는 말.
●임종: 죽음을 맞이함.
●낭자: 여자가 예복을 입고 위엄 있는 몸가짐이나 차림새를 갖출 때 쓰는 딴머리의 하나.

머리카락이 땀기로 인해 이맛살에 착 들어붙어 있다.

멀리서 적을 가상한 훈련 포성이 쿵, 쿵, 일정한 간격을 두고 울려왔다. 아주 정나미가 떨어지는 포성이다. 그 포성이 갑자기 커질 때마다 가야 부인은 눈을 힘없이 떠 보기도 한다. 그러나 시선은 내처 방향을 못 잡는다.

그런데 이상한 것은, 눈이라든가 이마에는 그렇게 열반*의 고통이 뚜렷한데도 불구하고, 굳게 다물린 입 언저리만은 여느 때와 조금도 다름이 없다. 금방 미소라도 떠오를 듯한 부드러운 모습 그대로다.

"관자재 보살 행심반야바라밀다시……."

그녀의 머리맡에서 반야심경*을 읽고 있는 안면 있는 스님의 나지막한 목청은, 분이의 생각을 줄곧 아기 소녀 시절로 이끌고 갔다. 할머니의 얼굴에 미륵불의 얼굴이 자꾸만 겹쳐져 보였다. 할머니가 미륵불로도 보이고, 미륵불이 할머니로도 보이고…….

할머니가 아직 젊었을 때의 일이었다. 강 건너 고암산이 이쪽 미륵당 아래의 강 구부렁이로, 그 웅장한 그림자를 쑥 내밀고 있었다. 벌써 해가 뉘엿뉘엿 넘어가고 있다. 물빛이 한결 시퍼런 강 구부렁이 쪽으로 사타구니처럼 벌어져 간 골짜기의 오목한 부분에, 미륵당이란 절이 납작하게 앉아 있다. 그래서, 모신 미

●열반: 모든 번뇌와 얽매임에서 벗어나고 진리를 깨달은 경지. 또는 죽음.
●반야심경: 불교의 경전.

륵불은 어지간히 크긴 해도 절 이름을 미륵암이라고 부르지 않고, 보살 할머니들은 그저 미륵당이라고만 불렀다. 그마저 선 지가 얼마 되지 않았기 때문에 둘레에 아직 커다란 수목들도 없고 해서 절 같은 맛이 나지 않고, 웬만한 집 제실*만도 못 한 당집*인데, 그것을 에워싼 청룡이니 백호니 하는 산등성이에 철 따라 핀 진달래꽃들이 어쩜 석가여래의 탄생일을 축하하는, 사월 초파일* 같은 기분을 느끼게도 했다.

분이는 좁은 길섶에까지 피어 있는 진달래꽃을 조갑지* 같은 손에 꺾어 들고 할머니 가야 부인을 따라갔던 것이다.

"저 새가 암매 서천 서역국*에서 오는 샌지도 모르지. 꼭 이때가 되면 와서 저렇게 울어 쌓거든!"

할머니는 혼잣말처럼 중얼거렸다. 분이는 무슨 뜻인지 잘 못 알아채고, 그저 뻐꾹뻐꾹, 하는 소리만 들었다. 이쪽 산에서도 울고, 강 건너 고암산 쪽에서도 울어 댔다. 어떤 소리는 아주 더 먼데서 들려오는 것 같기도 했다. 그건 아마 할머니가 가끔 말씀하시던, 고암산 저쪽 백운암인가 하는 절이 있는 무척산에서 들려오는 건지도 모른다고 분이는 생각했다. 가뜩이나 큰 키에 언덕길을 올라서는 할머니를 돌아보았을 때, 분이는 우리 할머니가

---

* 제실: 제사를 지내기 위하여 지은 집.
* 당집: 서낭당, 국사당 따위와 같이 신을 모셔 두는 집.
* 초파일: 석가모니의 탄생일.
* 조갑지: '조가비'의 방언.
* 서천 서역국: '인도'의 옛 이름.

제일이다 싶었다. 다른 집 할머니들보다 얼굴도 희고 키도 훤칠할뿐더러, 남들이 잘 안 쓰는 처네*까지 꼬박꼬박 쓰고 다녔다. 자줏빛 천에 이마를 반듯하게 가로지른 새하얀 처네 동정*이 한결 의젓하고 깨끗해 보였다.

그러한 할머니가 미륵당 문간을 들어서자, 안에 있던 할머니들과 스님은 모두 일어서며 반기었다.

"가야 마님 오십니꺼!"

"설판 재자* 오시네요!"

그녀들은 할머니의 친가가 김해라 해서 가야 마님이라고 불렀다.

"아이고 모두 일찍 와신네요!"

할머니는 분이의 손을 놓고서 그녀들의 손을 두 손으로 쥐었다. 아는 사람을 대할 때 그러는 것이 할머니의 버릇이었던 것이다.

할머니는 처네를 벗기가 바쁘게 미륵불 앞으로 나아갔다. 물론 분이의 손을 다시 잡고.

"알제, 부체님 앞에서는 절을 세 분 한데잇!"

이렇게 시켜 가며, 예배를 마친 뒤, 여럿이 있는 곳으로 돌아와 앉자, 좌중은 다시 웃음과 이야기판이 되었다. 그래서 사월 초파일은 석가여래의 탄생을 축하하는 날이라기보다 시골 할머니

●처네: 주로 시골 여자가 나들이를 할 때 머리에 쓰던 쓰개.
●동정: 한복의 저고리 깃 위에 좁고 길게 덧대어 꾸미는 하얀 헝겊 조각.
●설판 재자: 한 법회의 모든 비용을 마련하여 내는 사람.

들의 환담•의 날인 것 같기도 했다. 그러한 할머니들의 이야기며 웃음 들이 시종 자기 할머니를 중심으로 진행되는 것 같아서 분이는 한결 흐뭇한 생각이 들었다.

할머니 가야 부인이 남들로부터 그러한 추킴을 받게 될 만한 원 내력을 알게 된 것은, 분이가 훨씬 더 자라서의 일이었다. 분이는 제법 처녀티가 날 때까지도 곧잘 공양미•를 머리에 이고 할머니를 따라서 미륵당을 찾아갔던 것이다. 할머니는 원래부터 불교에 대한 신심이 대단하였다. 실은 그 미륵 석불만 해도 수백 년 동안 땅속에 깊이 묻혀 있던 것이, 그와 같은 신심의 공덕으로 가야 부인의 눈에 처음으로 뜨인 것이라고 사람들은 말했고, 그 미륵당이란 암자도 실은 할머니의 설두•로 세워진 절이었다. 분이가 알기에도 할머니는 꼬박 십 년을 불교식 일종이란 걸 마쳤던 것이다. 할머니는 분이에게 여러 가지 이야기들을 들려주었다. 불교에 관한 것 이외에도 할머니는 구수한 이야기들을 곧잘 하였다.

그러나 분이가 할머니를 특별히 따르고 좋아하게 된 것은, 흔히 보살 할머니들이 치켜세우는 그러한 이유에서만이 아니었다. 물론 그런 것도 중대한 이유의 하나임에는 틀림없었겠지만,

---

•환담: 정답고 즐겁게 서로 이야기함. 또는 그런 이야기.
•공양미: 불교의 세 가지 보배나 죽은 이의 영혼에게 음식, 꽃 따위를 바치는 일에 쓰는 쌀.
•설두: 앞장서서 일을 주선함.

분이에게는 그보다 할머니가 하시는 모든 일들, 즉 할머니의 전 생애가 대견스럽고 우러러보였던 것이다. 사실 분이는 할머니의 얘기라면 어디서부터 시작해야 좋을지 모를 판이었다. 그만큼 할머니는 다른 집 할머니들과는 달리, 생애의 폭이 넓고 깊었던 것이다. 괴로운 과거와 의젓한 처신들이 많았다. 할머니가 시집을 온 것은 한일 합방이 있은 다음 해라고 한다.

"시집올 때는 꼬박 사흘이나 안 걸릿디이나!"

할머니는 이 이야기를 아마 열 번도 더 했을 것이다. 이녁• 동서끼리는 물론 장가를 들어서 애까지 둔 아들들도, 모여 앉으면 그런 얘기를 묻고 또 묻곤 했었다. 몇 번 들어도 싫지 않은 얘기라고, 분이도 오는 잠을 참아 가면서 귀를 기울였던 것이다.

"철이 애비(큰아들)는 그때 배에다 꽉 댕이(동여)매고 배를 안 탔디이나……."

할머니의 얼굴에는 그 당시의 결심 비슷한 빛이 푸뜩 지나갔다.——옛날 '가야국'의 자리인 김해가 안태본•이라 해서 가야 부인이라고 불리게 되었다지만, 할머니의 친정곳•은 김해 고을에서도 저 남쪽 끝에 가 붙은 명호란 소금곳•이었다. 할머니의 친가에서도 소금을 구웠다고 한다.

"신도란 섬에 가면 우리 염전이 제일 큿지!"

• 이녁: 듣는 이를 조금 낮추어 이르는 이인칭 대명사.
• 안태본: 태중에 있을 때부터 가지는 본관.
• 친정곳: 친정 동네.
• 소금곳: 소금이 나는 마을.

할머니는 고향 얘기를 할 때는 염전 얘기를 빼놓지는 않았다. 그러니까 미륵당 길목인 태고란 나루터에 그곳 소금 배가 와 닿아 있는 걸 보면, 할머니는 곧잘 달려가서, 아무개 무쇠 가마에 불 들었던가, 띠밭등 아무개 잘 있던가 하고, 친정 소식을 깍듯이 묻곤 하였다. 그럴 때마다 "그러이더, 그러이더." 하고 대답하던 뱃사람들의 우스꽝스러운 사투리를 분이는 재밌다고 생각했다.

아무튼 그런 먼 곳에서, 차도 발동선•도 없던 옛날에, 바다 같은 강까지 건너 가며 시집을 오자니 사흘이 걸렸다는 것도 거짓말은 아니었다. 할머니의 말로는 하늘이 안 보일 정도로 길길이 자란 갈밭 속을 십 리도 더 빠져나와야 되는데, 그 갈밭 속 길이란 게 또 예사로 미끄럽지가 않은 데다 돌이 지난 첫아이까지 달고서 가마를 탔으니까, 네 사람이 메는 가마라 하지만 교군꾼•들이 땀을 팥죽같이 흘렸더란 거다. 게다가 강기슭에 나와서도, 하필 시위가 내린 위에 바람까지 어떻게 사나웠던지, 배끌기(배에 줄을 매어 어깨로 끄는 사람)들의 어깨가 뭉개질 정도가 되어도 어찌할 도리가 없어서, 두 차례나 팟자를 놓았다•고 한다. 이러다간 아무 일도 되지 않으리라는 공론이 돌아서, 결국 시위• 나불•을 무릅쓰고 강을 건너는 판인데, 만약에 파선•이 되거나 한다면 아기와 함께

•발동선: 내연 기관의 모터를 추진기로 사용하는 보트.
•교군꾼: 가마를 메는 사람.
•팟자를 놓다: 파자(破字), 퇴짜를 놓다.
•시위: 비가 많이 와서 강물이 넘쳐흘러 육지 위로 침범하는 일. 또는 그 물.
•나불: 너울. 크고 사나운 물결.
•파선: 풍파를 만나거나 암초 따위의 장애물에 부딪혀 배가 파괴됨. 또는 그 배.

죽을 작정으로 신부(할머니)는 젖먹이를 자기의 앞배에다 층층 동여 매었더란 거다. 그때만 해도 할머니의 친정은 명호서도 울리던 집안이라, 배도 예사 크지 않은 고물대 이물대•가 다 갖춰진 큰 배였지만, 덩그런 사인교•에다, 상객, 몸종, 하님, 교군꾼 들까지 합쳐서 자그마치 일행이 열다섯도 넘는데, 오라범이 타신 청노새 를 비롯해서 말까지 세 필이나 실어 놓았으니, 그런 난리가 어디 있었겠느냐는 할머니의 이야기였다.

"나불이 디리닥칠 때마다 하님들은 상이 새파래 가지고 떨 어 대지, 말은 하늘을 치다보고 홍호야고 울어 대지——."

할머니는 이렇게 이야기에 집을 내다가•,

"제우(겨우) 황산 앞벌에 배가 밀쳐 닿자, 인자는 살았다 싶으 더구만!"

하고, 숫제 그때의 기쁨을 얼굴에 되살리는 것 같았다.

"할매는 그때 안 무섭던기요?"

듣고 있던 분이가 한마디 끼우면,

"와 안 무섭아! 간이 콩낟 같았지. 큰머리•를 해 노니 고개는 아푸고……. 그러자 황산 장터로부터 시갓댁 마중꾼들이 달려오 는데——."

• 고물대 이물대: 돛을 두 개 이상 다는 배의 뒷부분에 있는 돛대와 앞부분에 있는 돛대.
• 사인교: 앞뒤에 각각 두 사람씩 모두 네 사람이 메는 가마.
• 집을 내다: 잠시 중단하다.
• 큰머리: 예식 때에, 여자의 꾸며 놓은 머리 위에 얹던 가발.

할머니는 어제 일같이 눈에 선한 모양이었다.

"양편 종년들이 우리 애씨 내 모시겠다 하고 싸움들이 벌어지고……."

이 대문에 가서는 언제나 감개무량한 표정을 지었다.

비록 서울로 빠지는 국도라고는 해도 그 당시의 '황산 베리• 끝' 하면 좁기로 이름난 벼룻길•로서, 시가 측에서 마중 나온 사람만 보태도 서른 명이 넘었을 텐데, 구경꾼까지 합치면 줄잡아도 오륙십 명 가까운 사람들이 외줄로 사뭇 늘어섰다고 하니, 과연 얼마나 볼 만했을까, 분이는 늘 자랑스럽게 생각했고, 또 못내 부럽기도 했다.

그러나 그와 같이 거추장스럽고 흐들갑스럽던 우귀• 행렬이었건만, 정작 가야 부인이 실려 간 허 진사 댁은 그때만 해도 여간 까다로운 유교 가문이 아니었다. 게다가 한때 요부하던• 가산마저 거의 탁방이 난• 무렵이었다. 물론 이런 정도의 사연은 친정 오라범으로부터 미리 듣고는 있었다.

칠보화관•의 구슬잠•이 떨리는 대례•를 마친 뒤에도 고풍•을

•베리: '벼루'의 방언. 강가나 바닷가에 있는 벼랑.

•벼룻길: 아래가 강가나 바닷가로 통하는 벼랑길.

•우귀: 전통 혼례에서, 예식을 마치고 3일 후 신부가 처음으로 시집에 들어감.

•요부하다: 살림이 넉넉하다.

•탁방이 나다: 일이 결말남을 비유하는 말. 여기서는 '거덜이 나다'는 뜻.

•칠보화관: 일곱 가지 보배로 꾸민, 여자가 머리에 쓰는 물건.

•구슬잠: 보석이나 진주 따위로 장식된 장신구.

•대례: 혼인을 치르는 큰 예식.

•고풍: 옛날의 풍속.

따라 삼 년을 친정에서 묵는 동안, 한 해 두어 번씩은 으레 찾아
와 주시던 시아버지의 얼굴은 익혀 알았지만, 우귓날 그 앞에서
새삼 큰절을 드릴 때는 어련히 내립떠보실 눈이 더욱 두렵게 느
껴졌다.

"오냐, 수로에 고생이 많았겠구나. 시할아버님이 못 오셨으
니 절은 내가 먼저 받게 됐다마는……."

시아버지 오봉 선생(오봉산 밑으로 오고부터 부른 호라 한다)은 점잖게 닦인
말씨에 약간 울적한 표정을 짓다 말았다. 역시 고풍 따라 시집온
사흘째 되는 아침부터 가얏댁은 부엌으로 들어갔다. 우선 훤칠한
키가 사람들의 눈에 띄었다. 데리고 온 몸종 이외에도 삼월이니
구월이니 하는 부엌 식구들이 있긴 했었지만, 가얏댁은 부엌일을
그녀들에게만 맡기지는 않았다. 어른들의 식성을 알고부터는 더
욱 그러했다.

"시어머님은 내가 간을 본 국 맛을 용키도 알디이라."

할머니는 이런 말을 자랑삼아 하였다. 고을에서 알려져 있는
명문이라고는 해도, 시할아버님이 왜놈들의 등쌀에 못 이겨 늘그
막에 서간돈•가 북간돈•가로 떠나고, 시아버님이 북정•이란 데서
그곳으로 이사를 온 뒤는, 집도 그저 그렇고 해서, 돌담을 사이로
한 이웃과 별반 다를 바가 없었다. 생각했던 것과는 달리 중문 대
문이 없는 그런 집이었지만, 가얏댁은 요만치도 꺼림칙하게 여기

•서간도: 백두산 부근의 만주 지방.
•북간도: 두만강과 마주한 간도 지방의 동부.
•북정: 양산 천성산 남쪽 끝자락에 자리한 마을.

지는 않았다.

"그러이칸에 우리 분이의 고조할배나 징조할배는 참 훌륭했 었지. 더구나 고조할배는 진사 급제꺼정 해서도 베실*을랑 하시 지 않고서……."

오히려 그렇게 된 것을 자랑인 양 이야기한 적도 있었다.

"고조할배는 머한다고 간도란 데로 갔있덩강요?"

"그건 니가 좀 더 크야 안다."

해 놓고서도, 이내 덧붙였다.

"왜놈들이 우리 나라를 뺏고서 미안새김* 겸 입이라도 틀 어막아 보겠다고 베실아치*나 이름 있는 양반들에게 '합방 은 사금*'이란 걸 내주었는데 그 고조할배는 그 돈을 더럽다고 그 자리에서 되돌려 주었더란다. 그러니 그놈들이 좋다 캤겠나. 그 길로 밋비이다가 할 수 없이 그만 조선 땅을 떠났다고 안 하나!"

아직 철이 안 든 분이는 간도란 데가 어딘지, 또 무슨 뜻인지 자세히는 몰랐었지만, 아무튼 고조할아버지는 조금 무서운 어른 이었나 보다 생각했다.

시아버지 오봉 선생은 그러한 아버지를 찾기 위해 몇 번이나 만주 땅을 헤매었다지만, 찾은 뒤에도 결국 모셔 오지는 못하고

•베실: '벼슬'의 방언.
•미안새김: 미안함을 표시함.
•베실아치: '벼슬아치'의 방언. 관청에 나가서 나랏일을 맡아보는 사람.
•은사금: 은혜롭게 베풀어 준 돈이라는 뜻으로, 임금이나 상전이 내려 준 돈을 이 르던 말.

돈만 작살을 내었다고 한다. 요컨대 이것이 일본의 식민지가 됨으로 해서 허 진사 집이 겪은 첫 번째 수난이었다.

"하지만 그란다꼬 누구 하나 감히 참견할 사람도 없었지!"

할머니의 말을 들으면, 할머니의 시아버지——그러니까 분이의 증조할아버지 오봉 선생도 고조할아버지 못지않게 무서운 어른이라고 느껴졌다. 아닌 게 아니라 분이의 아득한 어릴 적 기억 속에도 증조할아버지의 파르스름한 눈빛이 유달리 얼어붙어 있었다.

그러한 오봉 선생이고 되고 보니, 왜놈들이나 그들의 앞잡이들의 비위에 맞을 리가 없었다. 게다가 소위 합방 이후 낙동강 연안 일대의 그 질펀한 갈밭*들이 모조리 동척*의 손아귀에 들어가고, 이내 그들의 논밭이 되어 가는 꼴을 보고는, 당신은 당신대로 더욱 참을 수가 없는 듯이, 툭하면 구두덜거리며* 어디론지 핑 떠나기가 일쑤였다. 그러자니 사실 살림이라고는 깍듯이 돌아볼 경황도 생각도 없었던 것이다. 따라서 집안 식구들도 자연 그렇게 된 어른에게 기댈 도리가 없어지고 도리어 세상을 등진 듯 새침하게 세월을 보내는 그의 비위나 거스를까 조마조마할 따름이었다.

"우짜다가 화를 내실 때는 꼭 벼락이라도 떨어지는 것 같디이라. 목소리나 비미이^(예사로) 쿳나! '못난 것들!' 하고 호통을 치실

● 갈밭: 갈대가 우거진 곳.
● 동척: '동양척식주식회사'를 줄여 이르는 말.
● 구두덜거리다: 못마땅하여 혼자서 자꾸 군소리하다.

게다가 소위 합방 이후 낙동강
연안 일대의 그 질펀한 갈밭
들이 모조리 동척의 손아귀에
들어가고, 이내 그들의 논밭
이 되어 가는 꼴을 보고는, 당
신은 당신대로 더욱 참을 수가
없는 듯이, 툭하면 구두덜거리
며 어디론지 핑 떠나기가 일쑤
였다.

때는 그저 온 집이 쩌렁쩌렁 울리디이라.”

할머니는 이런 표현을 하였다.

그러나 그렇게 두려운 반면 자기에게는 이를 수 없이 고마운 시아버님이었다는 말도 잊지는 않았었다.

“야야, 춥다, 어서 방에 들어가거라. 와 부엌사람들한테 일을 맡기지 않고서……”

저녁 일이 늦을 때는 이렇게 나무람 겸 위로를 해 주시더란 것이다. 그러면서 때로는 가벼운 한숨을 쉬곤 하였다고 한다.

그러나 그렇다고 며느리 가얏댁은 일을 덜 하지는 않았다. 그 당시만 해도 웬만한 가문의 부녀자들은 비록 굶는 한이 있더 라도 손끝 하나 꼼짝하지 않는 것을 무슨 자랑처럼 여기었지만, 그녀는 타고난 천성이 그러질 못했다. 집안 형편을 따라서 진일 마른일 할 것 없이 닥치는 대로 해내었다. 일을 하는 것을 조금도 부끄럽게 여긴다거나 꺼리지는 않았다. 그래서 일찍 배우지 못한 일이라도 이내 손에 익숙해졌다. 머슴이나 부엌 식구들이 도리어 송구스럽게 여길 정도로 부지런했다. 벌써 그녀는 한다하는 양반 의 집 맏며느리가 아니라, 흔해 빠진 농사꾼의 마누라처럼 되어 갔다.

남편인 명호 양반은 그저 미안스러운 눈치만 보였다. 그는 소위 양반의 집 맏아들로서 층층시하●에 눌려 자라 온 처지라, 대 소사를 막론하고 어른들의 눈치나 살필 일이지, 이러쿵저러쿵하

●층층시하: 부모, 조부모 등의 어른들을 모시고 사는 처지.

지는 않았다. 게다가 사실 그는 부인 가얏댁보다 나이도 두어 살 아래였을 뿐 아니라 이녁 할아버지나 아버지 오봉 선생에 비하면, 위인이 그저 순하기만 했지 아직은 무슨 일을 이래라저래라 할 처지가 못 되었다.

시아버지 오봉 선생이 멀리 출타•를 할 때는 마누라보다 자부인 가야 부인을 꼭 불렀다.

"야야, 내 옷 좀 챙겨 오너라. 여분이 한 불쯤 더 있었음 좋겠다."

애당초 어디로 간다는 말을 하지 않았다. 언제 돌아오겠다는 말도. 누가 따르기는커녕, 배웅도 멀리 못 나오게 했다.

"아부이, 잘 다녀오이소."

대문 밖에서 그저 이럴라치면,

"오냐, 집 잘 지켜라."

하고는 돌아도 안 보고 휭 떠나는 것이었다.

그렇게 해서 시아버지가 안 계시면 가야 부인이 실제 주인 구실을 하였다. 그럴 수밖에 없는 것이, 명호 양반은 아직 글만 읽는 샌님•인 데다 시할머니는 일찍 돌아가셨고 시어머니는 워낙 눌려서만 살아오던 분이 돼서 매사에 자기의 의견이라고는 내세우는 일이 거의 없었기 때문이다. 그래도 시어머니라고 의향을 물으면,

---

•출타: 집에 있지 아니하고 다른 곳에 나감.
•샌님: 얌전하고 고루한 사람을 놀림조로 이르는 말.

"내가 머 아나. 니가 알아서 해라."

고작 이런 투였다.

이러한 환경 속에서 결국 가야 부인은 집안 살림살이를 온통 도맡듯이 되어 버렸다.

그러면서도 그녀는 데리고 온 몸종을 이녁 딸처럼 키웠다. 삼월이 구월이도 빨리 제 갈 길을 가야 된다고 하였다. 그녀는 종이라 해서 그녀들을 맘대로 부리거나 하시하지는 않았다. 원래 마음이 너그러운 데다 신심의 탓도 있었으리라. 길쌈● 철이 되면 그녀들과 한자리에 어울려서 일을 거들었다. 무릎 위까지 살을 드러내 놓고 모시나 삼을 흠빨아● 가며 뱌비쳐● 이을 때는, 시어머니의 눈이 둥글해지기도 했지만, 가야 부인은 샌님들의 타고다닐 마필●이 없어진 처지에 상일●이면 어떠며, 종이 무슨 소용이 있겠느냐는 말눈치를 일부러 비치기도 했다.

"나무── 아미타불!"

시어머니의 입에서 이런 탄성이 자주 새어 나왔다.

그러나 허 진사 댁의 불행은 이것으로써 끝나지는 않았다.

가야 부인이 시집온 지 만 구 년째 되는 해였다. 만주 땅에

●길쌈: 실을 내어 옷감을 짜는 모든 일을 통틀어 이르는 말.

●흠빨다: 입으로 깊이 물고 흠뻑 빨다.

●뱌비치다: 두 개의 물건을 맞대고 마구 문지르다.

●마필: 말 몇 마리.

●상일: 별로 기술이 필요하지 않은 막일.

가 계신다던 시할아버지가 거기서 무슨 강습소를 꾸몄다던가 독립운동을 한다던가 하는 소문이 들리더니, 결국 일 년 전에 서간도에서 유골이 되어 돌아오고, 시아버지 오봉 선생이 그 유골을 안고 온 다음 해에는 삼일 만세 사건이 일어났다. 이 만세 사건에 오봉 선생은 둘째 아들——그러니까 가야 부인에게는 바로 손아래 시숙•인 밀양 양반을 잃었다. 왜놈들의 총질에 생죽음을 당한 것이었다.

이태를 연거푸 이런 참변•을 당하고 나자, 허 진사 댁은 문자 그대로 쑥대밭같이 되었다. 온 가족이 죽은 상이 되었다기보다, 분노를 머금은 슬픔이 얼굴마다 사무쳤던 것이다. 그리고 그것은 허씨 일문•만의 슬픔이 아니라, 보다 많은 사람들의 슬픔이기도 했다. 적어도 오봉 선생의 예와 다른 태도에는 그런 티가 뚜렷이 엿보였다.

그래서, 만주 눈벌에서 시할아버지의 유골을 찾아왔을 때나, 읍내 장터에서 피투성이가 된 시숙의 시체를 모셔 왔을 땐 일제의 날카로운 감시 속에서 내용만은 고을이 들썩하게 소위 사회장이란 게 치러지긴 했지만, 그런 정도로써 유족들의 원한이 풀릴 리는 없었다.

"왜놈들의 총질과 미쳐 날뛰는 칼날에 무참하게 터지고 찢긴 아드님의 시체를 보자마자 시어머님은 그대로 넋을 잃었디

•시숙: 남편과 항렬이 같은 사람 가운데 남편보다 나이가 많은 사람을 이르는 말.
•참변: 뜻밖에 당하는 끔찍하고 비참한 재앙이나 사고.
•일문: 한 가문이나 문중.

만주 눈벌에서 시할아버지의 유골을 찾아왔을 때나, 읍내 장터에서 피투성이가 된 시숙의 시체를 모셔 왔을 땐 일제의 날카로운 감시 속에서 내용만은 고을이 들썩하게 소위 사회장이란 게 치러지긴 했지만, 그런 정도로써 유족들의 원한이 풀릴 리는 없었다.

이라. 이놈들아 나라를 뺏음 좋기 뺏지, 와 금덩어리 같은 내 자식을 이렇게 쥑있노? 하고 그만 그 자리에서 안 자물시(까무러쳐) 버리나!"

가야 부인은 그때 일을 이야기할 때는 언제나 목 맺히는 소리로 눈물까지 글썽거리었다. 분이도 나이 들어서 그 이야기를 들을 때는 자기도 모르게 할머니를 따라 눈물을 지우곤 하였던 것이다. 그러고부터 시어머니는 식음을 전폐하다가 결국 종신* 속병을 얻게 되고, 시아버지 오봉 선생은 돌부처처럼 입을 다물었다. 가야 부인은 서른도 채 못 되는 나이에 그러한 시부모를 모시고 연방 기울어져 가는 집안을 거의 혼자서 다스려 나가야만 했던 것이다.

이미 기울어진 가세에 권속만 웅성거릴 필요가 없었다. 어려운 가운데서도 삼월이는 곧 짝을 지어 내보내고 구월이는——육순이 넘도록 부려 온 종이라 아쉬운 대로 평생 입을 옷가지까지 지어서 제 아들에게로 돌려보냈다. 많잖은 농사에 머슴도 여럿을 둘 필요가 없었다. 가야 부인은 직접 안 내던 모도 내고, 길쌈도 하였다. 길쌈은 집안 식구들의 입성*을 마련하는 데만 그치지 않고, 그것으로써 아이들의 학비에까지 보태었다. 이렇게, 손아 날 살려라 하고 애면글면* 엉세판*을 허둥거리는 동안에 다시금 십

●종신: 목숨을 다하기까지의 동안.
●입성: '옷'을 속되게 이르는 말.
●애면글면: 몹시 힘에 겨운 일을 이루려고 갖은 애를 쓰는 모양.
●엉세판: 가난하고 궁한 판.

여 년의 세월이 흘러갔다. 그녀는 '가얏댁'에서 '가야 부인'으로 칭호가 바뀌고, 어느덧 육 남매의 어머니일 뿐 아니라, 자부도 몇이나 거느린 버젓한 시어머니가 되었다. 손자녀도 분이를 비롯해서 여럿이 났다.

"여자 한평생은 그저 그런 기란다. 지내고 보문 잠깐이지만……."

결국 허씨 가문에서의 이십 년 남짓한 세월은, 그녀의 이마에 세 개의 긴 주름을 파 놓고 갔다. 희번드르하던 살결은 누르퉁퉁하게 탄력을 잃게 되고, 귀밑에는 서릿발이 희끗희끗 드러났다.

허구한 풍상과 세월은 시아버지 오봉 선생께도 놀랄 만한 변화를 가져오게 했다. 우선 옛날처럼 집이 쩌렁쩌렁하게 울리도록 호통을 치는 일은 거의 없어졌다. 소위 양반의 티도 줄어지고, 다만 옛날보다 더 잦게 출타를 할 뿐이었다.

한번은 이런 일이 있었다.──표연히• 집을 나선 뒤 근 두 달이나 지나서 돌아오던 참인데, 때가 공교히• 한밤중인데도 불구하고 대문이 활짝 열려 있는 자기 집 뜰 안 광경에 깜짝 놀라 발을 멈추었다.

'어찌 된 셈일까……?'

달이 찢어지게 밝은 밤이었다. 그렇게 달이 밝은 안마당에

• 표연히: 훌쩍 나타나거나 떠나는 모양이 거침없이.
• 공교히: 생각지 않았거나 뜻하지 않았던 사실이나 사건과 우연히 마주치는 것이 매우 기이하게.

웬 사람들이 멍석을 펴 놓고 버릇없이 줄느런히 누워 자고 있지들 않은가! 모깃불까지 희부연 연기를 모락거리고. 옛날엔 없던 상스러운 풍경이었다.

"어험!"

하는 오봉 선생의 기침 소리에 맨 먼저 뛰어나온 사람은 며느리 가야 부인이었다. 마당에 누워 있는 사람들은 여전히 움직이지 않는다. 옛날 같음 벼락이 떨어질 일이다. 양반의 집 뜰에 이게 무슨 꼴이냐고!

"웬 사람들이지——?"

오봉 선생의 말은 생각 밖으로 부드럽게 나왔다.

"저! 윗녘에 삼 받으러 갔다가 오는 아랫데 부인네들입니더. 잘 데가 없다 캐서⋯⋯."

가야 부인은 가슴이 철렁한 채 이렇게 일러바치다가, 상대편에서 얼른 무슨 말이 없자 저녁 진지 걱정으로 수인사를 돌렸다.

"저녁은 묵고 왔으니, 술이나 한잔 들까? 있는강?"

"농주뿐이옵니더."

시아버님이 좋아하시는 약주나 구기자 술을 유념해 두지 못한 것이 죄송스러웠다.

"농가에 농주면 족하지. 어디 조금만 가져오게."

그러고는 곧장 사랑으로 들어갔다.

마나님을 비롯해서 늘어섰던 가족들은 약간 싱거워졌다. 어디를 다녀왔는지 궁금하기도 했다. 그러나 당신이 사랑에 있을 때는, 이녁이 부르기 전에는 아무도 맘대로 들어가지를 못한다.

그것이 당신의 체통이고 또 가풍이기도 했다.

며느리 가야 부인이 술상을 보아 갔을 때 그는 며느리를 일부러 들어오라 했다. 이러한 일은 그녀가 시집온 뒤 처음 있는 일이었다. 가뜩이나 조마조마하던 차에, 가야 부인은 약간 섬뜩해졌다. 그러나 나들이 갓을 관으로 바꿔 쓰고 정좌●한 시아버지의 말은 역시 예상 외로 부드러웠다.

"게 앉게."

가야 부인이 술을 따라 올리자 첫말이,

"윗녘에 삼 받으러 갔다 오는 부인네들이라고?"

"네, 그렇습니더."

"응 그래, 어렵게 사는 사람들이구만. 잘했소. 황혼 축객●이 인사의 도리가 아니거든!"

시아버지 오봉 선생은 잔을 한숨에 죽 비우고 나더니,

"이왕이면 저녁 대접까지 해 드리지그래?"

"그렇게 했습니더. 어머님께서도 그러라 하시고 해서……."

"착한 일들을 했구면!"

오봉 선생은 모든 걸 너그럽게 촌탁해● 주면서,

"그새 별일은 없었는지?"

집안 사정을랑 맨 나중에 물었다.

● 정좌: 몸을 바르게 하고 앉음.
● 황혼 축객: 해 질 녘 나그네를 쫓아낸다는 뜻으로, 김삿갓의 욕공씨가(辱孔氏家)에서 유래됨.
● 촌탁하다: 남의 마음을 미루어서 헤아리다.

"네."

웬만한 일쯤은 있어도 있다 할 며느리가 아니었다. 고등계 형사들이 몇 번인가 다녀간 일은 있었지만, 그런 건 전부터 내처 있어 온 일이고 해서 새삼 아뢸 필요를 느끼지 않았다.

오봉 선생은 더 말이 없었다. 그가 물러가라 할 때 그의 장죽•에 성냥을 그어 대 주던 가야 부인은, 그때야 비로소 시아버지의 얼굴이 한결 초췌해져 있음을 발견하고 갑자기 송구스러운 생각이 들었다. 단순히 노독의 탓만이 아니리라는 생각이 들자, 무언지 모르게 처절한 것이 느껴졌다.

오봉 선생은 외로웠다. 가다가 무엇이 마뜩잖거나 몹시 울적해 보이는 날은 곧잘 아버지와 아들의 무덤이 있는 산으로 올라갔다. 그 밖에는 대개 문을 굳게 닫고 사랑방에 접쳐 있었다. 그러고는 때 묻은 고서들을 뒤적거리거나 혼자서 골패•를 달그락거리는 것이 거의 일과처럼 되어 있었다. 원래 말이 적은 데다 웃어 본 적이 별로 없는 그는 더욱 말이 없었고, 웃음이란 건 아주 잊어버린 듯했다. 아직 철부지인 분이는, 찬 기운이 사무친 듯한 파르스름한 눈을 하고 집안 식구들에게까지 말을 잘 안 하던 그를, 증조할아버지라기보다 냉담한 사랑손님처럼 두렵고 서먹하게 여기었다. 그래서 그 사랑 앞에 모란이니 영산홍이니 하는

• 장죽: 긴 담뱃대.
• 골패: 납작하고 네모진 작은 나뭇조각 32개에 각각 흰 뼈를 붙이고, 여러 가지 수의 구멍을 판 노름 기구. 또는 그것으로 하는 노름.

꽃들이 아무리 탐스럽게 피어 있어도, 그가 방에 있을 때는 좀처럼 가까이 가지 않았다.

　이렇게 스스로 세상을 멀리하고 또 가정에서까지 외톨배기가 된 듯한 오봉 선생은 그저 친구와 술로써 시름을 잊는 것 같기도 했다. 그래서인지 멀리서 친한 선비들이 찾아오는 것을 무척 반가워했다. 옛날 같은 펄펄한 기상은 찾으려 해도 찾아볼 수 없었지만, 그래도 용기를 내어 술이야 밥이야 하고 서슴지 않고 분부를 내렸다. 여유가 있고 없고는 알 배 아니다. 그러한 유생들일수록 또 오래 머물기가 일쑤였다. 하루 이틀에 뜨지 않는 경우가 많았다. 사흘도 좋고 닷새도 좋고, 때로는 달포[●] 가까이 치대는 유생도 없지 않았다. 그렇게 되면 먹는 것만이 아니라 빨래까지 해당해야 한다. 경우에 따라서는 새 입성도 해 드려야 하고, 또 그런 분일수록 떠날 때는 노잣돈도 쥐여 주어야 한다.

　다행히 가야 부인은 일찍이 그러한 가정에서 자라났기 때문에, 아무런 불평 없이 이리 공대[●]를 해 갔다. 옛날처럼 나라에서 빌려 주는 환자(還子)[●]도 없어진 세월이라, 쌀이 떨어지면 여기저기서 꾸어 와야 했고, 닭도 돈도 그렇게 해서 구해 와야만 했다.

　"말 말아라, 그렇다고 궁한 표를 보일 수도 없고…… 한번은 할 수 없이 어른들 몰래 친정 오라범에게까지 사람을 안 보냈디

●달포: 한 달이 조금 넘는 기간.
●공대: 공손하게 잘 대접함.
●환자: 조선 시대에, 곡식을 사창에 저장하였다가 백성들에게 봄에 꾸어 주고 가을에 이자를 붙여 거두던 일. 또는 그 곡식.

이나.”

할머니는 그 무렵의 고충을 이렇게 회고하기도 했다.

이러한 일들로 해서 가야 부인은, 나이 많은 시어머니가 있어도, 동서나 시숙 들로부터 자연 가모*의 대접을 받게 되었다.

“인물이나 키만 보아서가 아니라, 제반* 범절*이 방가위* 의관*의 집 맏며눗감이지!”

남의 말을 잘 안 하는 오봉 선생이었지만, 며느리 가야 부인에 대해서는 언젠가 친척들이 모인 자리에서 이런 칭찬을 하였다고 한다.

한편 시어머니는 둘째 아들 밀양 아이를 잃은 뒤론 정신 나간 사람처럼 되어 버렸다. 이녁 말마따나 모진 목숨이 죽어지진 않고서 시나브로 말라만 들어갔다. 남자들 같으면 다른 일에 머리를 쓴다거나 술로써 한때의 시름을 잊기도 하겠지만, 가뜩이나 얌전하기만 한 시어머니라 그저 한숨과 ‘나무아미타불’로만 세월을 보냈다.

그러던 시어머니가 어느덧 천수를 치기* 시작했다. 물론 바깥어른들이 안 듣는 데서만이었다. 어디서 얻어 왔는지 가야 부인도 모르는 얄팍한 불경 책의 노란 책가위가 말려들어 갈 정도

• 가모: 한집안의 어머니.
• 제반: 어떤 것과 관련된 모든 것.
• 범절: 법도에 맞는 모든 질서나 절차
• 방가위: 과연 그렇다고 이를 만하게.
• 의관: 조선 시대에, 중추원에 속한 벼슬. 여기에서는 양반을 비유하는 말로 쓰임.
• 천수를 치다: 병 없이 오래 살 것을 빌기 위하여 천수경을 읽다.

로 손때가 묻었다. 아주 열심이었다. '정구업진언 수리수리 마하 수리 수수리 사바하'를 처음 따듬작거릴 때는 저 책을 언제 다 외우리 싶었지만, 시어머니는 실로 놀라울 정도로 빨리 나아갔다. 그리고 다행히도 그렇게 불도에 낙을 붙이게 된 것을 가야 부인은 고맙게 생각하였다. 다만 그렇게 불경을 열심히 외우면서도 가 보고 싶은 절에 남들처럼 마음 놓고 가 보지 못하는 시어머니의 심정이 못내 안타까웠다. 그녀들의 시가는 워낙 완고한• 유교의 집안이었던 것이다. 그러던 어느 날——바람이 몹시 불던 밤이었다. 집 뒤를 에워싼 참대 숲이 워썩워썩 울어 댔다. 그렇게 대숲이 워썩거리는 밤이면, 가야 부인은 곧잘 고향인 명호 앞바다가 생각나고, 처녀 때 읽은 『사씨남정기』란 고대 소설의 한 대목이 잇달아 머리에 떠오르는 것이었다.——'하늬바람에 대숲은 일렁이는데, 창창한 바다는 만 리나 펼쳤도다.'라고 하는 관세음보살의 화상을 칭송한 부분이었다. 그날 밤에는 이상하게도 죽은 딸까지 생각나서(가야 부인은 시집까지 간 고명딸•을 달포 전에 잃었던 것이다), 더욱 잠을 이루지 못하고 늦게까지 분이의 버선을 꺼내 놓고 뜨개질을 하던 참인데, 뜻밖에 시어머니의 방에서 염불 외는 소리가 나지막하게 들려왔다.

"……옴 아라남 아라다. 천수 천안 관자재보살——."

또 시작이구나 싶었다.

•완고하다: 융통성이 없이 올곧고 고집이 세다.
•고명딸: 아들 많은 집의 외딸.

나무대비 관세음

원아 속지 일체법

나무대비 관세음

원아 조득 지혜선

나무대비 관세음

원아 속도 일체중

나무대비 관세음

원아 조득 선방편

나무대비 관세음

원아 속승 반야선

나무대비 관세음

원아 조득 원고해……

빨리 대자대비하신• 관세음보살의 불법을 익혀 이 사바•의 고해•를 건너고 싶다는 절절한 하소연이었다. 나직나직한 목청이 언제까지나 낭랑히 계속될 것만 같았다.

가야 부인은 뜨개질을 하던 손을 멈춘 채 가만히 귀를 기울이고 있다가, 자기도 모르는 사이에 눈시울이 뜨거워졌다. 틀림없이 시어머니는 또 죽은 밀양 양반을 생각하고 있으리라 싶었던 것이다.

• 대자대비하다: 부처와 보살의 자비만큼 자비가 넓고 크다.
• 사바: 괴로움이 많은 인간 세계.
• 고해: 고통의 세계라는 뜻으로, 괴로움이 끝이 없는 인간 세상을 이르는 말.

가야 부인은 곧 시어머니에게로 건너갔다. 그냥 있을 수가 없었던 것이다. 그러나 그때 무슨 말을 여쭈었는지는 기억에 확실치 않았다. 다만,——어머님 내일이라도 어느 절에 좀 다녀오이소! 통도사도 좋고, 밀양 표충사도 안 좋겠능기요. 밀양 같음 밀양 동시•를 데리고…… 밀양 동시도 저래 외롭게 지내이칸에……! 아마 이러한 내용이 아니었던가 짐작되었다. 또렷이 생각나는 것은 그때 시어머니께서 눈이 오끔해 가지고서, 자기를 뚫어지게 건너다보았다는 사실이다. 그리고 하신 말씀이다.

"오냐, 늬가 내 눈엔 꼭 관세음보살 같구나!"

느껴웠던 탓인지 말소리조차 약간 떨렸었다. 그렇게 말하는 입가에는 난데없는 미소까지 떠올라 있었다.

이튿날 아침 가야 부인은 서둘러서, 시어머니에게 시줏돈을 쥐여 주었다.

"오냐, 곧 돌아오꾸마!"

홀로 사는 밀양 며느리의 손을 잡고, 처음으로 집안이 알게 절 구경을 나서는 시어머니의 눈에는 이슬 같은 것이 맺혀 있었다. 마치 그것이, 오래도록 그녀의 넋을 억누르고 있던 두터운 안개가 가시어지는 듯한 해방감의 표시인 듯이.

다행히 오봉 선생이 출타를 하고 없을 때의 일이었다.

천연스러운 얼굴로 시어머니를 배웅하던 가야 부인은 이미

•동시: '동서'의 방언.

마음속에 어떤 각오가 되어 있었다기보다, 밤마다 혼자서 천수경을 소곤거리는 시어머니를 위해서는 그 길밖에 도리가 없다고 믿었던 것이다. 그리고 그것을 결행했을 뿐이었다.

물론 시아버지 오봉 선생이 안다면 그저 벼락 정도가 아니리라는 것을 모르는 바 아니었다. 그러나 그것은 그때의 일이라고 생각했다.

나중에 가서는 결국 드러나고야 말았지만, 사실은 가야 부인 자신이 불교에 대한 신심이 여간한 분이 아니었다. 뿐만 아니라 그것이 또 여간 뿌리 깊게 박힌 것이 아니었다. 결국 그로 인해 시아버지의 격분*을 샀지만, 그것은 신라 때의 유풍*으로 그저 여염집* 부인네들이 절 나들이를 한다든가, 수박 겉 핥기 식으로 불교에 미치는 그런 것과는 달리, 자기 나름의 깊은 이유가 있었던 것이다. 게다가 가야 부인의 그러한 정체가 드러나게 된 동기가 또한 심상치 않았던 것이다.

"나는 그때 그만 머리를 깎고 영 이 가문을 떠날라꼬꺼정 안 했더나!"

시아버지 오봉 선생의 삼년상*을 치른 파젯날*, 가야 부인은 그 당시의 각오를 이렇게 말하며 이야기했다.

---

*격분: 몹시 분하고 노여운 감정이 북받쳐 오름.
*유풍: 예로부터 전하여 오는 풍속.
*여염집: 일반 백성의 살림집.
*삼년상: 부모의 상을 당해 삼 년 동안 상중에 있는 일.
*파젯날: 제사를 마치는 날.

서간도에서 돌아간 시할아버지 허 진사의 입젯날•의 일이었다고 한다. 어떻게 그날은 강추위였던지, 낙동강 물이 꽉 잡혀서 강 건너 상동 방면 사람들은 이쪽 황산장까지 등빙을 했을 정도였다. 제삿장을 보아서 머리에 이고 그놈의 베리끝을 돌아오자니, 언덕 위에 쌓였던 눈까지 휘몰아쳐 부치는 바람결에 인제 곧 다시 얼어서 쓰러질 것만 같아서 우선 폭풍이나 잠깐 피할까 싶어, 지금 미륵당이 서 있는 바람의지로 들어간 것이 꼬투리라고 했다.

"장작개비같이 언 팔에 힘을 주어서 머리에 였던 장바굼지•를 겨우 내려놓고 막 웅크리고 앉일라 카니 발끝에 수상한 기 안 비이나! 거기만은 이상스럽게도 눈이 녹아 땅이 푸석푸석한데 반들반들한 돌뿌리가 하나 쑥 볼가져 있더라카이. 그래서 조금 긁적거리 보았디이……."

가야 부인은 그때의 신비감을 만면에 되살렸다.──그것이 바로 한쪽 귀퉁머리가 이지러진 돌부처── 지금 미륵당에 모셔져 있는 돌부처의 정수리였다는 것이다.

마침 산에 눈이 무덕지게• 덮여 있던 때라, 그녀의 머리에는 석가여래가 눈을 맞아 가며 수도를 했다는 설산 생각이 문득 떠오르고, 그때까지 오장육부가 다 어는 듯싶던 추위가 금시에 가시어지는 것 같더라고 했다. 그래서 다시 흙으로 덮어 두고 돌아왔지

• 입젯날: 제사를 지내기 하루 전날.
• 장바굼지: '장바구니'의 방언.
• 무덕지다: 한데 수북이 쌓여 있거나 뭉쳐 있다.

만, 가야 부인의 머리에는 그것이 떠날 날이 없게 되었다.──틀림없이 불교를 배척할 당시의 가혹한 손들에 의해서 절이 불태워지고, 내동댕이쳐진 불상이리라 싶었다. 그렇게 큰 것이 물결에 밀릴 리는 만무했지만, 가야 부인의 생각에는 아주 먼 데서 물결에 밀려온 것같이 느껴졌다. 그리고 그걸 안 보았다면 모르되, 직접 눈으로 보고 난 이상 차마 그냥 내버려 둘 수는 없었다.

가야 부인은 여러 날 여러 밤을 그것만을 생각하다 생각하다, 결국 시어머니에게 자기의 마음먹은 바를 아뢰었다.──그곳에 조그만 절을 짓고 모셔 주자는 것이었다. 불교라면 펄펄 뛰는 완고한 오봉 선생 밑에서 눌려 살아온 얌전하기만 한 시어머니의 처지로서 얼른 대답이 나올 리가 만무했다. 시어머니도 여러 날 밤을 생각하고 또 생각했다. 그러나 아버지의 성 하나 타 가지고 남의 가문에 와서 '삼종지례*'니 '칠거지악*'이니 하는 무쇠 같은 유교의 계율에만 억눌려 사는 멀쩡한 노예인 그녀들에게는 뚫고 나갈 구멍이라곤 까마득했다.

결국 가야 부인은 그 일로 말미암아 마음에 병이 생겼다.──하필 그 부처님이 자기의 눈에 뜨인 것은, 정녕 무슨 심상치 않은 인연의 탓이리라, 그냥 모른 척하고 내버려 둔다는 것은 그야말로 억겁*의 죄를 짓는 것만 같았다. 그녀는 잠을 제대로 이루지 못하게끔 되었다. 어쩌다 어렴풋이 잠이 들었다가도 꿈에 그 돌

---

*삼종지례: 예전에, 여자가 따라야 할 세 가지 도리를 이르던 말.
*칠거지악: 예전에, 아내를 내쫓을 수 있는 이유가 되었던 일곱 가지 허물.
*억겁: 무한하게 오랜 시간.

부처의 머리가 불쑥 나타나서 소스라쳐 일어나곤 하였다. 물론 음식도 잘 먹히질 않았다. 먹어도 삭여 내질 못했다. 시름시름 자꾸만 말라 들어갔다. 까닭을 아는 시어머니는 벙어리 냉가슴 앓듯 밤마다 그녀를 위해 천수만 쳤다. 얼었던 강이 풀리고 기러기 떠나가는 봄이 와도 마찬가지였다. 분이가 대여섯 살쯤 되었을 무렵의 일이다. 밭두덕 같은 데 파릇파릇 새싹이 돋으면, 곧잘 이웃 조무래기들과 어울려서 쑥이랑 그 밖에 이름도 모르는 풀잎들을 나물이라 해서, 죄깐 노리개 같은 바구니에 캐어 오곤 했다. 어머니는 어서 갖다 버리라고 야단을 했고, 그럼 할머니는 "와 그걸 베리! 그 조갑지 같은 손으로 캐 온 것을…… 아가, 이리 가져오너라." 하며 싸 주었던 것이다. 그러시던 할머니가 인제는 그럴 낙조차 없을 만큼 구겨져 있는 것을 보고 분이는 슬퍼졌다.

"할매, 어데가 아푸요?"

하면,

"오냐 괜찮다, 내 새끼야! 우째 니는 요렇게도 꼭 부체 새끼 겉노(같노)?"

하고 가야 부인은 분이의 곱슬곱슬한 머리를 쓰다듬어 줄 따름이었다.

옛날 같음 저녁 늦게까지 곧잘 모여 앉아서 일도 하고 정담들도 하고 가던 아이들이랑 며느리들이 늦게까지 모여 앉아서 걱정들만 하였다.

가야 부인은 기회만 있으면 형제간에 우애 있게 지내야 된다고 가르쳤고, 그래서 자기가 주장해서 지차 아들들의 살림집들도 큰댁 곁 터밭•에 줄느런히• 짓게 했던 것이다. 그러고서도 부족한 듯이 한집같이 죽 사잇담을 틔워서 서로 마음대로 나들게 했었는데, 아이들이 안 보일 때는 이녁이 직접 이 집 저 집 돌아보는 것이 또한 낙이기도 했었다.

"어무이, 지가 제일 손해 봅니데이."

오 동서 중 막내며느리가 이런 우스운 소릴 잘했다. 집이 맨 끝에 붙어 있으니까, "아지부이 편히 쉬이소, 성님 잘 자이소." 하는 수인사를 죄다 해야 되니 그렇다는 거였다.

"그럼 니가 시집을 먼저 올 거 앙이가!"

가야 부인은 이렇게 웃음으로 받아넘겼던 것이다. 그렇게 서글서글하던 가야 부인이 이제는 그러할 기력과 웃음조차 점점 잃어 가게 되었다.

천수만 치던 분이의 노할머니 —— 가야 부인의 시어머님도 드디어 어떤 결심을 하였더라고. —— 워낙 얌전하기만 한 그녀는 죽을 셈 치고(!) 남편 오봉 선생을 사랑방으로 찾아갔다. 그녀가 사랑방으로 찾아간 것은 칠십 평생을 통해서 그것이 처음이요 마지막이었다. 물론 며느리 가야 부인에 대한 사연을 자초지종• 사뢨다. 그리고 이렇게 말끝을 맺었다.

"영감님도 아시리다. 가야 메누리야말로 지가 몬 한 일을 다 했임니더. 형제며 일가친척 간에 우애 있고, 그 몬 배운 상일꺼정

•터밭: '텃밭'의 방언.
•줄느런히: 한 줄로 죽 벌여 있는 상태로.
•자초지종: 처음부터 끝까지의 과정.

해 가며 이 집을 남 불께(부럽게) 안 해 낳능기요. 사람 하나 살리는 심(셈) 치고……."

소원을 들어줍시사는 것이었다. 오봉 선생을 쳐다보는 노부인의 얼굴에는 눈물이 비 오듯 쏟아져 내렸다.

"나가요!"

오봉 선생의 무서운 호통 소리와 함께 벼락치듯 열리는 장지문 밖으로 마나님은 사정없이 쫓겨 나왔다. 그 길로 윗방으로 돌아와서 입을 봉했다. 식음을 전폐하려고 들었다. 가야 부인이 중이 되려고 결심한 것은 바로 그날 밤의 일이었다.

밤중에 온 집안이 발칵 뒤집히었다. 가뜩이나 시름시름 앓던 가야 부인이 별안간 간데온데가 없어졌기 때문이었다. 안방에 늘 데리고 자던 손녀 분이와 어미 여읜 어린 외손자만이 콜콜 잠이 들어 있을 뿐이었다. 그들을 깨워 본들 알 턱이 없었다. 분이는 눈만 썩썩 비비더니, "아까 할매 울었데이." 하면서 도리어 울상을 지어 보일 뿐이었다.

불이 없던 사랑방 문이 별안간 덜거덕 열리더니,

"또 거기 간 거 앙이가?"

어둠을 찢듯한 오봉 선생의 날카로운 말소리가 튀어나왔다.

가족들은 쥐 죽은 듯이 말이 없었다. 서로 얼굴만 쳐다볼 뿐이었다. 그러고는 비로소 모두 냉거랑• 건너 대밭• 각단• 쪽으로

• 냉거랑: 냇고랑. '개울'의 방언.
• 대밭: 대를 심은 밭. 또는 대가 많이 자라고 있는 땅.
• 각단: 한동네 안에서 몇 집씩 따로 모여 있는 구역.

시선을 보냈다. 아니나 다를까, 그 대밭 각단이란 부락 아래쪽 솔밭 속에 희미한 불빛이 가물거리고 있었다.

"또 저게 갔는갑다!"

누군가가 이렇게 말했다.

"바보 같은 것들! 냉큼 가 봐라!"

오봉 선생은 다시 꽥 소리를 치고는 문을 덜컥 닫았다.

대밭 각단 아래쪽 솔밭 속에는 가야 부인의 죽은 고명딸의 체봉*(假葬)이 있었다. 마마*에 죽은 어린것들의 시체를 오쟁이*에 넣어서 나뭇가지에 주렁주렁 달아 두듯이, 그녀의 딸도 괴질*에 죽었다 해서 괜스레 악령의 소멸을 빈다는 버릇으로, 그렇게 솔밭 속에 빈소를 얽어 놓고 이른바 물이 빠지기를 기다렸던 것이다. 악질에 비명으로 죽은 것도 원통한데, 시체마저 흙 속에 곧 묻히지 못하고 있는 것이 더욱 원통하여, 가야 부인은 생각만 나면 밤중이라도 그 먼 데까지 우루루 달려가서 흐느끼는 것이었다. 그즘은 몸도 불편하고 해서 한동안 뜨음했던 것인데……?

이윽고 가야 부인은 가족들에게 부축을 받으며 돌아왔다. 징검다리를 헛디디었든지 아니면 사뭇 물을 밟고 갔든지, 아랫도리가 온통 물에 젖어 있었다. 물론 오봉 선생은 그녀가 돌아오는 줄을 알면서도 일부러 내다보지도 않았다.

• 체봉: 정식 장례를 치르기 전 임시로 매장을 해 두던 것.
• 마마: '천연두'를 일상적으로 이르는 말.
• 오쟁이: 짚으로 엮어 만든 작은 그릇.
• 괴질: 원인을 알 수 없는 이상한 병.

가야 부인은 내처 입을 열지 않았다. 분이는 그러한 할머니를 보고 울기만 했던 것이다.

이튿날 아침 가야 부인은 사랑으로 불려 나갔다. 바깥양반 명호 사람이 먼저 부엉게 부대끼고 나온 직후였다.

"무당과 중을 멀리하는 것이 선비 집안의 체통인 줄 알 터인데——."

오봉 선생의 그 푸른빛이 감도는 날카로운 눈이, 곱게 앉은 며느리 가야 부인의 정수리를 매섭게 쏘아보았다. 필연코 마나님으로부터 그녀에 대한 최근의 일들을 샅샅이 들어 안 모양이었다.

"어째서 자네는 그 요사스런 불교를 버리지 못하겠다는 건고?"

말소리는 한결 떨리고 높아졌다. 가야 부인은 이미 각오한 바는 있었지만, 감당해 내기 어려운 위엄에 질려 얼른 무어라고 대답이 나오질 않았다.

"기어코 생각을 고치지 못하겠는가?"

흰 수염이 부들부들 떨기 시작했다.

"……."

가야 부인은 내처 말이 없었다.

"기어이 불도를 버리지 못하겠다면——."

시아버지는 담배에 성냥을 좌르륵 그어 대며,

"그 까닭을 말해 보라!"

"죄송하옵니더······."

모기만 한 소리와 함께 가야 부인은 더욱 정수리를 숙였다. 신양* 중인데도 불구하고 칼날같이 가지런하게 다듬어진 가르마는, 벌써 참을 수 없는 결심을 의미하는 듯이 보였다. 어느 앞이라고, 감히 거들떠보지는 못했지만 소신대로 실토를 하지 않을 도리가 없었다.

"저희 집도 유교 가문이기는 했지만 친정 할무니는 지가 애릴 때부터 불법을 소중히 여겼사옵니더——."

이렇게 꺼낸 가야 부인의 이야기는 대충 다음과 같은 것이었다.——그러한 할머니 밑에서 자랐기 때문에 자연 불법을 대견스럽게 알게 되었고, 또 할머니의 가르침으로 공자님의 인(仁)이나 석가모니의 자비심이 근본에 있어서 다를 바 없다고 믿어 왔으며, 그보다 더욱 불도를 업신여기지 못하게 된 것은, 임란 당시 왜병이 쳐들어왔을 때 소위 관군*이란 것들은 지레 겁을 먹고 죄다 도망질들을 했었지만, 사명 대사가 지휘한 승병*들이 끝까지 싸워서 자기들의 고향 땅을 지켜 주었다는 이야기를 어른들로부터 들어 왔기 때문이라 하였다. 그러고서는, 불교에서 말하는 '인과업보'란 걸 억지로라도 믿지 않고서는 어떻게 요즘 세상인들 살아가겠느냐는, 현재의 심경까지 당돌하게 덧붙였다.

이러한 며느리의 말 가운데서, 공자님과 석가를 함부로 겨누

● 신양: 몸에 생긴 병.
● 관군: 예전에, 국가에 소속되어 있던 정규 군대.
● 승병: 승려들로 조직된 군대.

는 소행이라든가, 승병이 어쩌고저쩌고했다는 따위는 듣기에 심히 거슬리기도 했지만, 점잖은 시아버지의 입장에서 그런 걸 가지고 이러쿵저러쿵 힐난●을 할 수도 없었을뿐더러, 이미 중년 나이를 훨씬 넘어선 며느리의 그렇게까지 굳어진 신심을 어떻게 할 도리도 없을 것 같았다.

"승병이 거기도 왔다던가?"

오봉 선생의 입김은 예상 외로 빨리 누그러졌다.

"예, 어른들의 이야기로서는⋯⋯."

가야 부인은 그제야 비로소 얼굴을 한번 들었다가 이내 시선을 되깔았다.

오봉 선생은 문득 여러 가지 생각되는 바도 있고 해서, 막무가내란 표정으로 고개를 끄덕였지만, 다행히 가야 부인의 눈에는 뜨이지 않았다.

"물러가 있거라."

한 말만 들렸다.

"머라 쿠데?"

가야 부인이 사랑에서 돌아오자, 시어머니는 못내 궁금한 듯이 물었다.

"우짠 일인지 별로 다른 말씀은 안 하시데요. 와 불도를 못 버리겠느냐고만 하시고."

가야 부인은 한시름 놓인 듯이 시어머니와 마주 앉았다. 우

● 힐난: 트집을 잡아 거북할 만큼 따지고 듦.

거지상을 하고서 청 끝에서 담배만 태우고 있던 바깥양반이, 고부*가 마주 앉은 방안을 한번 흘끗 돌아보았다.

시어머니도 얼굴을 펴며,

"그래 말이다. 그 성질에 또 불베락이 떨어질 줄 알았는데, 뜻밖에 목소리가 낮아지기 그런가 했지."

인제 무얼 보나 피차 그럴 나이가 아닌가 하는 이녁의 생각도 곁들은 말눈치였다.

가야 부인이 덤덤하고 있자,

"그래 절에 대한 말은 안 하던강?"

"야."

가야 부인은 고개를 저어 보였다. 시어머니는 혀를 쯧쯧 찼다.

그러는 동안에 오봉 선생은 어느새 의관*을 정제하고*, 무슨 급한 볼일이나 생긴 듯이 바삐 대문을 나갔다. 미처 누가 배웅을 나갈 새도 없었다.

"저런!"

시어머니는, 무슨 결말도 내지 않고서 그대로 핑 나가 버리는 남편을 닭 쫓던 개처럼 어이없이 내다볼 뿐이었다. 가야 부인 역시 같은 심사였다.

---

* 고부: 시어머니와 며느리를 아울러 이르는 말.
* 의관: 남자의 웃옷과 갓이라는 뜻으로, 남자가 정식으로 갖추어 입는 옷차림을 이르는 말.
* 정제하다: 격식에 맞게 차려입고 매무시를 바르게 하다.

고부는 서로 얼굴만 쳐다보았다. "물러가 있거라." 한 말은 틀림없이 무슨 하달이 있으리란 뜻이었다. 그런데 아무런 말이 없이 오봉 선생은 나가 버렸다. 야속했다. 가야 부인은 생각해 보았다. 응당 무슨 말이 있어야 할 터인데 또 그것을 기다리고 있었는데, 아무런 말이 없다는 것은 두 가지 이유로써밖에 추측되지 않았다. 즉 하나는 이쪽 말이 타당성이 없다는 경우와, 또 하나는 충분히 타당성이 있다고 인정되더라도 일부러 묵살하겠다는 경우다. 가야 부인은 이 두째 번의 이유로써 시아버지 오봉 선생의 태도를 판단했다.

"나무——아미타불……!"

시어머니는 떡심 풀린* 한숨만 내쉬었다.

"우짜겠는기요. 워낙 꼿꼿한 아부님이 되고 보니!"

가야 부인은 막무가내란 표정을 지으면서 자리를 털고 일어섰다. 잠깐 자기 방으로 건너가더니, 이내 외손자의 손을 이끌고 나왔다. 같이 놀던 분이가 따라나서자,

"분이 너는 여깄거라!"

하고, 외손자만 데리고 청을 내려선다.

"와, 어데 갈라꼬?"

시어머니가 눈이 둥글해 가지고 쳐다보았다.

"즈그 집에 데리다 조오야죠."

"와 하필 오늘이싸——?"

---

*떡심 풀리다: 낙담하여 맥이 풀리다.

청 끝에 걸터앉아 있던 남편이 수상해하자,

"제 갈 데로 가야지요!"

가야 부인은 어느새 축대를 내려섰다.

"할매, 나도 윤이 집에 같이 갈래."

분이가 또 따르려니까,

"너는 집에 있거라, 내 곧 오꾸마."

말리려 해도 듣지 않을 눈치였거니와, 그럴 새도 없이 가야 부인은 외손자를 이끌고 대문으로 나섰다. 속도 시끌시끌하고 할 테니, 딸 없는 딸네 집에라도 다녀오려나 보다 하고 더 이상 아무도 개의치 않았다.

해가 져도 돌아오지 않았다. 그럭저럭 밤이 되었다. 행여나 싶어 예의 대밭 각단 아랫녘을 바라보아도 딸의 빈소가 있는 짬에는 불빛이 보이지 않았다. 그래서, 기다리고 있던 식구들은, 아마 오랜만에 사위하고 이런저런 얘기를 하다가 거기서 자는가 보다 생각했다. 그런 일이 과거에도 더러 있었으니까.

이튿날도 가야 부인은 쉬 돌아오지 않았다. 오후가 되자 뜻밖에 딸의 체봉이 있던 곳에서 시커먼 연기가 뭉게뭉게 솟아올랐다. 이내 벌건 불꽃이 치솟았다. 심상치 않은 일이었다.

마침 집에 있던 명호 양반은 부리나케 뛰어갔다. 그저 난 불이 아니라, 바로 이녁 딸의 시체를 화장하고 있었다. 친정이 지척인데, 알리지도 않고 그러는 것이 괘씸했다. 게다가 선산을 버젓이 두고도, 화장이라니! 괘씸하기가 이만저만이 아니었다. 그러나 이상한 것은 어련히 있어야 할 사돈어른이 현장에 없었다. 사위만이 가까이 와서 수인사를 했다.

"와 이런 짓을 하는고?"

하고 물었으나, 사위는 고개만 푹 숙이고, 대답은 마누라 가야 부인이 했다.

"죄송합니더. 아직 물도 덜 빠진 것을 내가 그러라고 시켰임더."

불가의 방식이란 말은 구태여 덧붙이지 않았다. 구태여 덧붙이지 않더라도 능히 짐작하리라고 생각했기 때문이다.

눈물과 그을음이 함께 짓이기어져 있는 아내의 얼굴을 보자, 명호 양반은 더 말이 나오질 않았다. 오히려 그렇게 서두르는 아내의 배포가 무언지 두려웠다. 멍청하면서도 어딘지 모르게 맺힌 데가 있어 보이는 얼굴이었다. 그러한 아내의 얼굴을 물끄러미 들여다보다가, 비스듬한 바윗돌 위에 돌아앉아서, 담배만 태우고 있는 명호 양반의 심정은 별안간 무엇에 꽉 눌린 듯한 기분이었다.

화장이 끝나고 습골까지 마치자, 가야 부인은 바깥양반을 집으로 따돌려 보내고, 자기는 사위와 단둘이서 그 유골 가루를 보자기에 싸 들고 강가로 나갔다. 강물에 뿌리자는 것이었다.

그러나 철둑 하나만 넘으면 곧 강기슭인 데까지 와서, 가야 부인은 뜻밖에 왼편 언덕 쪽을 더위잡았다.

"와 그리 갑니꺼?"

뒤따르던 사위가 수상해하니까,

"그저 따라와 보게."

할 뿐이었다. 그녀가 사위를 데리고 간 곳은 바로 저번 날 돌부처의 머리가 보인 곳이었다.

"엊지녁에 말한 것이 바로——."

가야 부인은 역시 푸석푸석한 흙바닥을 긁적거리더니, 흙 칠갑*이 되어 있는 돌부처의 얼굴을 드러내고, 그 앞에 딸의 유골을 잠깐 놓았다. 그러고는 합장을 하였다.

      나무 상주 시방불
      나무 상주 시방법
      나무 상주 시방승

이런 소리를 한참 중얼대고는 머리를 드는 것이었다.

"이 사람아, 자네 처는 인자 부체님한테 영 매낏데잇*!"

말은 수월했지만, 한숨은 길었다.

가야 부인은 딸의 유해 꾸러미를 다시 사위에게 안겨 가지고 강기슭으로 데리고 갔다. 유해는 이내 어머니의 손에 의해서 세 번 강물 위에 날려 흩어졌다. 마침 그 혼령을 받기나 하려는 듯이 이상하게도 난데없는 성에 한 장이 강심에서 둥실둥실 기슭 쪽으로 향해 왔다.

미륵당의 터가 닦이기 시작한 것은 바로 그 이튿날의 일이었다.

● 칠갑: 물건의 겉면에 다른 물질을 흠뻑 칠하여 바름.
● 매끼다: 맡기다.

가야 부인은 딸의 시체를 화장하던 날 밤에도 집에는 돌아가지 않았다. 내처 사위 집에 눌러 있었다. 며느리들이 모시러 왔었지만 허탕이었다. "가거라!" 한마디에 모든 것이 끝났다.

며느리들은 울었다. 울어도 소용이 없었다. 며느리들은 놀랐다.――그렇게 어질던 시어머니의, 어디에 그런 굳센 곳이 있었을까! 자기들은 흉내도 못 낼 어려운 일 어려운 고비 들을 겪어는 왔다지만, 이번 일에 대해서는 그렇게까지 대담하고 꿋꿋이 나올 줄은 미처 생각지 못했던 것이다. 그야말로 태산부동•이었다. 그녀는 벌써 어떤 각오가 되어 있었던 것이다.

가야 부인은 집을 나올 때 정말 머리를 깎으려고 했다. 머리를 깎고 중이 되려고 했다. 늘그막까지의 시집살이가 고되어서가 아니다. 그런 건 오히려 아무렇지도 않았다. 오직 신심의 탓이었다. 허씨 가문을 위해서는 자기로선 할 만큼은 했다고 생각했다. 그런데도 불구하고, 그녀의 마지막 조그만 소원――땅에 묻혀 있는 부처 하나 꺼내는 일까지 허락되지 않는다는 것은 억울한 일이었다. 여지껏 애써 살아온 보람, 그리고 자신의 존재가 고작 그뿐인가 생각하면 어떤 의미로는 분하기까지 했다. 게다가 그 이상 더 자기의 신심을 묵살한다든가 하는 것은 정말 스스로 억겁의 죄를 범하는 것이라고 느끼었다.

장모로부터 비로소 이와 같은 심정의 술회•를 듣고 난 사위

•태산부동: 움직이지 않는 큰 산처럼 굳세고 변함없음을 이르는 말.
•술회: 마음속에 품고 있는 여러 가지 생각을 말함.

는, 푸뜩 어떤 생각이 떠올랐다.

"그렇게 꺼정 염려하실 건 없을 것 같은데요?"

그는 아주 수월스럽게 말했다.

"어째서?"

"절은 어데 꼭 장모님이 지어야 하능기요. 누라도 절만 지어서 부체만 모시문 안 대겠능기요. 지가 짓겠심더. 죽은 처를 위해서라도……."

사위는 불각시 떠오른 자기의 생각에 숫제 자부라도 하듯이 벙긋거렸다.

"그래? 자네 처를…… 불쌍한 내 딸을 위해서 말이지?"

가야 부인은 별안간 깊은 감동에까지 젖으며 새삼 사위를 건너다보았다. 풍모만이 헌헌장부•가 아니라 생각마저 과연 내 사위로구나 하는 표정이었다. 왜 자기는 미처 그런 생각을 못 했을까 앵하기도 했다. 오랫동안 수심으로 그늘져 있던 그녀의 얼굴에는 거짓말같이 흐뭇한 웃음이 떠올랐다. 그녀는 급히 화제를 바꾸었다.

"이 사람아, 자네도 인자 삼 년 거상이니 머니 하는 거 다 그만두고, 어서 새사람을 맞도록 하게."

"그기싸 안주 바뿌잖심더. 절이나 지아 놓고 천천히 생각해 보겠심더."

"와 바뿌잖아? 우선 밥 묵으러 댕기는 것만 해도 안 귀찮나."

•헌헌장부: 외모가 준수하고 풍채가 당당한 남자.

윤이 아버지는 상처 후 밥을랑 줄곧 큰댁에 가서 먹고 잠만 자기 집에서 자는 군색한 살림을 하고 있었던 것이다.

"그런 건 지한테 매끼 놓오이소."

말이 이럴 수 없이 서글서글했다.

"그래⋯⋯?"

장모도 더 권하지는 않았다. 사위 사랑은 장모라고, 홀로 있는 사위가 애처롭기도 하고, 그날 밤에는 더욱 고맙기도 해서 도리어 잠이 얼른 오지 않았다.

"꼬꼬——."

어느새 홰를 치는 첫닭 소리가 어쩌면 그렇게도 맑게 들릴꼬! 가야 부인에게는 여느 때와 다른 새로운 날이 밝아 오는 것 같았다. 아니 정말 그날부터 그녀에게는 새로운 일이 시작되었다. 홀로 있는 사위를 위해서 밥을 지어 주기로 했던 것이다. 사위는 물론 매일같이 절 세우는 일에 매달렸다. 손수 터도 닦고 이것저것 어려운 주선도 하고⋯⋯.

일은 빨리 나아갔다. 굳이 절 일에 경험이 있는 목수를 부를 필요가 없었다. 비용도 비용이거니와, 우선 부처 하나 아쉽잖게 모실 만한 당집이면 족하니 가야 부인의 친정에서 부리던 텁석부리•로써 무방했다. 그것이 되려 만만하기도 하고. 그녀는 곧 친정곳으로 사람을 보냈다.

"허허이, 애씨께서(그는 옛날 주인댁 따님에 대해서 하던 말공대•를 그때도 했다) 땅속

• 텁석부리: 짧고 더부룩한 수염이 많이 난 사람을 놀림조로 이르는 말.
• 말공대: 말로써 상대편을 잘 대접함.

에 묻힌 부체를 찾아냈다고요? 인자(인제) 절꺼정 지우문(세우면) 극락도 상극락을 가시리더!"

텁석부리는 언제나 변함이 없는 털털한 사람이었다.

"욕 좀 보겠구만! 부대 잘 좀 해 주시게, 부체님 모실 곳이니깐에……."

가야 부인도 그를 외간 남자같이 생각지 않았다.

"그럼은요! 부체님 모실 집인데 여부가 있능기요. 다른 시주는 몬 해도 정성 시주는 힘껏 해야 나도 극락에 가겠지요……." 하면서 허허야고 웃어 댔다. 그는 가야 부인의 사위 박 서방네 집에서 같이 묵으면서, 새벽부터 연장을 갈고, 날이 어두울 때까지 일을 서둘렀다. 절이 거의 다 서 갈 무렵이었다. 오봉 선생이 집을 비운 지 그럭저럭 달포가 가까웠을 땐데, 뜻밖에 형사들이 또 가택* 수색을 나왔었다. 허둥지둥 달려온 막내며느리의 말을 들으면, 온 가족을 옴짝달싹 못 하게 하고는 사랑방이랑 책이 있는 안방을 마구 뒤졌다고 한다. 무슨 일이냐고 물어도 그저 나쁜 짓을 했으니 이러지 않느냐고 으르기만 하고 돌아갔다는 것이다.

가야 부인은 가슴이 철렁 내려앉은 채, 막내며느리를 따라 집으로 돌아왔다. 온 집 안이 흡사 초상 당한 듯한 기색이었다.

'밖에만 안 나갔이문 이런 일은 없었을는지……?'

가야 부인은 지레 질려서 아무 말도 나오지 않았다. 시어머

•가택: 사람이 살고 있는 집. 또는 살림하는 집.

니며 바깥양반의 얼굴을 쳐다보기가 송구스러웠다.

"애비는 간도에 가 죽더니 영감도 옳은 죽음 하기는 어려울 걸! 하고, 안 가나……."

이러면서 시어머니는 눈물을 닦았다. 가야 부인도 어느새 눈 알이 벌겋게 되어 있었다. 백지장 같은 얼굴들이었다. 속수무책 인 듯 마주 앉아 있는 그녀들의 겉늙은 모습——더구나 나이 아 직 오십 미만인데도 벌써 귀밑이 허연 가야 부인의 울먹거리는 표정에는, 그러한 가문에서 남이 안 겪는 그러한 일들을 줄곧 겪 어 온 빛이 완연히 드러나 보였다.

뒤미처 집을 나선 명호 양반을 비롯한 아들들의 수소문에 의해서, 오봉 선생의 거취*가 겨우 알려졌다. 도 경찰국에 붙들려 가 있다는 것이었다. 물론 왜놈들의 눈에 난 소위 '후데이 센진⟨不 逞鮮人⟩*'들에게 맘대로 죄를 꾸며 뒤집어씌우는 예의 고등계란 데 였다.

거기는 오봉 선생만이 아니라, 육십이 훨씬 넘은 늙은 유생* 들이 수두룩하게 갇혀 있었다. 역시 왜경*과 그 앞잡이들이, 충성 심이 한도를 넘은 나머지 제 맘대로 조작해 낸 소위 '한산도 사 건'이란 데 관련된 노인네들이었다. 사건이라고 일부러 어마어마

• 거취: 사람이 어디로 가거나 다니거나 하는 움직임.
• 후데이 센진: 불령선인(不逞鮮人). 일제강점기에, 불온하고 불량한 조선 사람이라 는 뜻으로, 일본 제국주의자들이 자기네 말을 따르지 않는 한국 사람을 이르던 말.
• 유생: 유학을 공부하는 선비.
• 왜경: 일제강점기에, 일본 경찰을 낮잡는 뜻으로 이르던 말.

한 이름을 뒤집어씌워 그렇지 실은 사건이 될 턱이 없는 어줍잖은 일이었다. 그 당시만 해도 오봉 선생 같은 유생들은 한 해 한두 번쯤은 향교•라든가 산수가 좋은 곳에 모여서 고풍 따라 시회(詩會)•를 열고 하루를 즐기던 것인데, 마침 이순신 장군의 유적지인 한산도에서 그런 놀이가 있자, 어디 보자 하는 식으로 현장을 덮쳐서 압수한 글들을 조사한 결과 내용이 불온했다는 것이었다. 대부분이 그들의 내림을 따라 "산천은 예와 같으나 인물은 간 곳이 없구나." 식으로 인생의 허무함을 읊었을 뿐인데, 장소가 장소였던 만큼 개중에는 자연 이순신 장군을 추모하게 되고, 나라를 잃은 원한이 나오고, 왜적이니 해적의 무리니 하는 구절이 없을 리 없었다. 물론 오봉 선생의 글은 그런 점에 있어서 남 뒤떨어지지 않았다. 요컨대 왜경과 그 앞잡이들은 늙은 선비들의 그와 같은 어줍잖은 일들까지 마치 무슨 비밀 결사라도 만든 것처럼 서둘러서 일부러 '중대시'했던 것이다. 게다가 공교롭게도 시기가 또 불리했던 것이다.

2차 대전이 끝나기 이태 전이었다. 한창 중국 대륙을 밀고 내려갔던 왜군이 연합군의 반격에 되밀리자, 중국 국내에서 맹렬한 항일 투쟁이 벌어지고, 덩달아 우리 독립군까지 거기에 가담했다는 소문이 좍 퍼졌을 무렵이었다. 그러니 우리들의 동태를 살피는 왜경과 앞잡이들의 눈깔이 한창 피를 물고 있을 때였다. 말하

• 향교: 고려·조선 시대에, 지방에 있던 사당과 그에 속한 관립 학교.
• 시회: 시인이나 시의 애호가들이 시를 짓거나 시에 대하여 토론·감상·연구하기 위하여 모인 모임.

자면 잘못 걸린 셈이었다.

그러니까 물론 면회도 들어주지 않았다. 가까이 오지도 못하게 했다. 아버지가 만주서 그렇게 되고, 또 아들이 만세 사건으로 그렇게 되고 한 오봉 선생의 경우는 더욱 그러했다.

'죽는 한이 있어도 잘못했다고 굽히지는 않으실 성민데……'

가족과 가까운 일가친척들은 밤이 되면 으레 한자리에 모여 앉아서 오봉 선생의 안위(安危)•를 걱정했다. 그러나 결국 속수무책이었다.

가야 부인은 혼자서 생각한 나머지, 마지막 한 가지 방법을 궁리했다. 만약 시아버지 오봉 선생이 알게 된다면 그야말로 벼락이 떨어지고도 남을 일이었지만, 지금과 같은 처지로서는 막무가내라고 생각했다. 그것은 눈 질끈 감고 이와모도 참봉•네(원래는 이참봉이었지만 창씨를 하고부터 그렇게 불리었다) 집을 찾아가는 길이었다.

'오히려 이런 경우인 만큼 쉬 들어줄는지도 모르지……!'

가야 부인은 옷을 갈아입으면서 한 가닥이 아니라 두 가닥 세 가닥의 희망을 걸어 보는 것이었다. 물론 누구하고 상의한 것도 아니었다. 그녀의 독단이었다.

너무 앞을 서두르노라고 미처 얘길 못 했지만, 오봉 선생에

• 안위: 편안함과 위태함을 아울러 이르는 말.
• 참봉: 조선 시대 여러 관아에 둔 종구품 벼슬.

게는 먼 데서 찾아오는 유생들 이외에, 인근동에는 글이나 나이로 보아서 벗 될 만한 사람이 바이없는● 것은 아니었다. 양 접장만 하더라도 그랬다. 그는 '냉거랑'이라고 불리는 시내 저쪽 대밭 각단이란 마을의 글방 접장으로서, 그곳 주산인 오봉산 발치의 질펀한 들녘을 에워싼 열두 부락에서는 오봉 선생의 유일한 글 친구요 또 바둑 친구였다. 오봉 선생은 속이 울적할 때는 곧잘 그를 찾아갔다.

이 양 접장 이외에 웬만큼 알 뿐 아니라 나이로써 벗뻘이 될 만한 사람으로, 그 일대에서 가장 살림도 넉넉하고 거드름깨나 빼는 이가 바로 가야 부인이 찾아가려는 이와모도 참봉이었다. 오봉 선생은 멀잖은 이웃에 있으면서도 거기만은 잘 가질 않았다. 자기만 그러는 것이 아니라, 자녀들까지 그 집에 가는 것을 원치 않았었다.

"거기 가문 할배, 이놈——한데잇!"

분이가 철들기 시작할 무렵부터 할머니 가야 부인으로부터 이런 당부를 받은 것도 그 때문이었다. 집도 덩그렇고, 그보다 분이에겐 같은 나이의 숙이란 애가 있고 해서 자꾸만 가 놀고 싶었던 것이다.

"돈 주고 산 참봉이라 카이……."

가야 부인도 그 가문을 대견스럽게 여기지는 않았다. 그러한 할머니의 이야기로서는 이녁 시아버지 오봉 선생이 그 집 앞

●바이없다: 어찌할 도리나 방법이 전혀 없다.

을 지나갈 때는 괜히 침을 퉤퉤 뱉기도 했다는 것이다. 그 엄청난 참봉을 지내면서 그렇게 치부를 했다는 것도 심히 수상스러운 일이었지만 그보다 오봉 선생에게는, 그가 합방을 계기로 해서 왜왕°이 내주는 소위 그 '합방 은사금'이란 걸 받고서도 숫제 양반인 체하는 꼴이 못내 아니꼬웠다는 것이다.

그 당시만 해도 지금과는 아주 딴판으로, 그 댁에 무슨 대사나 모꼬지 같은 게 있으면 그 무시무시한 순사나 면 서기 들이 언제나 상손님이었고, 그 밖에는 그저 물덤벙술덤벙°하는 치들이나, 그의 소작인과 동네 머슴 들이 판을 쳤다. 오봉 선생이나 양 접장 같은 분은 그저 이웃 이목이 무엇해서 잠시 다녀갈 정도였다. 분이가 이웃 조무래기들과 어울려서 떡 부스러기 같은 걸 얻어 오면, 가야 부인은 언제나 떠름하게 웃던 것이었다.

그렇게 사이가 서먹한 집을 가야 부인이 새삼 뼈물고° 찾아가야겠다는 데는 그럴 만한 이유가 있었다.──바로 그 이와모도 참봉의 큰아들이(지금은 국회 의원이란 보다 훌륭한 감투를 쓰고 있지만) 그때 시아버지 오봉 선생이 갇혀 있는 도경 고등계에 경부보로 있었기 때문이었다.

가야 부인은 먼저 이와모도 참봉의 며느리를 뵙고, 다음 마누라를 뵙고, 그러곤 이와모도 참봉이 있는 방으로 안내되었다.

귀밑이 허연 가야 부인이 공손스럽게 수인사를 마친 뒤, 시

● 왜왕: 예전에, 일본의 왕을 낮잡는 뜻으로 이르던 말.
● 물덤벙술덤벙: 아무 일에나 대중없이 날뛰는 모양.
● 뼈물다: 무슨 일을 하려고 자꾸 벼르다.

아버님이 그렇게 되었다는 얘기로부터, 어떻게 해서 아드님의 덕분으로 쉬 풀려나올 수 없겠는가, 또 우선 면회라도 할 수 없겠는가, 나이도 나이고 입고 가신 옷도 다 헐었을 텐데…… 하고, 그야말로 있는 정성을 다해서 사정을 드렸다.

이와모도 참봉은 첫말에, 그래 보마고 수월스럽게 승낙을 했다.

"다른 건 몰라도 면회쯤은 안 시켜 주겠소?"

짜장° 가야 부인의 효성심에 감동이라도 한 듯이 미소를 지으며, 어서 떠날 채비를 해 오라고 하였다. 고맙게도 같이 가자는 것이었다. 물에 빠진 놈에게 썩은 새끼가 아니라 바로 실직한° 밧줄이라도 얻은 듯한 기분으로 가야 부인은 집으로 돌아왔다.

마침 바깥양반은 집에 없고 해서, 지쳐 누워 있는 시어머니에게만 통사정을 하고서, 가야 부인은 부랴부랴 나들이옷을 갈아입었다. 아직 신양이 덜 풀리긴 했지만 그렇게 길 떠날 채비를 하고 나서니 훤칠한 키에 옛날의 인물이 되살아나는 듯 엄전해° 보였다.

그러한 가야 부인이 뜻밖에도 외간 남자인 이와모도 참봉을 따라서 동구 앞을 떠나는 걸 보고, 사람들은 이상하게 여기었다. 기찻간에 나란히 앉았을 때는, 누구라도 시아버지와 며느리로 곧이 먹겠지 싶어, 가야 부인은 겉으로는 조금도 어색한 내색은 하

° 짜장: 과연 정말로.

° 실직하다: 조금 튼튼하다.

° 엄전하다: 하는 짓이나 생김새가 정숙하고 점잖다.

지 않았다. 기차에서 내려 곧장 전차를 갈아탔을 때도 그랬고, 도청이란 벌건 벽돌집으로 들어갈 때도 마찬가지였다. 그녀는 오히려 그런 일에 익숙하고 대담한 이와모도 참봉의 태도에 은근히 놀랄 뿐이었다.

고등계란 데는 역시 무시무시한 곳인가, 벽돌집의 이층 가운데서도 저 뒤쪽 구석에 자리 잡고 있었다.

이와모도 참봉은 가야 부인을 골마루에 세워 놓고, 자긴 아들이 있다는 방 안으로 들어갔다. 제발 일이 뜻대로 되었으면 하고, 가야 부인은 이와모도 참봉이 들어간 방 창께로 신경을 곤두세웠다.

그러나 일은 간단히, 아주 간단히 끝났다. 이와모도 참봉이 들어가고 채 오 분도 안 지나서다. 안에서 느닷없이 불손한(적어도 가야 부인은 그렇게 생각했다) 소리가 복도에까지 울려 나왔다.

"실데없는 짓 하고 댕기지 마소! 어서 돌아가소!"

가야 부인도 잘 기억하고 있는 이와모도 참봉의 아들의 꺽꺽한 목소리였다. 쫓겨 나오듯 혼자서 돌아 나오는 이와모도 참봉은 그야말로 뿔 빠진 쇠 꼴이 되어 있었다.

"그만 갑시더."

이와모도 참봉은 이 말밖에 하지 않았다. 가야 부인은 남의 일에까지 속이 뭉클해졌다. 소위 '합방 은사금'까지 받은 두툼한 목덜미가 온 저렇게 초라할 수 있을까 보냐 생각하면서 그녀는 이와모도 참봉을 따라 층계를 밟고 내렸다.

"애비의 친구를 애비가 만나 보고 싶다고 해도 안 들으니 온!"

돌아오는 기찻간에서도 이와모도 참봉은 이렇게 한마디만 하고서 이내 창밖으로 눈을 보냈다. 그렇다고 해서 뭐 특별히 아지랑이 낀 먼 산들을 보는 것 같지도 않고 들을 덮기 시작하는 봄을 유심히 보는 것 같지도 않았다. 창문 유리에 어슴푸레하게 비쳐 있는 그의 표정은 올 때와는 달리 꽤 복잡한 데가 있어 보였다.

가야 부인도 멍청하게 앉아 있을 뿐이었다. 더욱 실의에 찬 얼굴이었다. 차라리 안 온 것만 같지 못했다고 생각했다.

──바보같이! 행여나 하고, 그러한 아들을 가진 이와모도 참봉한테 섣불리 빌붙기까지 한 것이 도리어 후회막심이었다. 창피스러워서 누구 앞에 얼굴도 들지 못할 것 같았다. 이러한 기분을 실은 채, 낙동강을 가까이 끼고 달리는 거친 차바퀴 소리는 자꾸만 그녀를 어느 어둔 구렁 속으로만 끌고 가는 것 같았다. 우악스러운 차 소리에 놀란 물오리들이 푸득푸득 떼를 지어 날아가도 이미 가야 부인에게는 아무런 느낌도 흥미도 없는 일이었다.

창밖에는 봄이 한결 다가서고 있었다. 군데군데 벌써 평지꽃이 노랗게 피어 있고, 풀빛이 짙어 가는 강둑 비탈에는 새까만 염소들이 여기저기 악착스럽게 붙어 있는가 하면, 어스럭송아지•들은 길 위에서 숫제 춤이라도 추는 듯 껑충껑충 뛰놀기도 했다. 역시 인간은 부지런해야 사는 것인지, 사래• 긴 보리 밭들에 엎치

•어스럭송아지: 크기가 중간 정도 될 만큼 자란 큰 송아지.
•사래: 이랑의 길이.

고 있는 아낙네들은 차가 곁을 지나가도 고개도 들려고 하지 않았다.

어느새 차 안을 어슬렁거리던 이동 형사가, 가야 부인이 타고 있는 앞줄에서 학생풍의 청년 한 사람을 데리고 나간다. 청년은 영양실조인 탓인지 얼굴에 노랑꽃이 피어 있었다. 가야 부인은 독립 만세를 부르다 죽은 시숙 생각이 문득 머리에 떠올랐다.

오봉 선생은 피검•된 지 한 달이 되어도 풀려나오질 못했다. 또 한 달을 썩었다. 석 달째 접어들어서 겨우 송청•이 되었다. 소위 치안 유지법 위반이란 거였다. 감옥 앞뜰에 있는 벚나무들은 꽃이 진 지가 오랜지 잎만 시퍼렇게 무성해 있었다. 새벽마다 뻐꾹새 소리가 가깝게 들려왔다. 그는 무릎을 곤두세우고 버릇없는 마룻바닥에 누운 채 가끔 「자규(子規)」란 옛 시구를 읊조렸다.

나라 잃은 한은 천 년이 지나도 남는 것인가?
철쭉은 피를 뿜는 자규의 울음인 듯……
(蜀魂千年尙怨誰 聲聲啼血染花枝)

천 년이 지나도 변치 않는다고 한 작자의 그 기백이 좋았던 것이다.

•피검: 수사 기관에 잡혀감.
•송청: 수사 기관에서 피의자를 사건 서류와 함께 검찰청으로 넘겨 보내는 일.

송청이 된 뒤에도 공판*까지는 상당한 시일을 끌었다. 딴은 생사람 잡는 국사(國事)*들에, 그 비단 같은 말처럼 다망했으리라! 그래서 석 달이 꽉 찼을 때에 겨우 공판에 회부가 되었다.

소위 이 같은 '한산도 사건'이란 것의 공판 날에는 재판소를 찾아드는 진객*들이 많았다. 이와모도 참봉의 아들이 고등계의 일을 보고 있는 바로 그 도청과 나란히 선 재판소 앞뜰에는 아침 일찍부터 피고들의 가족들이, 어떤 시인의 표현을 빌리면 '구데기처럼!' 꾸역꾸역 모여들었다. 절 일을랑 사위에게 맡겨 두고 시아버지의 옥바라지에 매달려 있던 가야 부인을 비롯해서 오봉 선생의 가족들도 물론 와 있었다. 가야 부인의 훤칠한 키가 그들을 쉬 눈에 뜨이게 했다. 방청석은 이내 초만원을 이루었다. 피고들이 입장할 때는 조용히 앉아 있으란 간수들의 명령이 있었음에도 불구하고, 방청객들은 모두 와 일어섰다. 오래 못 보았던 자기들의 할아버지, 아버지 혹은 남편 들의 얼굴이라도 빨리 보자는 것이었다.

용케도 모두 백발을 떠 인 피고들이 청어처럼 줄느런히 포승에 묶여 들어왔다. 언제 배웠는지 젊은 죄수들처럼 제법 방청석을 흘깃거릴 줄을 안다. 모두 껍데기만 남은 듯한 핏기 없는 얼굴에 퀭한 눈들을 박고 있었다.

"아구메!"

• 공판: 기소된 형사 사건을 법원이 심리하는 일 또는 절차.
• 국사: 나라에 관한 일. 또는 나라의 정치에 관한 일.
• 진객: 귀한 손님.

하면서, 가야 부인이 별안간 앞으로 비비대기를 치고•나갔다. 그녀는 날쌔게, 포승에 묶인 시아버지의 두 손을 꽉 쥐며 마구 울었다. 오봉 선생의 이마에 시퍼런 멍이 커다랗게 들어 있었던 것이다.

"고라 고라!(야 이것아!)"

앞문 쪽에 서 있던 간수가 꽥 소리를 치며 달려왔다.

가야 부인은 내쳐 시아버지의 손을 쥔 채, 설움과 분함에 사무쳐 흐느끼기만 했다.

"요놈의 요보가 요!(요 조선 년이!)"

간수는 우격으로 가야 부인을 떼 내었다. 그러고는 뒷자리로 우악스럽게 밀어 버린다.

"간수는 부모도 없소?"

가야 부인이 넘어질 듯하다 돌아보며, 무슨 더러운 것이라도 몸에 닿은 듯이 악을 쓰자,

"니기미 시바라다!"

이런 욕지거리와 함께 숫제 걷어차기라도 할 듯이 다리를 움쭐하며, 간수는 퉁방울 같은 눈알을 굴렸다.

일을 맡은 재판관들이 앞 벽 쪽에 달린 육중한 흑단빛 널빤지 문을 밀고 들어와 앉자, 소란하던 장내는 물을 뿌린 듯이 조용해졌다. 모두 신경이 그리로 쏠렸던 것이다.

곧 재판장의 인정 심문이 시작되었다. 일인 재판장은 서류를 받아 들더니,

•비비대기를 치다: 비좁은 곳에서 많은 사람이 몸을 맞대고 비비적거리다.

"허······?"

하다 말고 잠깐 머뭇거렸다. 그러곤 이내 입술을 날카롭게 모았다. 아마 여태 일본식으로 창씨개명을 안 한 것이 몹시 비위에 거슬렸던 모양이었다.

"응——허응, 나왓!"

오봉 선생이 두목 격인지 맨 먼저 이름을 불렀다. 그는 수갑을 찬 채 앞으로 한 걸음 나섰다.

"성명은?"

경어를 쓰지 않았다. 상대가 '조센진(朝鮮人)'이니까!

"인자 막 부른 대로요."

오봉 선생은 반말을 썼다. 그것이 괘씸한 듯이 재판장은 처음부터 눈에 쌍심지를 올렸다.

"이쪽에서 묻는 대로만 대답해! 나이는?"

"무진생이오."

"무진생? 무신 소리고? 나이가 몇이냐 말이다?"

육갑법을 모르는 모양이다. 딱할 노릇이다.

"글씨(글쎄) 무진생이라고 하지 않았소."

상대방의 하는 태도가 얄미워서 오봉 선생은 일부러 이렇게 버티었다. 가뜩이나 푸른, 재판장의 면도 자리가 더욱 푸르러졌다. 말소리도 높아졌다.

"이루미(이름) 따라 곰이 한가지로구나●! 한 사리 두 사리 하는

● 곰이 한가지로구나: 곰 같구나. '미련하구나'라는 뜻으로 쓰임.

고곳도 몰랏? 메이지㈜ 몇 년에 났어?"

"명치가 아니오. 고종 오 년이오."

오봉 선생은 내처, 침착한 표정으로 우리 연호를 쓰며, 고개를 들고 맞서듯 했다.

"고론 말이 하니, 나뿐 짓이 하지!"

재판장은 서슬이 시퍼래지며 테이블을 탁탁 쳤다.

"여쉰여덜이오."

누군가가 뒤에서 나이를 대 주었다.

"누가 니보고 말이 하라 캤나? 오노리 재판이 고마니한다!"

약이 오를 대로 올랐던지, 재판장은 펴 놓았던 서류를 확 뒤덮고서 일어섰다. 그러곤 휴정에 들어갔다.

오봉 선생은 동지들이나 가족들에게 미안한 듯이 뒤를 잠깐 돌아보았다. 놈들의 하는 짓이 그저 이렇고 이렇다는 것을 알리기라도 하듯이. 정말 싱겁고도 분한 일이었다.

이런 식으로 질질 끈 재판이 거의 한 달이나 걸린 뒤 오봉 선생은 집행 유예 삼 년이란 억울한 판결을 언도받고, 동지 유생들과 함께 그 지긋지긋한 감옥에서 풀려나왔다. 그러나 칠십이 가까운 노령으로서 겪은 억울한 고문과 옥고는 오봉 선생에게 치명적인 타격을 주었다.——그는 출옥하던 그날부터 누운 채 결국 일어나지를 못했다. 가야 부인은 마치 그것이 자기의 책임이나 되는 듯이 갖은 간호를 다 했으나 결국 백약이 무효였다.

쇠약할 대로 쇠약해진 오봉 선생은 마지막 숨을 거두기 직전, 모여 앉은 가족들에게 다음과 같은 말을 했다.

"다들 듣거라, 명호 메누리가 이 집안에서는 제일 큰 어른이데잇! 그 어른의 말을 잘 들어야 한다."

그러고는 점점 멀어져 가는 의식을 억지로 잡아매기라도 하듯, 눈까풀에 힘을 주어 가야 부인 쪽을 쏘아보면서,

"공자의 인(⑩)이나 석씨의 자비심이…… 근본에 있어서 같다고 했……제?"

겨우 이렇게 더듬거리고 눈을 감은 것이 결국 최후가 되고 말았다. 그만큼 그는 유교 사상에 무서운 집념을 가졌던 것이었다. 감옥에서 받은 앞이마의 푸렁 덩이가 이내 시커머져 갔다.

가야 부인은 오봉 선생이 마지막 눈을 감았을 때 비로소 합장 기도를 올렸다. 그녀의 곱게 감은 눈 속에는 사랑 앞 모란꽃이 소리 없이 뚝뚝 떨어지기 시작했다. 그렇게 떨어지는 꽃잎들이 흡사 시아버지 오봉 선생의 이승에서 이루지 못한 소원들같이 느껴질 때, 그녀의 눈귀에 이슬 같은 눈물이 불쑥 솟아올랐다. 그것이 가야 부인이 시집온 이후 허씨 가문에 생긴 세 번째의 비극이었다.

오봉 선생의 장례가 집행된 것은 칠월 초순경이었다. 당신의 아버지와, 아들의 뒤를 이어 모두 비명이라 할 수 있는 세 번째의 비극이었지만, 장례식만은 시골치고는 좀처럼 볼 수 없는 성대한 장례식이었다.

오봉 선생의 장지는 그의 호가 유래된 바로 그 오봉산의 주봉이 흘러내리는 중턱 '싸릿등'이라고 불리는 등성이었다. 벌써 거기는 비명 객사한 이녁 아버님과 독립 만세를 부르다 쓰러진

아들이 앞서 묻힌 자리니까, 새로 마련된 선영˙이라 할 수 있다.

칠월 초순이라면 첫 더위가 만만찮을 무렵이다. 그렇게 만만찮은 더윈데도 불구하고, 오봉 선생의 장례에는 제법 '인산 인해'란 말을 써도 무방할 만큼 조객들이 많이 모여들었다. 게다가 유별나게 눈에 뜨이는 것은 비록 '유림장(儒林葬)˙'은 아니었지만, 고인과 교분이 있는 각처의 유생들이 만만찮게 모여든 사실이었다. 더위를 무릅쓰며 철릭˙에 장죽을 든 모습이라든가, 유복(儒服)˙을 정제한 풍도˙며, 전이 흐들갑스럽게 큰 갓에 중치막˙을 입고 태극선˙을 흔드는 광경들은 아마 그 지방으로서는 처음인 듯, 어린애들뿐 아니라 어른들까지도 숫제 무슨 구경 삼아 쳐다들 보았다. 또 그들이 마련해 온 큼직큼직한 만장˙들!

> 堂堂大義生前業 烈烈精神死後明
> 天秋寃恨憑誰問 寂寞荒陵白日明
> (살아 하시던 일은 당당한 대의였고,
> 열렬한 정신은 사후 더욱 빛나리.

●선영: 조상의 무덤. 또는 그 근처의 땅.
●유림장: 덕망 높은 유학자가 죽었을 때 유교식으로 장례를 치르는 일. 또는 그 장례.
●철릭: 군사 일을 맡아보는 관리가 입던 공식 제복.
●유복: 유학을 공부하는 선비들이 입는 옷.
●풍도: 풍채와 태도를 아울러 이르는 말.
●중치막: 예전에, 벼슬하지 아니한 선비가 옷 위에 덧입던 웃옷.
●태극선: 태극 모양을 그린 둥근 부채.
●만장: 죽은 이를 슬퍼하여 지은 글. 또는 그 글을 비단이나 종이에 적어 깃발처럼 만든 것.

천추의 원한을랑 뉘더러 풀어 볼까,

적막한 무덤 위엔 햇빛만 밝고녀!)

침통한 분위기 속에서 발인제•가 끝나자, 운아(雲亞)•와 명정•, 그리고 공포(功布)•를 앞세우고, 이러한 내용들의 만장이 하늘을 뒤덮듯 했다.

동신(洞神)•을 모신 '거릿대•'가 있는 곳을 피해서, 견전(遣奠)•이 하필 동구 오른편 늙은 느티나무가 서 있는, 이와모도 참봉의 문전• 가까이서 베풀어졌다. 송죽•을 그대로 찍어 붙인 듯한 커다란 병풍이 둘려진 제상 위에서, 서리 같은 눈씨를 한 오봉 선생의 사진이, 그의 유택•의 자리인 오봉산 중턱을 건너다보듯 놓여졌다.

"오호통재(嗚呼痛哉)로다!"

- 발인제: 상여(사람의 시체를 실어서 묘지까지 나르는 도구)가 집에서 떠나기 바로 전에 상여 앞에 차려 놓고 지내는 제사.
- 운아: 운삽과 아삽을 아울러 이르는 말로, 관이나 상여의 앞뒤에 세우는 널판과 제사용 기구.
- 명정: 죽은 사람의 관직과 성씨 따위를 적은 기.
- 공포: 장례식에서 관을 묻을 때에, 관을 닦는 데 쓰는 삼베 헝겊.
- 동신: 마을을 지켜 주는 신.
- 거릿대: 솟대(마을 수호신 및 경계의 상징으로 마을 입구에 세운 장대)를 다르게 이르는 말.
- 견전: 발인할 때에, 문 앞에서 지내는 제사.
- 문전: 문의 앞쪽.
- 송죽: 소나무와 대나무를 아울러 이르는 말.
- 유택: 송장이나 유골을 땅에 묻어 놓은 곳. 여기서는 집안 어른이 묻혀 있는 곳을 이른다.

하고 시작한 양 접장의 추도문 낭독이 동민들이 흐느낌 속에서 끝나자, 읍에서 달려온 청년 단체의 한 대표가 숫제 울면서 또 조사를 읽었다. 그러곤 모인 유생들의 정중한 분향이 시작되었다. 그들은 울지는 않았다. 그저 침통스러운 표정들만 지녔었다. 오봉 선생처럼 눈동자가 파르스름한 할아버지들이 많았다. 그러한 유생들이 분향을 하고 절을 올릴 때는, 구경하던 개구쟁이들까지 고개를 수그렸다. 가야 부인은 그러한 유생들 가운데, 전번 날 고인과 함께 재판을 받던 얼굴들이 섞여 있음을 보자, 설움에 어깨가 더욱 흔들리었다.

물론 이와모도 참봉도 분향을 하였다. 유생들처럼 제법 점잖게 자리에 나아갔으나, 동네 사람들은 대개 그로부터 얼굴을 돌렸다. 하필 거기서 노전●을 차린 것이 눈꼴틀리기나 한 듯이 그는 자기 집 대문 쪽을 흘끗거리기도 했다.

구슬픈 만가●와 더불어 장렬은 이내 산길을 더위잡았다. 분홍색 메꽃이 군데군데 두렁을 수놓고 있는 천수답● 비탈을 지나자, 길은 드디어 거치른 풀과 오금드리● 잡목으로 덮이고 말았다. 그처럼 곱게 피던 진달래도 꽃 지고 나니 엉성한 덤불, 인동(忍冬), 왕머루 덩굴쯤은 그래도 나은 편, 가시 돋친 찔레나무나 청미래 덩굴은 옷자락을 사뭇 찢거나 이치게 하기 마련이었다. 남자들은

●노전: 발인할 때 문 앞에서 지내는 제사.
●만가: 죽은 사람을 애도하는 노래나 가사.
●천수답: 빗물에 의하여서만 벼를 심어 재배할 수 있는 논.
●오금드리: 오금(무릎 뒷부분)까지 이를 만큼 자란 풀이나 나무.

걸타고 넘기도 하였지만 안상주들은 그리도 못 하고 피해 가자니 더욱 힘이 들었다.

"그렇기 봐라, 오지 마라 카이."

가야 부인은, 계집아이로서는 그래도 장손이라고 요질(腰経)●을 두르고 따라오는 분이의 손목을 끌고 가노라고 안 해도 될 수고까지 했다.

길이 그러고 보니 상두꾼●과 상주 이외의 조객들은 자연 이리저리 흩어져 올라갔다. 거기서도 이색진 것은 역시 유생들이었다. 아무리 더워도 복장을 헐지 않고 줄느런히 줄을 지어 올라갔다. 상여가 도중에서 머물러 쉴 때에도 그들은 장지●를 향해서 곧장 나아갔다. 장지인 '싸릿등'까지 가서도, 허 진사와 그의 손자의 무덤을 돌아본 뒤에야 비로소 옷가슴을 헤치고 땀을 가시었다. 이와모도 참봉도 양 접장의 뒤를 따라서 유생들과 행동을 같이했다. 그는 수월찮은 나이에 몸이 워낙 육중했기 때문에 내처 비지땀을 흘렸다.

유생들 가운데서 풍수깨나 아는 선비가 있었던지 자연 그런 얘기가 오갔다.──과연 명당이 그럴듯하다든가, 바로 '와우형(臥牛形)'이 아니냐느니, 혹은 주산에서 흘러내린 소위 '용래(龍來)'란 걸 훑어보고는 '혈(穴)'을 잘 맞췄다느니, 더러는 먼 산만 보고는 '조산(朝山)'이 되었다느니 해서, '좌청룡 우백호' 하는 정도를 훨씬 넘

● 요질: 상복을 입을 때에, 짚에 삼을 섞어서 굵은 동아줄처럼 만들어 허리에 띠는 띠.
● 상두꾼: 상여를 메는 사람.
● 장지: 장사하여 시체를 묻는 땅.

어선 얘기들을 하였다.

　태연스럽게 그러한 얘기들을 나누던 유생들도, 오봉 선생의
관이 땅속으로 들어가자, 상가 가족들 못지않게 비통한 표정들을
하였다.

　오봉 선생의 옥중 동지였던 한 선비는 일부러 가야 부인을
찾아와서 흐느끼는 부인의 어깨를 두드리며 위로까지 하였다(그는

재판정에서 그녀의 얼굴을 기억했던 것이다).

　"오, 효부였더군! 내 까막소•에서 오봉으로부터 잘 들었소. 친
정이 김해라 했지요? 나는 창원이요. 창원 김 진사라면 다 아요."

　이러고는 다시,

　"억울하지! 만약 우리 오봉과 가야 부인 같은 이들만 이 땅에
살았더람……." 이렇게 혼잣말처럼 중얼거리면서 선비들이 모여
앉은 잔디밭께로 돌아갔다. 위엄이 있는 말씨라든가, 자가 넘게
자란 흰 수염을 바람에 날리며 돌아가는 모습이 과연 기백이 대
단한 어른같이 보였다.

　결국 이 창원 김 진사란 선비가 그냥 있지를 않았다. 평토제•가
끝나고 해반•과 아울러 으레 있는 식사와 주찬이 나돌 무렵이었
다. 술도 얼마 돌지 않았을 땐데, 별안간 선비들이 모여 앉은 자
리에서 호통 소리가 일어났다.

　"이놈──개 같은 놈!"

────────────────────

•까막소: '감옥소'의 방언.
•평토제: 관 위에 흙을 뿌려 덮는 장례 절차.
•해반: 봉분을 끝내고 묘소 앞에서 지내는 간단한 제사.

소리의 주인공은 아까 그 창원 김 진사란 늙은 선비였다. 그는 계속 수염을 부들부들 떨며,

"오봉은 바로 네 자식이 쥑있단 말여! 알겠나, 이 개 같은 놈아? 알았음 썩 물러가거라! 뻔뻔스럽게……."

"이놈이 무슨 소릴 대에놓고(함부로) 하노?"

상대방은 역시 이와모도 참봉이었다. 이와모도도 같이 수염을 떨어 댔다. 얼굴이 넓적해 그런지 꼭 삽살개가 으르대는 것 같았다. 아무래도 그는 처음부터 자릴 잘못 잡았던 것이다. 애당초 그런 데 온 것부터가 그렇고…….

그러나 그도 지기는 싫었다. 지다니!

"이놈아, 안 가라 캐도 갈 끼닷! 버릇없는 니놈과 자리를 같이하다니……."

이와모도 참봉은 벌써 자리에서 일어서 있었다. 상주들이 달려가 말리었으나, 이와모도 참봉은 들을 리 만무했다. 그는 화를 머리끝까지 올려 가지고 어기적어기적 산을 내려갔다.

"저런!"

상가 측에서 백관• 한 사람이 급히 그를 뒤따라갔다.

'쥑일 놈들……!'

이와모도 참봉은 집에 돌아와서도 화를 냈다. 생각할수록 분해서 치가 떨렸다.

• 백관: 모든 벼슬아치.

웃옷을 훌쩍 벗어 사랑방 청 기둥에 걸기가 바쁘게 안뜰을 향해 소리를 쳤다.

"어서 세숫물 내오너라!"

푸드덕 푸덕덕 세수를 하고, 뒤미처 마누라가 등까지 닦아 주어도 속이 시원치를 않았다. 꿀 냉수를 두 그릇이나 연거푸 들이켜도 그저 그랬다. 사실 그래서 풀릴 일이 아니었다. 그렇다고 속이라도 시원하게, 누구에게 말할 수도 없는 일이고. 생각할수록 속이 달아올랐다. 그는 헛가래를 몇 번이나 내리 뱉었다.

"머어 한다고 산에꺼정 따라갔덩기요, 그만 노전에나 얼굴을 내고 말 일이지."

마누라는 자세 영문도 모르고 이런다.

"글씨……."

영감 역시 이럴 내기다. 속으로만 '죽일 놈들!'을 되씹었지, 어떻단 내색을 할 수도 없었다.

"안으로 들어가게!"

이와모도 참봉은 등 뒤에서 부채질을 해 주는 마누라의 손에서 부채를 뺏듯 받아 들었다. 혼자 있고 싶었던 것이다. 마누라까지 귀찮았던 것이다.

마누라는 수상타 생각하면서도 그의 비위를 거스르기 싫어서 안으로 들어가 버렸다.

홀로 앉은 이와모도 참봉의 눈은 싫으면서도 '싸릿등'께로 가지 않을 수가 없었다. 역시 그렇다! 아직도 오봉의 장지에는 사람이 허옇게 모여 있었다.

'빌어먹을 놈들, 하필 장지를 저게다 할 끼 멋꼬……!'

그는 가라앉던 불똥이가 다시 치솟았다. 맘대로 할 수만 있다면 당장 사람을 보내서 싹 쓸어 버리고 싶었다.

그는 불룩한 배에다 대고 부치던 부채마저 던져 버리고 방으로 기어들어 갔다. 빳빳한 등등거리도 빼내고 땀받이 하나 바람으로 서늘한 장판 바닥에 등을 붙였다. 역시 그 편이 시원했다. 머리도 조금 식어 가는 것 같았다.

그러나 똑바로 쳐다보이는 천장지의 무늬가 또 마음에 거슬렸다.──그놈의 포도 이파리들이 꼭 그 창원 김 진사란 놈의 수염 달린 상판대기 같았다.

"엑, 이놈──."

괜히 그는 잠꼬대 같은 소리를 치면서 천장을 쳐다보고 눈을 부릅떴다. 중의 벗고 환도 차는 격•이랄까. 천장에다 대고 가래라도 탁 뱉어 붙이고 싶었다. 그러나 순간, 여기저기 엉겨 붙은 동글동글한 포도 알들이 마치 그러한 자기를 비웃는 눈깔들 같기도 했다.

이와모도 참봉이 그러한 자신을 냉정히 반성하게 될 때까지는 그다지 많은 시간이 필요치가 않았다. 이십 분도 채 지나지 않았을 거다. 그리고 그것이 모두 경부보로 있는 큰아들 천석이의 죄라고 생각했다.

•중의 벗고 환도 차는 격: 홑바지를 벗고 군용 칼을 차는 것과 같다는 뜻으로, 격에 전혀 어울리지 않아 매우 어색하게 보임을 이르는 말.

물론 창원 김 진사란 놈도 사람이 덜 돼먹었다. 하필 만인 중 시리[*]에 그렇게까지 할 게 뭐냐 말이다! 그러나 그것도 따지고 보면, 놈이 어쩜 천석이한테 호되게 당했을는지도 모를 일이었다. 하긴 자식이 조금 우락부락하니까. 아무리 고등계 밥을 먹고 있기로서니, 애비가 일부러 찾아갔는데도 불구하고, 왜놈들이 그래도 무엇할 텐데 되려 제가 나서서 애비 친구의 면회까지 안 시켜 줄 정도니까…… 아무튼 좀 지나친 놈이라, 자기까지 그런 봉변을 당한 거라고 풀 수밖에 없었다. 그러나 역시 그날 당한 것만은 분했다. 놈들이 아직 자기에 대한 말들을 하고 있으리라 생각하면 느닷없이 또 불뚱이가 치솟았다.

　　"쥑일 놈들!"

　　그는 다시 천장에다 대고 구두덜거렸다. 반응 없는 발악이었다. 아무리 고쳐 보아도 천장지에 그려진 포도 잎 무늬가, 그 창원 김가란 놈의, 광대뼈가 쑥 불거지고 구레나룻이 곧게 빠진 상판대기를 닮아 보였다. 당장 확 걷어 내고 다른 것으로 갈아 발랐으면 싶었다. 그러나 도배를 한 지가 얼마 되지 않은 것을 다시 그리기도 우스꽝스럽고 해서 괜히 짜증만 더 났다.

　　그러나 일은 짜증 정도로써 끝이 나지를 않았다. 그날 저녁은 우선 분한 나머지 그랬다 하더라도, 그 이튿날도 사흘날도 잠을 달게 잘 수가 없게 되었으니 탈이었다. 그리고 그런 증세가 내처 계속되었다. 불면증에 걸린 것이었다. 물론 모기장을 치고 잤

---

[*] 만인 중시리: 많은 사람이 있는 가운데.

지만 어쩌다가 한 군데쯤 물린 자리가 더욱 잠을 앗아 갔다. 미칠
지경이었다. 아니 정말 때로는 미친 사람처럼 날뛰었다.

이제 그 창원 김 진사란 사람을 생각지 않더라도 신경이 곤
두섰다. 천장만 쳐다보면 이내 속이 뭉클거렸다. 포도 무늬만 봐
도 이가 갈리었다. 캄캄한 밤중에 천장이 있다고만 생각해도 참
을 수가 없었다. 결국 밤중에 일어나 장죽을 더듬어 들고 천장을
아무 데나 콱 뚫어 버리기도 했다. 자다가 "이놈들!" 하는 잠꼬대
가 곁방에 자는 사람들에게까지 들릴 정도로 증세가 악화되었다.

물론 입맛도 떨어졌다. 아무리 먹음직한 진미가 상에 놓여
와도 저•가 잘 가질 않았다. 별 먹는 것이 없는데도 변비증 잦았
다. 그것도 미칠 지경이었다. 한번 뒷간에 가면 수식경•씩 앉아
있어야 되고, 어쩌다가 나오는 게란 꼭 염소의 그것처럼 새까맣
게 탄 것이었다. 그러다간 말경엔 치질까지 심해져서 피가 사뭇
쏟아지고 미주알이 빠졌다. 마누라가 그놈을 밀어 넣는다고 땀을
뺐다. 약도 무던히 썼으나 소용이 없었다. 걷잡을 수 없이 말라만
들어갔다. 그래서 마누라는 생각한 나머지 그게 그저 병이 아니
라 죽은 오봉의 혼신이 덮친 것이라고 믿었다. 그렇게 약을 써도
안 나으니 틀림없다는 것이었다.

"바아라, 내 말이 옳을 끼데잇!"

마누라는 아이들에게 이런 장담을 하고서, 태고 나루께로 내

• 저: 젓가락.
• 식경: 밥을 먹을 동안이라는 뜻으로, 잠깐 동안을 이르는 말.

려갔다. 명도*를 부리는 천금새란 무당을 찾아간 것이었다.

천금새는 그 무렵 절 때문에 애살과 앙심이 가슴에 차 있었다. 몇 해나 데리고 살던 서방까지 구기박질러* 가면서, 매일같이 술을 마시지 않으면 부글거리는 불뚱이*를 참을 도리가 없었다.

이유는 단순했다. 자기의 신주를 모신 곳에서 엎어지면 코라도 닿을 자리에 그놈의 미륵당인가 쥐뿔인가 하는 쬐깐 절이 섰기 때문이었다. 그러고부터는 자기에게 '삼신풀이'라도 능히 청해 올 만한 사람들이 생남* 불공이니 뭐니 해서 자연 그곳으로 빠져나가기 마련이었으니 말이다.

으레 그렇게 될 것을 미리 짐작했던 터이라, 천금새 부부는 절터를 닦을 때부터, 오고 가는 사람들을 붙들고는 넌지시 반대 의사를 표시했었다.

"땅에서 부체가 나왔이문 나왔지, 그기 머 대단한 기라고!"

천금새는 이렇게 빈정거렸고,

"절을 지을라면 널쩍한 데 가 지을 일이지, 와 해필^(하필) 남의 신주 모신 곁에다 지을라 카노?"

남편 박수는 이렇게 투덜거렸다. 말하자면 일종의 텃세와 같은 것이었다.

●명도: 운명과 재수를 아울러 이르는 말.
●구기박지르다: 몹시 구박지르다.
●불뚱이: 걸핏하면 불끈 성을 잘 내는 성질.
●생남: 아들을 낳음.

그러나 결국 드러내 놓고 크게 못 나오고 또 막지 못한 것은, 그 일을 원체 설두한 분이 바로 가야 부인이었기 때문이다. 가야 부인은 보리 날 철, 나락 날 철이 되면 으레 계면•을 도는 천금새에게 꼬박꼬박 곡식 몇 말씩을 순순히 내어 주던 은인일뿐더러, 또 그 일을 맡아서 하던 그분의 사위인, 홀로 있는 박 서방이란 젊은이가 워낙 대가 찬 사람이기 때문이었다.

"죽은 내 마누라를 위해서 내가 절을 짓는데 누가 무슨 말을 할 낀고?"

박 서방은 처음부터 이런 쪼로 나왔다. 그렇게 죽은 처를 들고 나오는 데는 아무도 섣불리 건드릴 사람이 없었다. 사실 완고한 유교 내림의 집안인 처가에서도 그것을 묵인하고 있는 터이었으니까.

천금새는 벙어리 냉가슴 앓듯 자기 집 방 안에 차려 둔 '신주상' 앞에서 '비손•'이나 '푸념'을 하는 것이 고작이었다.

강남서 나온 무학이 걸령쇠 띄어 놓고
팔도강산을 역력히 살펴보니
경상도 태백산은 낙동강이 둘러 있고
그 강 하나 건너뛰면
남북 해동 조선국의

•계면: 내림굿을 하기 위하여, 무당이 집집마다 돌아다니며 돈이나 쌀을 거둘 때에 무당을 인도한다는 귀신.
•비손: 두 손을 비비면서 신에게 병이 낫거나 소원을 이루게 해 달라고 비는 일.

영산 대산 오봉이라

수국 용왕 노는 곳에

터를 받은 신 씨 내외분……

이렇게 서두를 꺼내 놓고는, 사시나무처럼 전신을 떨어 대
며, 엎어 놓은 징을 더욱 잦게 두들겼다.

대월은 설흔날이요, 소월은 이십구일이요,

금년은 열두 달, 좌우 삼백예순 날이 내내 돌아갈지라도,

안과 태평하게 치성이올시다……

그러나 이렇게 축원으로만 끝나는 것이 아니었다. 별안간 눈
이 이상스럽게 빛나며, 푸념의 곡절이 갈팡질팡해졌다.

미륵이면 미륵이지

무슨 죄를 지었건대

도솔천 내원궁에

들지를 못하고서

수로만리 떠돌다가

흑간지옥 진흙 속에

생매장이 대었다가…….

이러고는 미친 듯이 일어나서, 소반 위에 있던 물그릇을 덜

렁 들어, 미륵당이 서고 있는 쪽을 향해 그 물을 확 뿌리며,

"엇쇠, 썩 물러가거라! 미련한 미륵 신아!"

그러고는 대개 집을 핑 나가 버리는 것이었다.

그래도 절은 제 설 대로 서 갔다. 겉 일이 거의 끝나고 안수
장•에 들어갈 무렵이었다. 그럴 때 마침 오봉 선생이 객지에서 구
속이 되었다는 소문이 퍼졌다.

한창 구겨져 있던 천금새에게는 그 소식이 은근히 반가웠다.
속으로 '잘코사니•!'를 외쳤다. 그날부터 그녀는, 한동안 잘 나타
나지 않던 안동네에도 곧잘 나타났다. 열두 부락을 팔랑개비처럼
돌아다녔다.

"진사 영감이 갇혔다 카지요······?"

가는 곳마다 능청을 떨며 이런 질문을 하였다. 물론 '이상하
지요?' 하는 표정을 지으면서.

그러고는 뒤미처, 가야 부인이 설두를 해서 미륵당이란 절
을 세우더니, 웬일인지 멀쩡하던 그녀의 시아버지가 갑작스레 그
런 날벼락을 당하게 되었다는 소문이 떠돌았다. '이상한 일이제.'
하는 표정은, 벌써 엉덩이를 촐싹거리는 천금새에게만 한한 것
이 아니었다. '냉거랑' 빨래터에는 한동안 그런 얘기가 판을 쳤
다. 촉새 같은 부리들은 천금새가 모시는 용신님의 동티•라고까
지 오두방정을 떨기도 했다.

•안수장: 집이나 가구의 내부를 꾸미는 일.
•잘코사니: 미운 사람의 불행을 고소하게 여길 때에 내는 소리.
•동티: 건드려서는 안 될 것을 공연히 건드려서 재앙을 받는 일. 또는 그 재앙.

그런 말들이 가야 부인의 귀에 들어가자, 가야 부인은 같잖다는 듯이 웃으면서,

"미친 것들! 만주 가 돌아가신 시할아버님도 절을 지어서 그렇고, 만세 부르다 생죽음을 당한 우리 밀양 시숙도 절 때문에 그랬던강?"

애당초 상대도 하지 않았다.

천금새는 그러고부터 지레 질렸음인지 그처럼 만만하게 드나들던 가야 부인의 집에는 발을 뚝 끊었다. 가야 부인은 도리어 자기가 뭘 섭섭하게 한 일이나 없었던가 궁금했다. 그녀는 그런 경우 대개 자기가 덕이 없는 탓이라고 느끼는 성미였다.

일부러 찾아온 이와모도 마나님의 말을 듣자, 천금새는 금세 반색을 하며,

"옳고 말고요! 그 말이 적실합니데잇●!"

영락없이 이와모도 참봉에게 죽은 오봉의 혼신이 덮였으리란 것이었다. 그리고 그런 귀신은 보통으로써는 떨어지지 않는다는 것이었다. 천금새는 그것을 미리부터 알기라도 하는 듯이, 용수같이 생긴 긴 상판을 일부러 절레절레 흔들어 보였다.

"어구이, 우선 살았을 때의 그 고집 보지, 어떤 고집이라고요!"

이와모도 참봉의 집에 기도 굿이 벌어진 것은 그리고 며칠 뒤의 일이었다.

● 적실하다: 틀림이 없이 확실하다.

이왕이면 복덕일(福德日)•이 좋았다.

이틀 전부터 마을 어구에 있는 '거릿대'와 해묵은 느티나무에는 금줄이 둘리고, 그 언저리에는 붉은 황토 흙이 뿌려져 있었다. 이와모도 참봉 집 솟을대문 주추•께도 부정을 막기 위한 황토가 놓여 있었다.

부잣집에서 하는 굿이니 볼 만할 거라고, 열두 부락 아낙네들이 아침 일찍부터, 오색 깃발이 늘어져 있는 이와모도 참봉 집 안뜰로 모여들었다.

안채의 처마에 잇대어서 마당 한가운데까지 높이 쳐진 포장 밑에는, 백설기를 비롯한 몇 가지 제물로써 제격대로 차려진 신주마다의 진설상(陣設床)들이 죽 늘어 놓이고, 쾌자• 위에 노랑 목도리를 걸친 원무당 천금새를 중심으로 얼굴에 분칠을 한 화랑이들과, 풍악을 맡은 기무(技巫)와 악수(樂手)와 전악(典樂)•들이 자리를 잡고 둘러앉은 품이 아닌 게 아니라 부잣집 굿 같은 기분이 났다.

우선 부정을 물리치는 굿의 첫마당부터 천금새의 눈은 숫제 이상한 광채를 나타내었다. 소위 강신을 위한 '가망'으로부터 신탁(神託)과 무악(舞樂)으로 진행되는 '산마누라'에 접어들면서 굿은 점점 무르익어 갔다. 닐니리 덩더꿍의 풍악에 맞춰 쾌자 자락을 흩날리며 무녀들의 춤은 멋들어지게 덩실거렸다.

•복덕일: 생년월일의 간지(干支)를 팔괘로 나누어 가린, 좋은 날의 하나.
•주추: 기둥 밑에 괴는 돌 따위의 물건.
•쾌자: 소매가 없고 등솔기가 허리까지 트인 옛 전투복.
•기무와 악수와 전악: 굿을 할 때 악기를 연주하는 사람들.

덩 더꿍, 덩더꿍!

제 장구 소리에 흥이 나서 갓이 젖혀진 기무들도 어깨가 절로 우쭐우쭐했다.

백의 승복(白衣僧服)●을 바꿔 입고 제석(帝釋)●을 청배(請陪)하는● 장면이 나오자, 구경을 하고 있던 보살 할머니들까지 갑자기 덩실거리기 시작했다.

이와모도 참봉의 병세가 수상치 않은지라 바삐 한다고 해도 '열두 거리'의 전반이 끝났을 때는 해가 이미 낙동강 저편 고암산 위에 뉘엿뉘엿, 이상스러운 까마귀 떼의 나래를 물들이고 있었다.

굿의 후반에 들어가기 전에, 몸져 누운 이와모도 참봉이 마당 한가운데로 들려 나왔다. 곧 '오귀'가 시작되는 것이다. 땀을 팥죽같이 흘리는 무배●들과는 정반대로, 팔월 염천●인데도 한기가 들이치는 판이라, 이와모도 참봉은 앉은 목 위만 빼꼼 내놓고는 온통 핫이불●에 둘러싸였다.

"남북 조선 해동국에, 갑술생 전주 이씨……."

사연 풀이를 시작하는 천금새의 목청은 한결 청승스럽게 떨렸다. 그리고 쾌자 소매를 나붓거리며 사뿐사뿐 춤을 추는 발짓

●백의 승복: 흰색인, 승려의 옷.
●제석: 무당이 모시는 신의 하나.
●청배하다: 무당굿에서, 신령이나 굿하는 집안의 조상의 혼령을 불러 모시다.
●무배: 무당 무리.
●염천: 몹시 더운 날씨.
●핫이불: 솜이불.

도 가벼워졌다.

"어이, 이와모도야잇!"

되풀이되는 천금새의 아양에,

"워우 워우 워우, 구웃이야!"

오동 장구를 부둥켜안은 기무는 이런 후렴을 멕이면서 덩더꿍거리는 두 어깨를 흡사 용수철처럼 떨었다.

"어이, 이와모도야잇!" 하고 이름이 불릴 때마다, 병자가 눈을 번쩍 떠 본다든가, 자라처럼 움츠렸던 목을 쑥 빼고 두리번거리는 꼴이 또 가관이었다. 거기에 용기를 얻은 듯이 천금새는 더욱 고개를 히뜩거리며,

"그래 그래 그 넋인가?"

덩 더꿍, 덩더꿍!

"난데없이 떠들온 몸이——."

덩 더꿍, 덩더꿍!

"저언생에 무슨 일이——."

"워우 워우 워우, 구웃이야!"

"지독히도 맺혔던가 배?"

덩 더꿍, 덩더꿍!

이렇게 해서 푸념의 화살이 별안간, 죽은 오봉 선생에게 넌지시 돌아가자, 그것을 눈치챈 구경꾼들은 서로 얼굴을 쳐다보며 긴장된 표정들을 하였다.

한결 숨이 가빠진 천금새는 과연 신령님의 위력에 억눌리기라도 하는 듯이 얼굴빛이 점점 포르족족해 갔다. 눈의 흰창도 요

란스럽게 희번덕거리고.

"아이고, 저 늙은이들 보래! 키가 크이 뒤에 서 있어도 구경하기가 얼매나 좋겠노?"

남들이 이렇게 부러워하던 가야 부인이 곁에 있는 밀양 동서의 옆구리를 쿡 찔러서 나란히 자리를 뜬 것은 바로 그때였다. 워낙 두 분이 다 훤칠한 키라 그것이 또 남의 눈에 유달리 띄었다. 물론 천금새도 그것을 보았다. 그러나 그녀의 악지•센 목소리는 잡귀 잡신을 대접하는 뒤풀이로 들어갔다.

상청은 서른여덜 수비
중청은 수물여덜 수비
하청은 열여덜 수비
우중간 남 수비, 좌중간 여 수비
베루 잡던 수비, 책 잡던 수비
많이 묵고 가거라.
군웅 왕신 수비 왔거든 많이 묵고 가거라.
손실 병상 수비 왔거든 많이 묵고 네 가거라.
해산 영산에 간 수비 오거든 많이 묵고 네 가거라.
수살 영산 간 수비 왔거든 많이 묵고 네 가거라.
먼 길 객사 간 수비 왔거든 많이 묵고 네 가거라.
언덕 아래 낙상 수비 많이 묵고 네 가거라.

•악지: 잘 안될 일을 무리하게 해내려는 고집.

염병 질병 돌아간 수비 많이 묵고 네 가거라.
여러 각항 수비들아 많이 묵고 네 가거라.

덩 더꿍 덩더꿍, 덩 더꿍 덩더꿍……! 뒤풀이의 장단이 잦은 고비를 한참 넘고는, 마침내 화랑이가 들고 있던 넋대가 덜덜덜 떨며 이와모도 참봉 집 대문을 나섰다. 중추 명월이 벌써 하늘에 떠 있었다.

달이 밝아서 좋았다. 돌담을 끼고 도는 좁은 골목길로 넋대•는 스륵스륵 소리를 내면서 나아갔다. 넋대를 잡은 화랑이 뒤에는 천금새, 그리고 그 뒤엔 동네 애들이 우 따랐다.

물론 이와모도 참봉은 이불에 싸인 채 방 안으로 들려 들어가고, 마당에는 굿 잔치가 벌어졌다. 굿 떡은 복이 많다 해서 앞을 다투듯 손들을 내밀었다.

넋대는 가야 부인의 집 앞까지 가더니 담벼락을 두어 번 툭툭 치고는 이내 돌아섰다. 동네 어귀에 있는 해묵은 느티나무의 밑둥을 한 바퀴 돌고선 계속 널찍한 들길로 빠졌다.

빨랐다. 들길에 나서자 거의 달리듯 나아갔다. 흔히 그러듯, 용왕님이 계신다는 태고 앞 시퍼런 강굽이께로 가는가 했더니 도중에서 느닷없이 산길을 더위잡았다•. 산길가 산밭들에는 메

• 넋대: 무당이 물에 빠져 죽은 사람의 넋을 건지는 데 쓰는 장대.
• 더위잡다: 높은 곳에 오르려고 무엇을 끌어 잡다.

밀꽃이 한창이었다. 바람 한 점 없는 밤에 눈처럼 얼어붙은 것 같은 메밀밭들은 그 숱한 풀벌레 소리도 멎고 그저 그림같이 고요하기만 했다.

그러한 메밀밭들이 있는 언덕을 넘어서자, 넋대는 곧장 불이 빤한 미륵당 쪽을 향해 갔다.

이윽고 넋대는 미륵당 문전에 다다랐다. 서성거렸다. 더 나아가지를 못했다. 그날따라 절 문이 굳게 닫혀 있었다.

넋대는 이와모도 참봉을 덮친 악귀의 꼬투리가 바로 그 안에 있기나 한 듯이, 미륵당(마침 죽은 오봉 선생의 망령을 위한 재가 거기에 붙어 있었다) 대문 구틀 짬• 땅바닥만 툭툭툭 쳐 댔다. 천금새는 무슨 주문을 중얼중얼하고는 거기에다 '물밥'을 철썩 엎질러 버렸다.

그리고 돌아선 지 얼마 되지 않았을 때였다. 삽 같은 데 뜨인 물밥과 흙더미가 느닷없이 천금새를 비롯한 일행의 머리 위에 훌훌 마구 덮씌워졌다.

"아이구메!"

도리어 물밥과 흙더미를 뒤집어쓴 일행은 마치 범불•이라도 만난 듯 사산분주•를 해 버렸다. 굿으로서는 엉망이었다. 가장 긴요한 뒤풀이가 그 모양이 됐으니까!

천금새는 질겁을 해서 간이 콩낱같이 움츠러들었으나 원무당으로서 어쩔 수 없이 이와모도 참봉의 집까지 돌아가지 않을

•대문 구틀 짬: 대문의 틀이 갈라져 생긴 틈.
•범불: 호랑이의 눈빛.
•사산분주: 사방으로 흩어져 재빨리 달아남.

도리가 없었다. 이와모도네 가족들과 구경꾼들은, 말이 없는 천금새와, 넋대조차 내던지고 돌아온 화랑이의 새파랗게 질린 표정보다 우선 물밥과 흙을 뒤집어쓴 그녀들의 쾌자 꼴을 보고서 심상치 않은 일이 있었던 것을 짐작했다.

천금새는 새전(賽錢)•을 챙길 정나미도 없어 싱겁게 이와모도 참봉의 집을 물러 나왔다. 오동 장구를 울러멘 그녀의 남편이랑 다른 굿패들도 얼떨떨한, 더러는 불만스러운 얼굴들을 하고 그녀의 뒤를 따라나섰다.

누가 물어도 미륵당 중은 모른다고 하였다. 결국 동네 사람들은 제멋대로의 억측들을 하였다. —— 그날 저녁에 가야 부인의 사위 박 서방이 절에 가 있는 걸 누가 보았다느니, 혹은 오봉 선생의 혼신이 화를 내서 그랬으리라느니, "아니 산신령님이 그랬대!" 하는 식으로 그저 구구한 억측과 소문 들만 나돌았다. 아무튼 용왕님을 모시고 있는 천금새가 말을 하지 않았으니까 사실 마을 사람들은 확실한 것을 알 길이 없었다.

한 가지 확실한 것은 천금새가 그처럼 많이 들춘 신들이며, 심지어 '물밥'에 술까지 대접한 오봉 선생의 혼신조차 그녀의 소원을 들어주지 않았다는 사실이다. 그 증거로는, 굿을 하면 나을 줄을 알고, "어이, 이와모도야잇!" 할 때마다 눈을 끔벅끔벅하던 그 이와모도 참봉이 웬일인지 그날 저녁부터 더욱 병세가 악화되어 단 사흘도 채 못 넘기고, "이놈들아 ——." 하며 뒤집었던 눈

• 새전: 신령이나 부처 앞에 돈을 바침. 또는 그 돈.

을 결국 감지 못했다는 것이다. 거짓말같이 가고 말았다. 그가 마지막 숨을 거둔 안방 천장지에는 다행히 그 창원 김 진사란 사람의 얼굴을 닮은 포도 잎 무늬가 없었다.

또 한 가지는 여태까지 영검이 대단하다고 믿어 왔던 천금새에게 비손이나 푸닥거리를 청해 오는 사람들이 거의 없을 정도로 줄어진 사실이었다.

"물밥을 되덮어썼다문서!"

태고 나루를 지나가는 소금 배의 조군*들까지 이렇게들 빈정거렸다.

그래도 천금새는 악지 세게, 허물어져 가는 자기 집 방구석에 모셔 둔 신주상 앞에서 새벽마다 징을 뚜들겨 댔다. 푸념은 사시장춘 하는 것이지만, 용왕님과 조왕님을 달래는 이외에, '흑간 지옥에 묻혔던 미륵……' 운운하는 것은 틀림없이 미륵당을 저주하는 것이라는 이웃 사람들의 얘기였다.

그러나 아무리 미친 듯이 징을 두드리고 빌고 해도 '물밥'을 되덮어쓴 창피는 씻을 길이 없고, 미륵당을 찾아가는 할머니 어머니 들이랑 젊은 아낙네들의 수효는 날이 갈수록 늘어만 갔다. 결국 천금새의 그따위 처방으로써는 어찌할 도리가 없는 일들이 줄곧 일어났기 때문이었다.

죽은 이와모도 참봉의 아들 이와모도 경부보 같은 위인들이

---

* 조군: 고려·조선 시대에, 물건을 실어 나르는 배에 승선하여 일하던 선원.

목에 핏대를 올려 가며 그들의 '제국'이 단박 이길 듯 떠들어 대던 소위 대동아 전쟁이 얼른 끝장이 나긴커녕, 해가 갈수록 무슨 공출이다, 보국대다, 징용이다 해서 온갖 영장들만 내려, 식민지 백성들을 도리어 들볶기만 했다. 그리고 그것은 '제국'의 빛나는 승리를 위해서 불가피한 일이라고들 했다.

몰강스러운˙ 식량 공출을 위시하여 유기 제기의 강제 공출, 송탄유˙와 조선(造船) 목재 헌납을 위한 각종 부역과 근로 징용은 그래도 좋았다. 조상 때부터 길러 오던 안 산 바깥 산 들의 소나무들까지 마구 찍겨 쓰러진 다음엔 사람 공출이 시작되었다. '전력 증강'이란 이유로 영장 받은 남정들은 탄광과 전장으로, 처녀들은 공장과 위안부로 사정없이 끌려 나갔다. 오봉산 발치 열두 부락의 가난한 집 처녀 총각과 젊은 사내 들도 곧잘 이마를 '히노마루(일본 국기)'에 동여매인 채, 울고불고 하는 가족들의 손에서 떨어져, 태고 나루에서 짐 덩이처럼 떼를 지어 짐배에 실렸다(물금까지 나가면 기차 편도 있었지만 차는 위대에서 오는 그러한 사람들로 항상 만원이었다). 손자녀를, 자식을, 남편을, 딸을 그렇게 빼앗긴 할머니, 어머니, 아버지, 아내 들은 태고 나루에서 눈물을 짓다 가까운 미륵당을 찾기가 일쑤였다. "명천 하느님요!" 하고 땅을 치던 그들은, 말없는 미륵불 앞에 엎드리어 떠난 아들딸들이 무사히 살아 돌아오기를 빌고 또 비는 것이었다.

•몰강스럽다: 인정이 없이 억세며 성질이 악착같고 모질다.
•송탄유: 소나무 가지를 잘라서 불에 구워 받은 기름.

조상 때부터 길러 오던 안 산 바깥 산 들의 소나무들까지 마구 찍겨 쓰러진 다음엔 사람 공출이 시작되었다. '전력 증강'이란 이유로 영장 받은 남정들은 탄광과 전장으로, 처녀들은 공장과 위안부로 사정없이 끌려 나갔다.

"시줏돈을랑 그만두이소! 내가 대신 다 내놓았임데잇……."

돌아간 시할아버지와 시아버지, 그리고 만세 통에 총 맞아 죽은 시숙과 딸의 영가*를 거기에 모셔 둔 가야 부인은 오면가면 그러한 분들을 위로하기에 바빴다.

"억울한 말이싸 우째 다 하겠능기요. 나도 이렇게 안 살아 있능기요."

흐느끼는 아낙네들의 손을 잡아 주며 조용히 '관세음보살'을 염하는 것이었다. 먼 데서 온 분은 기어이 재워 보내기도 했다. 그것은 가야 부인 자신에게도 필요한 공덕이었다. 선심이라고는 생각지 않았다.

가야 부인은 결코 남들에게 절에 와 달라고 권하지는 않았다. 절을 맡아 있는 스님에게도 그렇게 시켰다. 시주는 더욱 권하지를 않았다.

"촌사람들이 무슨 여유가 있다고! 오다가다 찾아 주는 것만 해도 고맙지."

늘 이런 투로 말했다. 염전을 하는 친정 오라범이 막내 동생인 그녀와 그 절을 위해서 강 건너 대동면에 사 준 논 열두 마지기의 수입으로 미륵당의 유지는 가능했기 때문이다. 절을 세울 때부터 그런 생각을 했거니와, 그야말로 가야 부인 자신을 위한 절이요, 불행한 아낙네들을 위한 사랑 같은 곳이었다. 무슨 기도를 드려 소원 성취를 한다기보다 아들, 딸, 남편, 손자녀 들을 억

---

*영가: 육체 밖에 따로 있다고 생각되는 정신적 실체.

울하게 빼앗긴 그녀들은 거기서 어떤 마음의 위안을 얻곤 하였
던 것이다. 그래서 특별한 불사가 없는 날에도 할머니들은 곧잘
모여들었다. 대밭 각단 양 접장의 할머니도 손자가 학병에 끌려
가 죽은 뒤부터는 역시 미륵당에 나왔다.

어떤 일이 있어도 유독 나오지 않는 것은, 죽은 이와모도 참
봉의 가족들뿐이었다. 그러나 이와모도 참봉의 가족들이 미륵당
에 얼굴을 내놓지 않는다고 해서 아무도 서운하게 여기지는 않
았다.

"잘 안 나오지. 그럴 낯짝도 없겠지만, 나와 덕 댈 끼 멋고!"

오히려 나오지 않는 것을 다행한 일인 것같이 말하는 사람도
있었다. 이와모도 참봉의 아들이 고등계의 경부보로 있었기 때문
이리라. 그녀들은 속에 있는 말을 마음대로 지껄이고 싶었던 것
이다.

"왜놈들이 얼른 망해야 살지, 이래 가주고싸······."

"그 독한 놈들이 얼른 망하겠나."

이건 '보르네오'댁이란 부인의 말이다. 그녀의 남편은 '보르
네오'란 섬에 징용을 나가 있었다. 남자들이 징용 간 곳을 따라
'보르네오'댁이니 '뉴기니야'댁이니 하는 새로운 택호들이 유행
되고 있었던 것이다.

"벌써 죽었는지 살아 있는지도 누가 아나?"

이미 송금(送金)이 떨어진 사람도 없지 않았다. '보르네오'도
소식이 끊어진 지가 꽤 오래였었다.

"그래도······."

양 접장네 손자처럼 '명예의 전사' 통지가 오기 전에는 역시 희망을 가지는 그녀들이었다.

"나무아미타불!"

가야 부인은 내처 이런 한숨만 내쉬었다. 그녀는 하도 억울한 일들만 겪어 온 탓인지, 남의 이야기에만 귀를 기울일 뿐, 자기 이야기는 잘 하질 않았다. 그렇다고 새로운 걱정이 없는 것은 아니었다. 학병에 나가기가 싫어서 도망질을 떠난 막내아들의 일만 해도 그랬다.

"무슨 소식이나 있능기요?"
하고 누가 물으면,

"소식은 무슨 소식! 오는 편지 가는 편지 낱낱이 조사하는 판인데, 그런 어리석은 짓이싸 하겠나."

그러곤, "산 놈이싸 어델 몬 댕기겠노. 고생이 말할 수 없겠지!" 할 따름이었다.

그러한 막내아들의 일보다 가야 부인에게는 우선 더 다급한 걱정거리가 있었다.

"이번에는 할 수 없임데잇! 그래 아이소."
애국 반장이란 사람이 하고 간 말.
"너무 그래 버투지•마소. 그란이라도 의심을 받고 있는 집에서……"

•버투다: '겨루다'의 방언.

이건 이와모도 참봉의 조카뻘인 구장이 와서 하고 간, 반 협박조의 소리다. 그 옴두꺼비 같은 구장이 언제 옥이의 징용 영장을 들고 오는지 모를 일이었다. 속칭 '처녀 공출°'이란 것으로서 마치 물건처럼 지방별로 할당이 되어 왔다. 즈이들 말로는 전력 증강을 위한 '여자 정신대원(女子挺身隊員)'이란 것인데, 일본 '시즈오까'라든가 어딘가에 있는, 비행기 낙하산 만드는 공장과 또 무슨 군수 공장에 취직을 시킨다고 했었지만, 막상 간 사람들로부터 새어 나온 소식에 의하면, 모조리 일본 병정들의 위안부로 중국 남쪽 지방으로 끌려갔다는 것이었다. 말하자면 기만과 강제에 의한 그들의 전쟁 희생물이었다. 어리석고 가난하고 힘없는 식민지 농민들의 딸들은 그렇게 끌려가기 마련이었다.

옥이도 바로 그러한 운명의 직전에 있었다. 더구나 그녀는 미천한 종의 딸이었다. 가야 부인이 애초 시집을 때 데리고 왔던 몸종은 이미 커서 짝을 지어 내보내고, 역시 친정에서 부리던 종의 딸을 대신 데리고 왔던 것인데, 가야 부인은 그 옥이를 식모라기보다 차라리 양딸처럼 귀하게 길러 왔었다.

그러한 옥이가 벌써 나이 열아홉 살이다. 게다가 인품도 얼굴도 반반했지만, 워낙 근본이 그런지라 얼른 적당한 자리가 나지 않아서 미처 작배°를 시켜 주지 못하고 있는 형편이었다. 그래서 벌써 애국 반장으로부터 몇 번인가 해당자가 되었다는 말을

● 공출: 국민이 국가의 수요에 따라 농업 생산물이나 기물 따위를 의무적으로 정부에 내어놓음.
● 작배: 남녀가 서로 짝을 지음. 또는 배필을 정함.

들었거니와, 그럴 때마다 혼처가 이미 작정되어 행례 날을 기다리고 있는 형편이니 제발 덕분 빼 달라고 애원을 하듯 해서 미뤄 온 셈이었다. 그러니 사실 인제 더 버티기도 어려운 꼴이 됐다.

물론 옥이 자신도 그걸 눈치채었다. 그녀는 반장이나 구장이 무슨 일로 찾아오면, 으레 부엌 문틈으로 바깥 동정을 살피었고, 밤에는 곧잘 가야 부인의 발치에서 소리 없는 울음을 울었다.

"옥아, 바로 눕거라. 와 요새는 늘 발치에 그래 있노?"

가야 부인이 이렇게 타일러도 옥이는 발치가 좋았다. 종의 딸이라기보다 울기에 편리했다.

가야 부인도 벌써 며칠째 잠을 잘 자지 못했다. 딸과 같은 옥이를 놈들에게 빼앗길 수도 없거니와, 그보다 또 한 가지 다른 걱정이 있었다. 그것은 홀로 있는 사위 박 서방의 일이었다.

"빙모*님, 옥인 지가 데리고 가겠임더, 누구보담도 우리 윤이를 잘 키아 줄 끼고……."

박 서방은 옥이의 다급한 사정 얘기를 듣자, 대뜸 이런 소리를 했던 것이다.

"머? 그기 무슨 소리고?"

가야 부인은 벌어진 입이 닫혀지질 않았었다. 아무리 무엇하기로서니 종의 딸과…… 싶었다.

"신분이 그럼 어때요? 마음씨나 일솜씨나 얼굴 생김이 어데 한 군데 나무랠 데가 있던기요. 그보다 또 당돌한 소릴는지는 몰

• 빙모: 다른 사람의 장모를 이르는 말. 여기서는 자신의 장모를 이른다.

라도 빙모님이 꼭 이녁 딸같이 키운 아이가 아잉기요! 그러이칸
에……."

누구보다도 믿고 처를 삼을 수 있다는 것이었다.

'옳지!'

가야 부인은 선뜻 짚이는 데가 있었다. 인제 보니, 누가 무슨
혼삿말이라도 하면 "그까짓 요새 양반인 체하는 것들의 딸?" 하
던 그의 말이 실은 알속•이 있었던 게로구나 싶었다.

가야 부인은 생각했다.——아마 미륵당을 세울 무렵에 정이
들었으리라고. 그녀의 친정곳에서 온 텁석부리란 목수가 사위 박
서방네 집에서 같이 묵고 있을 때, 그들의 조석• 동자•를 시키기
위해서 한동안 옥일 데리고 갔던 것인데 그게 바로 꼬투리가 됐
구나 싶었다.

"아이구, 옥이가 벌써 시집갈 나가 댔구나!"

옥이를 잘 아는 텁석부리가 일부러 이렇게 반가워하자, 유달
리 얼굴을 붉히던 그때의 옥이를 가야 부인은 새삼 머리에 떠올
려 보았다. 아닌 게 아니라 사위의 말마따나, 인물이며 마음씨며
어디 하나 버릴 데가 있어! 그런 게 내처 조석 수종을 들어 주고
또 그 먼 미륵당 자리까지 참이며 점심을 해 날랐으니, 젊은 나이
에 혼자 있는 사위로서는 응당 정이 들 만도 했으리라 촌탁되었
다. 사실 어느 쪽도 나무랄 수 없을 것 같았다. 요컨대 서로의 신

•알속: 사물의 핵심이 되는 중요한 부분.
•조석: 아침과 저녁을 아울러 이르는 말.
•동자: 밥 짓는 일.

분만 때 놓는다면 그야말로 좋은 배필이 될 수도 있었다.

문제는 그 신분이었다. 박 서방이 그래도 시골 양반의 후옌데 비해서 옥이는 기껏 종의 딸이 아닌가! 그러나 사위 박 서방이 정말 그렇게까지 절실히 원한다면……?——가야 부인으로서는 얼른 판단을 내리기가 어려워졌다. 시어머니에게 물어봐도 내내 그랬다.

"씨가 그래서…… 그러나 알아서 하게."

모든 걸 자기에게만 맡기는 성미였다. 바깥양반 역시 마뜩찮게 여기었다.

"인품이싸 그만함 댔지. 그렇지만 내림이 온천^(워낙)……."

정상은 가련하나 어떻게 그렇게까지야 할 수 있겠느냐는 말 눈치였다.

"그렇기요. 그래서 사돈 어른들도 그 소릴 듣고는 펄쩍 띠^(뭐) 드라 캅디더만……."

가야 부인은 인정에만 끌려 사실 어째야 할지를 몰랐다.

그러고만 어름거릴 때, 결국 옥이에게 붉은 딱지가 나오고야 말았다. 역시 그놈이었다. 여자 정신대원! 일본 병정의 위안부!

"내일 아침 아홉 시꺼정 꼭 동사[●]에 내보내 주소!"

그 옴두꺼비 같은 구장은 그저 이 말만 하고 돌아갔다. 옥이가 마침 냉거랑에 빨래를 가고 없는 새라 대신 쪽지를 받은 가야 부인은 정말 가슴이 철렁 내려앉는 것 같았다. 왜놈들에 대한, 눌

●동사: 마을의 수호신을 모시는 사당.

러 오던 증오감이 다시금 불붙기 시작했다.

옥이가 담뱃진을 먹고 죽기를 작정한 것은 바로 그날 밤이었다.

추위에 얼굴을 빨갛게 해 가지고 돌아온 그녀는 빨래통을 내려놓기가 바쁘게 가야 부인에게 불려 들어가서, '정신대(挺身隊)'의 영장이 나왔다는 소리를 들었다. 물론 가야 부인은 그녀의 눈치를 유심히 살피었다. 옥이는 그 자리에선 아무 말도 하지 않고 부엌으로 물러 나왔다. 별안간 얼굴에 핏기가 하날도 없었다. 공포와 저주에 굳어지기나 한 듯이.

그녀는 여느 때와 같이 저녁 준비를 하였다. 파를 가늘게 저미어 장도 제대로 끓이고, 상도 제대로 날랐다. 다만 얼굴에 핏기가 없고 말이 없을 따름이었다.

"와 니 밥은 안 가주왔노?"

안식구들도 언제나 방에서 같이 먹는 버릇이었는데, 그날은 그녀의 밥그릇이 나와 있지 않았었다.

"정지(부엌)에서 묵울람더."

그저 이러고만 돌아갔다. 식사가 끝날 때까지 옥이는 부엌에서 나타나지 않았다. 부엌에서도 밥을 먹는 것 같지는 않았다. 그런 기색이 통 없었다.

가야 부인은 밥이 잘 넘어가질 않았다. 물도 목에 메이는 것 같았다.

"내 저 건너 좀 갔다 오꾸마!"

가야 부인은 밥술을 놓기가 바쁘게, 옥이에게도 들릴 정도로 이런 말을 해 놓고서, 집을 나갔다. 저 건너란 건 언제나 사위의 집을 말하는 것이었다. 그리고 나간 가야 부인이 웬일인지 이슥토록* 돌아오지를 않았다.

옥이는 저녁 설거지를 마친 뒤에도 한참 동안 우두커니 아궁이 앞에 앉아 있었다. 부엌 안은 바깥보다 어둠이 한결 빨랐다. 어둠침침한 부엌에서 불도 켜지 않고 옥이는 또 생각했다. 그리고 울었다. 그러나 아무리 생각해 보아도 피할 길이 없고, 울어 봐도 한이 없었다. 그녀는 가슴 밑 허리춤에 쑤셔 넣었던 '정신대'의 징용 영장을 꺼내어 아궁이 속에 던져 버리고, 자리를 털고 일어섰다. 영장 쪽지는 발간 혓바닥을 날름거리며 사라졌다.

뒷문으로 빠져나온 옥이는 냉거랑 건너 박 서방의 집이 있는 곳을 넋 없이 바라보았다. 다닥다닥 붙은 초가지붕들이 어스름에 싸여 분명치가 않다. 옥이는 별안간 머리가 아찔해졌다. 그녀는 쓰러지듯 차디찬 툇마루에 걸터앉았다. 꼭뒤*를 기둥에 들이댔다. 어수선한 생각과 기억 들이 가뜩이나 멍청한 그녀의 머릿속을 휘저었다.

'정말 윤이 아버지가 그런 생각을 가졌을까……?'

박 서방을 두고서다. 그녀는 달포 남짓 그의 집에서 그와 텁석부리의 조석 시중을 들었다. 빨래도 해 주었다. 그러나 자기에

●이슥하다: 밤이 꽤 깊다.
●꼭뒤: 뒤통수의 한가운데.

게 이상한 내색 한 번 해 본 적도 없는 박 서방이었다. 그러한 그가 이쪽이 '여자 정신대'에 나가게 된다는 말을 듣고는 별안간 그런 소리를 했다고 하지 않는가? 물론 그로부터 직접 들은 것은 아니다. 자매처럼 사귀어 오던 분이가 일부러 그런 귀띔을 해 주었기에 비로소 알았고, 또 요 며칠 사이 집안 어른들끼리 오고가는 말눈치라든가 그 밖의 태도들이 어림짐작의 탓인지 역시 그렇게 보였다.

'정말 그런 생각을 조금이라도 가졌었다면?'

옥이는 윤이 아버지가 갑작스레 그리워졌다. 당장 달려가서 그의 커다란 손에 매달려 보고 싶었다. 울고 싶었다.

'아니!'

옥이는 하던 생각을 뚝 끊었다. 이제 막 그런 생각이 떠오른 것이 아니라는 걸 깨달았다. 실은 벌써부터, 미륵당의 터를 닦을 무렵——그녀가 가야 부인을 따라 그의 집에 가 수종을 들 그때 벌써 그에게 대해서, 어떤 존경심과 더불어 야릇한 감정을 느꼈던 것이다. 장모인 가야 마님이 항상 자랑삼아 말하던 그 헌헌장부의 풍도와 대찬 성미! 그러나 내려오는 풍속과 예절은 그녀에게 존경심만 남게 하고 그 밖의 모든 감정은 모조리 거세시켜 버렸던 것이다. 그러니까 속으로 사랑했다는 말도 되지 않는다.

그러나 지금은 다르다. 저쪽에서 먼저 그런 말을 꺼냈다지 않는가!——옥이는 버티어 보았다. 하지만…… 역시 마찬가지였다. 그녀는 결국 종의 딸이었다. 인제 눈물도 나오지 않았다. 도리어 정신이 말끔하게 돌아오는 것 같았다.

옥이는 불현듯이 일어나, 낮에 주워다 둔 헌 담배 설대°를 그 뒷마루 밑에서 꺼냈다. 다시 부엌으로 들어갔다. 잠시 호롱불을 켜 놓고 설대를 칼로 짜갰다. 독한 담뱃진 내가 코를 쿡 찔렀다. 됐다! 그녀는 바삐 담뱃진을 긁어 내어 환약°처럼 만들었다. 넘기기 좋을 만한 게 열 개도 더 되었다. 어머니에게서 들은 방법이었다. 그녀는 그것을 대견스럽게 종이에 싸서 옷가슴에 쑥 밀어 넣었다.

가야 부인은 늦게야 돌아왔다.

"우짠 일인지, 박 서방이 오늘도 늦게 안 돌아오네. 갑자기 머가 그리 급한지 온⋯⋯."

가야 부인은 이러면서 곧장 방으로 들어갔다. 꽤 추워 보였다.

한밤중이었다. "웩 웩!" 하는 이상스러운 소리에 온 가족이 놀라 깨었다. 소리는 뒤안에서 났다. 가야 부인은 불도 켤 새 없이 뒷문을 드르륵 열었다. 등불이 켜졌다. 뒷마루 앞 땅바닥에 누군가가 쓰러져 있다.

"아이고 옥이 앙이가?"

가야 부인은 번개같이 뛰어내렸다. 그러고 덜렁 안았다. 상반신을.

"아이고, 우리 옥이다!"

가야 부인은 불빛에 옥이의 얼굴을 돌려 댔다. 입가에 누런

° 설대: 담배통과 물부리 사이에 끼워 맞추는 가느다란 대.
° 환약: 약재를 가루로 만들어 반죽하여 작고 둥글게 빚은 약.

침이 엉겨 있다.

"야들아, 어서 소금물 해 오너라. 이기 멀 묵웃구나!"

옥이는 눈알을 희멀거니 해 가지고 잇달아 딸꾹질을 해 댔다.

"어서 이 입 좀 벌기라!"

가야 부인은 옥이의 입에다 소금물을 주룩주룩 부었다. 다행으로 물이 꼴깍꼴깍 넘어갔다.

"아이고, 진 내야! 많이도 넘깃구나."

가야 부인은 손가락을 옥이의 입에다 쑥쑥 집어넣었다. 어서 토하란 것이다. 옥이가 다시 "웩 웩." 하기 시작한 것은 오 분도 채 안 지나서였다.

옥이의 몸뚱이가 방으로 옮겨지고, 주인을 쳐다보는 그녀의 입에서 "어머니……!"란 말이 송구스러운 목청으로 떨려 나왔을 때, 가야 부인은 비로소 마음을 놓았다.

옥이는 그러고서도 이튿날은 일찍이 일어났다. 분이가 그만두라고 해도 그녀는 곧장 부엌으로 들어갔다.

지난밤 그런 일이 있은 때문인지 옥이의 얼굴에는 더욱 핏기가 없었다. 뿐만 아니라 하룻밤 사이에 십 년은 더 늙은 듯 눈이 아주 퀭해져 있었다. 아랫도리가 휘둘리는 모양인지 부엌에서 재 소쿠리를 들고 잿간으로 가는 걸음걸이가 몹시 어설퍼 보였다.

'저런……!'

가야 부인은 그러는 옥이의 뒷모습을 바라보며, 가슴을 에이듯한 슬픔과 더불어 한편 이상한 감동 같은 걸 느꼈다. 하필이면

'정신대'에 끌려가는 날 아침에 아궁이의 재를 치다니! 이 집에 대한 마지막 봉사를 하겠다는 걸까……? 가야 부인의 입에서는 '나무아미타불!'보다 한숨이 먼저 나왔다.

건넌방에서는 새벽녘부터 나직나직 천수를 치는 시어머니의 경 외는 소리가 그저 멎지 않고 있었다.

아침 식사가 여느 때보다 빨리 끝나자마자 별안간 검둥이가 컹컹 사납게 짖어 댔다. 구장 이와모도가 건들건들 찾아온 것이었다. 다른 사람들을 보고는 잘 짖지도 않는 검둥이가, 웬일인지 이 이와모도만 보면 죽자 하고 짖어 댄다. 개 눈에도 뭐가 좀 달라 보이는지?

'이놈의 개가 와 내만 보문 이 지랄이고?'

말은 안 해도 시무룩하다. 아마 동정을 살피러 온 모양이었다. 그는 전투모를 숙게 쓴 채, 군대식으로 각반•까지 다부지게 치고, 팔에는 검정 바탕에 '국민 총력 연맹'이란 여섯 글자가 하얗게 새겨진 완장•을 두르고 있었다.

가야 부인은 청 끝에 나와 앉으면서 개만 불러들였다. 검둥이는 약간 물러서긴 했지만, 짖는 것만은 그치지 않았다.

"미안합니다." 하는 그의 입에 발린 수인사에, "수고합니더." 란 말 한마디조차 자연스럽게 해 주지 않는 가야 부인이 딴은 언짢았던지, 이와모도는 부엌과 안 청 쪽만 한번 흘끗하고는 이내

•각반: 걸음을 걸을 때 발목 부분을 가뜬하게 하기 위하여 발목에서부터 무릎 아래까지 돌려 감거나 싸는 띠.
•완장: 신분이나 지위 따위를 나타내기 위하여 팔에 두르는 표장.

돌아섰다. 물론 "꼭 부탁합니데잇!"란 말은 잊지 않았다. 말하자면 그의 '제국'에 대한 '봉공 정신'이 아주 투철했던 것이다.

옥이는 아침도 제대로 먹지 않았었다. 두어 술 뜨다 말고 물만 후룩후룩 들이마셨다. 그것조차 잘 안 넘어가는 것 같았다. 그러나 머리만은 새벽동자•를 하기 전에 벌써 말끔하게 빗고 있었다. 죽어도 머리만은 마무려야 한다는 여자의 마음가짐이랄까.

이와모도가 돌아간 뒤 십 분도 채 안 지나서였다. 마을 어귀에 있는 동사의 종소리가 요란스럽게 울려왔다. 집합 신호다.

그렇게 징용 소집이 있는 날, 더구나 처녀 징용이 있는 날은, 자식을 빼앗기는 집안은 흡사 초상 만난 집과 같았다. 아무리 싫더라도 안 갈 수 없고 또 안 뺏길 수 없기 때문이다. 옥이는 비록 이녁 딸이 아니었지만 가야 부인은 이녁 딸을 빼앗기는 것과 마찬가지 기분이었다. 가족들 역시 그러했다. 그래서 조그마한 보퉁이를 들고 나서는 옥이는 가는 설움도 설움이었거니와, 그러한 가족들과의 작별이 슬퍼 더욱 흐느꼈다. 그러나 그녀는 결국 새침해졌다.

"갔다 오겠임더."

갔다 오겠다는 그 말이 듣는 사람에겐 더욱 뼈아프게 느껴졌다. 대문간에서 눈물을 씻는 사람은 가야 부인의 가족들만이 아니었다. 이웃 사람들도 다 옥이를 보내며 슬퍼했다. 가야 부인은 일단 방으로 들어갔다가 이내 옥이를 뒤쫓아 나섰다.

•새벽동자: 날이 샐 무렵에 밥을 지음. 또는 그런 일.

'히노마루'가 높다랗게 강바람을 맞아 펄럭이는 동사 앞뜰에는 옥이 말고도 여섯 명의 처녀가 나와 있었다. 배를 타야 할 태고 나루에서 가장 가까운 곳이라, 오봉산 밑 열두 부락●의 해당자들이 모두 거기에 모였던 것이다. 그들 도합 일곱 명을 위한 전송꾼과 구경꾼이 줄잡아도 사오십 명은 되어 보였다. 그 열두 부락의 대표이기나 한 듯이 이와모도 구장이 시종 앞장을 서서 서둘렀다. 숫제 학교 선생님처럼, 고작 일곱 사람을 앞에 두고, 줄을 지어 서라느니, 면 서기가 나누어 준 '히노마루'가 박힌 수건을 어서 이마에 동이라느니●, 혼자서 야단을 빼듯 했다. 그것을 지극히 만족스럽게 바라보고 있던, 긴 칼을 허리에 찬 순사 부장이 드디어 출발에 즈음한 인사말을 했다.

　"여러분은 오늘부터 우리 제국을 위해 일하게 되는 것입니다. 그것은 비단 여러분만의 명예가 아니라, 한편 이 지방의 자랑입니다……!"

　그러고는 이와모도 구장을 선두로, 일곱 처녀와 그녀들의 가족, 거기에 모였던 대부분의 사람들은 강가를 향해 나아갔다.

　무당 천금새의 집 앞인 나루터에는, 벌써 소금 배 비슷한 수송선 한 척이 준비되어 있었다. 거기서는 꾸무럭거릴 필요가 없다. 짐 덩어리처럼 태우기만 하면 그만이다. 그리고 배편이 좋은 것은 도중에서 도망칠 우려가 전연 없다. 처녀들이 연방 실리고

●부락: 시골에서 여러 민가가 모여 이룬 마을. 또는 그 마을을 이룬 곳.
●동이다: 끈이나 실 따위로 감거나 둘러 묶다.

있을 무렵이었다. 별안간 철둑 위를 달려오던 사내가 이쪽을 향해 손을 흔들면서 소리를 내질렀다.

"어어잇, 잠간만 기다리소. 이것 가주가욧!"

모두 소리 나는 쪽을 돌아보았다. 쏜살같이 뛰어오는 사나이는 바로 가야 부인의 사위였다. 지난밤 새 돌아오지 않던 박 서방이었다. 가야 부인은 옥이의 손을 꽉 붙들었다. 그녀가 배에 오를 차례였다.

헐레벌떡 뛰어온 박 서방은 옥이의 팔을 덜렁 잡았다.

"가지 마라!"

그러곤 쓰러지듯 주저앉았다. 옥이의 팔을 잡은 채 숨소리가 흡사 기관차의 피스톤 소리처럼 거칠었다.

"와 이라노, 이 사람이? 각중에 미쳤나?"

이와모도가 옥이를 배에 밀어올리려 했다.

"머? 내가 미쳐?"

박 서방은 연방 숨을 헐떡거리며 일어나더니,

"그 손 띠이라(떼라), 내 처다!"

"머? 이 사람이 정말 돌았는가 베."

이와모도가 어이없는 듯이 웃다 말고 눈을 흘긴다.

"미쳤다문 니가 미친 길(겔)세. 징거를 비이(보여) 조야(줘야) 알겠나?"

박 서방도 마주 눈을 흘겼다. 가야 부인은 어리둥절했다. 옥이도.

"고라 고라!(이 자식!) 니가 무신 소리 하노?"

칼을 찬 순사 부장이 두 사람 사이를 막아 섰다.

"무신 소리? 내 처라 캤소!"

박 서방이 분명히 말했다.

"네 처라?"

"그렇소! 처녀가 아닌데 와 데리고 갈라 카요? 징명을 비이^{(보}
^{여)} 줄까요?"

박 서방은 가슴에서 두툼한 봉투 하나를 꺼내 보였다. 호적
등본이었다. 분명히 옥이가 그의 호적에 처로 올려 있지 않은가!
면장의 도장도 찍혀 있다.

"오까시이네^(이상잖나)?"

순사 부장도 그런 데는 할 도리가 없었다.

"오까시이가 아뇨. 똑똑히 보고 말하시오!"

박 서방은 이렇게 말하고서 이와모도 쪽을 쳐다보았다.

"인자^(인제) 알겠나? 괜히 똑똑히 알지도 몬하고 댐비지 마라
말이여!"

그러곤, 옥이의 팔을 잡고 있던 이와모도의 손을 사정없이
퉁겨 버렸다.

"보소——."

옥이는 그제야 박 서방의 가슴에 얼굴을 묻으며 흐느꼈다.
그것은 물론 넘쳐 흐르는 감격의 흐느낌이었다.

"어서 가자!"

가야 부인은 뭔가 속이 짚이는 게 있었다. 그녀는 옥이의 덜
덜거리는 손을 끌었다.

저만치서 면 서기가 빙긋이 웃고 있었다. 관중들은 마치 도깨비에게 홀리기라도 한 듯이 어리둥절한 표정들을 하고서, 총총히 떠나가는 그들의 뒷모습을 바라보았다. 나루터를 떠난 세 사람은 어느덧 미륵당이 있는 쪽 언덕을 더위잡고 있었다.

박 서방과 옥이가 가야 부인의 인도로 미륵불과, 거기에 모신 가야 부인의 시할아버지와 시아버지 오봉 선생, 삼일운동 때 희생된 밀양 시숙, 그리고 박 서방의 전처인 딸의 영전에서 백년가약을 맺은 것은 바로 그날이었다.

또 하나 그날의 일로서 그곳 사람들의 기억 속에서 영원히 사라지지 않는 것은, 처녀 여섯 명을 제물처럼 데려다주고 그날 밤으로 돌아오던 이와모도 구장이, 카키색 전투모에 각반을 다부지게 치고, '국민 총력 연맹'이란 완장을 두른 채, 이튿날 아침 그 아찔아찔한 '베리 끝' 낭떠러지 밑 강물에 시체가 되어 떠 있었다는 것이다. 그리고 이른바 그의 '제국' 경찰은 웬일인지 그 어처구니없는 일을 그다지 중요시하지 않은 듯, 그저 술에 취해서 실족을 했을 것이라고만 소문을 퍼뜨렸다. 그래서 그의 죽음은 천금새도 모르는 영원의 수수께끼가 되고 말았다.

고생한 보람 없이 원통하게도 오봉 선생이 마지막 숨을 거둔, 또 다른 의미로는 절통하게도● 이와모도 참봉과 그의 조카 이와모도 구장이 세상을 지레 떠난 다음 해에, 식민지 조국은 이와

● 절통하다: 뼈에 사무치도록 원통하다.

모도의 이른바 '제국'으로부터 해방이 되었다.

"인자 가야 마님은 큰소리하기 안 됐능기요. 자손들도 다 큰 베실 할 끼고……."

이웃, 아니 인근동 사람들은 모두 이렇게들 말했다. 부러워들 했다. 곧 서울 아니면 적어도 읍내로라도 이사를 갈 거라고들 믿었다. 그러나 해방 일 년이 지나고, 이 년 아니, 삼 년이 지나 독립 정부가 수립되어도 내처 그곳에 머물러 있었을 뿐 아니라, 별수가 없었다. 해방의 덕을 못 본 셈이었다.

물론 일본까지 가서 대학을 다니다가 학병을 피해 도망질을 하고 다니던 막내아들도 집에 돌아왔었다. 그러나 그는 벼슬이라도 할 궁리는 않고 농민조합인가 뭔가를 만든다고, 자식 징용보냈던 사람들의 집을 찾아다니기나 하고, 아버지 명호 양반은 나라가 통일되지 못한 것만 한탄하고 있었다.

이런 꼴로 가야 부인의 시댁뿐 아니라 부락 자체들도 아직 신통한 해방 덕을 못 보았다. 첫째 징용에 끌려간 사람들이 제대로 돌아오질 않았다. 어쩌다가 돌아오는 사람은 거지가 되어 오거나 병신이 되어 왔다. 더구나 '여자 정신대'에 나간 처녀들은 한 사람도 돌아오질 않았다. '설마?' 하고 기다리는 판들이었다. 그래서 부락들은 역시 걱정에 싸여 있는 셈이었다. 그러나 한편 불행하리라 믿었던 이와모도 참봉의 집은 반대로 활짝 꽃이 피어 갔다. 고등계 경부보로 있었던 맏아들은 해방 직후엔 코끝도 안 보이고 어디에 숨어 있느니 어쩌느니 하는 소문만 떠돌더니, 뜻밖에 다시 경찰 간부가 되었다고 했다. 그리고 몇 해 뒤엔 어마

어마하게도 국회 의원으로 뽑혔다.

명호 양반은 아버지 오봉 선생을 닮아서 다시 두문불출●을 하다시피 구겨지고, 아들 가운데서 제일 똑똑하다고 하던 막내도 결국 반거충이●가 되어 어딜 돌아다니기만 했다.

"애닯기도 하제, 즈그 할배나 징조할배가 그렇기 훌륭하고 독립운동도 많이 했다는데……."

마을 사람들은 이렇게들 안타까워도 했다. 양 접장이 살아 있었더람 뭐라고 할는지, 사람들은 이렇게 궁금하게도 여겼다. 가야 부인의 머리에 흰 털이 부쩍 늘어난 것도 이 막내 때문이라고 했다. 그러나 가야 부인은 아무런 내색도 않고, 집에 있을 땐 돌아간 시어머님처럼 천수나 치고, 미륵당에 나가면 미륵불 앞에 앉아서 가만히 눈을 감았다. 그럴 때마다 그녀의 머릿속에서는 곧잘 자줏빛 모란 꽃잎이 뚝뚝 떨어지곤 하였다.

"석이 안 왔나?"

가야 부인은 겨우 눈을 또 뜨곤 막내아들의 이름을 불렀다. 벌써 몇 번째인지 모른다.

멀리서 또 포성이 쿵! 울려왔다.──와 사람들은 싸우지 않음 안 될까? 가야 부인은 무슨 말이라도 할 듯이 입을 약간 우물하다 만다. 이마에서 잇달아 솟는 땀이 드디어 그녀의 열반을 알리는 것 같았다.

● 발표 지면: 『월간문학(月刊文學)』 1969년 6월 호(제8호)

●두문불출: 집에만 있고 바깥출입을 아니 함.
●반거충이: 무엇을 배우다가 중도에 그만두어 다 이루지 못한 사람.

만남

묵묵할 도리가 없었던 리얼리스트

ㅡ 작가 김정한 가상 인터뷰

〰〰〰〰〰〰〰〰

이헌수(고등학교 국어 교사, 메깃들마을학교 운영위원)

•
이 글에 인용된 김정한 작품은 모두 『김정한 전집 1~5』(조갑상 외 엮음, 작가마을 2008)에서 가져온 것이며, 인용문의 수록 권과 면 표기는 인터뷰 흐름을 고려해 생략했음을 밝힙니다.

요산문학관 제공

김정한(金廷漢)

1908~1996. 호는 요산(樂山). 경상남도 동래군 북면 남산리(현 부산광역시 금정구 남산동)에서 태어났다. 어려서 한학을 배웠고, 학교 졸업 뒤 교사가 되었다가 일본 와세다 대학 부속 제일고등학원에서 공부했다. 일본에서 돌아와 주로 교육자 또는 언론인으로 활동했으며, 부산대학교 교수, 『부산일보』 상임논설위원 등을 지냈다. 그러면서 작가로도 활동해 1936년 일제강점기의 궁핍한 농촌 현실과 친일파 승려들의 잔혹함을 그린 단편소설 「사하촌」으로 『조선일보』 신춘문예에 당선했고, 이후 「모래톱 이야기」, 「수라도」, 「인간단지」 등 수많은 빼어난 작품으로 민족의 수난과 저항을 그려 냈다. 끊임없는 농민운동과 민족운동, 민주화운동 등으로 수차례 옥고를 치렀으며, 1987년 민족문학작가회의 초대 의장을 지냈다. 한국문학상, 대한민국 문화예술상, 심산상(문학 부문) 등을 받았고, 1976년 은관문화훈장을 받았다. 작가의 문학 정신을 기리기 위해 1984년 '요산김정한문학상'이 제정되었으며, 2003년 생가가 복원된 뒤 2006년엔 그 옆에 요산문학관(www.yosan.co.kr)이 개관돼 운영 중이다.

「산서동 뒷이야기」에서 산서동으로 등장하는 남부마을

"낙동강 하류에 있는 ㅁ역을 지나 남쪽으로 조금만 내려가면 산서동이란, 벼랑에 매달린 듯한 작은 마을도, 바로 그러한 곳이다. 그다지 많잖은 집들이 흡사 벼랑처럼 가파른 야산 비탈에 층층이 붙어 있기 때문에 차창에서 보면 거의 모든 집 안방이나 뜨락 들이 손에 잡힐 듯 똑똑히 들여다보인다. 그래서 기차가 지나갈 때는 부락 전체가 온통 연기를 뒤집어쓰기 마련이다."

소설가 고 김정한(1908~1996)의 단편소설 「산서동 뒷이야기」의 한 대목이다. 이 소설은 내게 전환점이 되는 작품이다. 국어 교사인 내가 해 온, 교과서 안에서만 맴돌던 교육 활동이 학교 바깥, 그것도 우리 지역 곳곳으로 향하는 계기가 되었기 때문이다. 이 소설을 읽기 전까지 들어 오던 양산 이야기는 주로 옛날 옛적 호랑이가 흡연하던 시절 이야기에 가까웠다. 그러던 차에 오늘날로부터 100여 년 안팎인 시절의 양산과 양산 사람들의 삶을 읽을 수 있는 건 행운이었다. 김정한 선생의 작품을 읽을 수 있다는 건 아마도 양산 시민 모두에게 복된 일일 것이다. 그 행운을 준 김정한 선생을 만난다. 선생을 만나러 가는 길은 시공간을 마술같이 거슬러 오르는, 쉽지 않은 길이었다.

양산을 오가며
쓴 다섯 소설

이헌수   이렇게 뵐 수 있다니 신기할 따름입니다. 양산을 좋아하셔서 호가 요산(樂山)이신가, 별 시답지 않은 생각을 해 보면서 선생님을 뵈러 왔습니다.

김정한   (웃음) 반가워요. 헌데 제가 좋아하는 게 양산만이겠소. 부산도 있고, 금정산도 오봉산도 있지.

이헌수   양산도 오봉산도 있다시니 양산 시민으로서 괜시리 우쭐해집니다. (웃음)

김정한   저와 인연인 게 자랑거리나 되겠소만, 저하고 양산은 관계가 좀 깊긴 하지요.

이헌수   양산을 배경으로 여러 작품을 쓰셨어요. 소개 좀 해 주시겠습니까?

김정한   뭐 그다지 팔린 작품들이 아니어서 말해도 잘 모르실 텐데, 그나마 많이들 기억해 주는 게 「수라도」일 듯하네요. 「산서동 뒷이야기」, 「사밧재」, 「그물」도 있지요. 「길벗」도 양산에서 비롯한 이야기일 수 있고요.

이헌수   댁이 양산이 아닌데도 양산 관련 작품을 다섯 편이나 쓰셨네요?

김정한   양산 배경인 작품을 쓰겠다고 마음먹은 건 아니고, 낙동강 끼고 살아가는 사람들의 삶을 그리고 싶었지요. 양산은 칠백 리 낙동강이 마지막 구비를 도는 데여서 특별함도 있고.

이헌수   부산이 댁이신데 양산을 자주 오가셨어요. 그게 언제쯤일까요?

김정한   1920년부터였지 싶습니다. 제가 동래 범어사 아랫마을에 살았어요. 제 젊은 시절엔 동래나 양산이나 경남의 작은 소읍이고 도시였지. 그러니까 당시 저는 부산 사람이라기보다 경남 사람이었어요. 범어사를 끼고 금정산을 왼쪽으로 돌면 천성산 끝자락과 살짝 닿으며 낮아지는 고갯길을 넘게 되는데, 그러면 바로 양산이죠.

이헌수   그 고갯길이 사밧재인 거죠.

김정한   그렇지요.

이헌수   1971년 발표하신 단편소설이 「사밧재」죠. 거기서 "'문경 새재가 높다 카더만 머 이 사밧재보다 짜다라 높지는 않을꾸로!'", "안팎 오르내리기가 거의 20리나 된 다는 지루한 잿길…… 옛날부터 국도였다 고는 하지만 굽이굽이 골짜기가 으슥해서 대낮에도 곧잘 도둑이 붙던 곳이다."라고 쓰셨어요.

김정한　그땐 사밧재가 그렇게 높게 느껴졌지요.

이헌수　「사밧재」에서 "그 너머 큰절이 있 다(사람들은 그저 큰절이라고 불렀다). 아 마 거기에 절이 서고부터 이 재를 사밧재라 고 부르게 되었는지도 모른다."라고 쓰셨는 데, '사뱃재'라고 해서, '새벽 고개'에서 온 이름이라는 얘기도 있더군요. '사배'는 '새 벽'의 옛말이고, '재'는 '고개'와 같은 말이 고요.

김정한　양산에서 보면 동쪽이라 새벽 이 오는 고갯길이 맞네요. 해발 800 미터인 금정산하고 920미터인 천성 산을 남북으로 길게 두고 잠깐 낮아 지는 사밧재 사이로 떠오르는 해를 본다면 사밧재를 새벽이 오는 고개라 해도 좋을 듯싶네. 그런데 동래 사람 처지에선 해가 지는 방향이라, 여명 고개라 해야 할 듯싶은데. (웃음)

이헌수　그렇네요.

김정한　사밧재를 넘어 양산을 자주 갈 수밖에 없었습니다. 제가 20살에 결혼을 했는데 처가 양산 화제 사람 이에요. 해서 양산엘 더 자주 오가게 됐습니다.

이헌수　와, 20살에 결혼이라. 요즘 세태로 보면 정말 일찍 하셨네요.

김정한　그땐 다 그렇게 했지요.

이헌수　동래고보 재학 중에 결혼하신 거죠?

김정한　맞습니다. 결혼한 다음 해인 1928년에 졸업하고, 그 해 9월에 울산 에 있는 대현공립보통학교 교원이 됐 지요.

●

식민지 유학생이자
농민조합원

이헌수　교원이 된 첫해에 수사기관에 잡 혀가셨죠?

김정한　11월이었습니다. 조선인하고

일본인 차별이 심했어요. 임금도 일본인 교원보다 헐하게 주고, 일은 힘든 것만 시켰지. 조선인 교원으로서 권리를 지키려면 뭉쳐야겠다 싶었어요. 해서 조선인 교원 연맹을 조직하려 했는데, 발각됐지 뭐요.

이헌수 **고생 많이 하셨겠어요.**

김정한 고생, 많이 했지. 미리 각오한 바는 있었지만 때리고, 차고, 쑤시고, 물 멕이고. 각오한다고 고통이 없는 건 아니니까요. 일본 경찰들이 고문을 재미처럼 하는 거야. 한번은 '굴뚝 시험'이라는 고문을 했어요. 신문지를 말아서 콧구멍에 굴뚝처럼 꽂고 그 끝에 불을 붙여서 연기가 코로 들어가게 하는 고문이지. 눈알이 빠지는 것 같고 코끝이 타다가 정신이 나가버리겠다 싶더군. 그런 고문이 한 번으로 끝나진 않았어요. 그 고생을 말로 어찌 다 하겠소.

이헌수 **아이고, 일본 경찰이라면 진저리 나셨겠어요. 혹, 그래서 유학을 결심하신 건가요?**

김정한 꼭 그런 건 아니었어요. 어떤 결정을 할 때 하나의 이유로 결정하는 건 아니잖소. 지나고 나서, 그래서 그랬다고 이야기의 앞뒤를 꿰맞추기도 하지요. 진절머리 났던 것도 사실이고, 공부를 더 하고 싶은 마음도 있었을 터이고, 그랬지.

이헌수 **유학 가서서 시도 쓰고 소설도 쓰고 하신 거죠?**

김정한 조선인 유학생회에서 발간하던 『학지광』 편집에 참가한 게 계기였어요. 뒤에 『조선 시단』, 『신계단』 등에 시와 단편소설을 발표했고요.

이헌수 **그때가 언제인가요?**

김정한 1931년일 겁니다.

이헌수 **제가 잘못 알고 있었나요? 저는 1932년에 쓰신 「그물」을 선생님의 첫 소설로 알고 있었어요.**

김정한 공식적으론 그게 맞아요. 1931년에 쓴 게 「구제 사업」인데 검열 때문에 발표를 못 했거든.

이헌수 **말씀 나온 김에 '양산농민조합 사건'과 「그물」 이야기를 더 나누고 싶습니다.**

양산 농민 봉기에 대한, 『매일신보』 1932년 3월 18일 자 기사

선생님은 유학생 신분이셨고, 농민조합하곤 계층적으로든 계급적으로든 꽤 거리가 있어 보입니다. 그런데도 그토록 관심을 기울이신 까닭이 있을까요?

김정한 양산농민조합 사건은 여러 면에서 새겨야 할 사건입니다. 농민이 직접 경찰서로 쳐들어간 것과 그 과정에서 민간인 사망이 발생한 점 등이 그렇습니다. 이 일을 빌미로 일제는 양산뿐만 아니라 경남 지역 전체 농민운동을 탄압하지요. 비록 농민들이 뜻한 바를 이루지는 못했지만 양산농민조합 활동 경험은 해방 후 계승돼 농지 개혁을 앞당기는 밑거름이 됐다고 저는 생각합니다. 저는 '봉기'라고 칭해도 된다고 생각해요. 양산 농민 봉기.

이헌수 **양산 농민 봉기라, 좋은데요. 사건보다 봉기라 하니 의미가 한층 선명해집니다.**

김정한 양산 농민 봉기를 양산의 정신으로 다듬어 갈 수 있으면 좋겠다 봐요.

이헌수 **그 봉기 당시 선생님 연세가?**

김정한 25살이었죠.

이헌수 그 일에 관심을 기울이신 건 25살 청년의 정의감, 패기, 이런 것이었다고 이해해도 될까요?

김정한 현실적인 관계도 있었죠. 제가 농민조합원이기도 했으니 말입니다.

이헌수 양산농민조합이 결성되고, 봉기가 있었던 때가 1932년입니다. 그때 선생님은 유학 중인 학생이었는데요.

김정한 맞아요, 그랬죠. 유학생들은 늘 죄송한 마음이 있었습니다. 조국은 일본 제국주의자들의 발 아래에 있는데 그 식민 모국에 유학한다는 것부터 마음의 짐이었지요. 게다가 당시엔 유학을 하려면 창씨개명을 해야 했어요. 윤동주 시인이 "시가 이렇게 쉽게 씌어지는 건 부끄러운 일이다."라고 노래했던 마음은 윤동주 시인만의 것이 아니었지요. 부끄럽고 미안한 마음에 유학생들은 자기 고향의 농민조합에 가입하는 것으로 마음의 짐을 덜고자 했어요. 나는 동래농민조합원이었고, 이웃한 양산농민조합에 일어난

일에 자연스레 관심을 갖게 된 겁니다. 조합원으로서 말이죠.

이헌수 양산 농민 봉기에 선생님이 직접 연루되신 건 아니었는데도 고초를 겪으셨죠.

김정한 1932년 여름 방학이 돼서 오랜만에 집엘 다녀오려고 귀국했습니다. 고향 집에 있는데 지인들한테서 양산 소식을 들었어요. 양산 농민들이 양산경찰서를 습격했고, 당시엔 습격했다고 표현했더랬죠, 그 기사가 실렸다며 신문을 보여 주더군요. 이 일로 둘이 죽고 십수 명이 구금되고 농민조합은 해체됐어요. 양산 농민들이 그 무서운 일제의 총독 직속 기관인 경찰서로 몰려간 데는 까닭이 있을 거라 생각했습니다. 총독부 눈치를 보는 언론들은 '습격'이란 단어를 써서 농민들이 대단히 폭력적이었던 양 몰아갔지요. 농민들 처지에서 억울함도 듣고 실상을 알아야겠다 싶었어요. 농민조합은 재건해야겠다 싶었고요.

이헌수 그러다 선생님이 또 잡혀가셨죠. 그해 12월에야 풀려나셨다고 들었습니다.

김정한 그랬죠. 너무 억울하고 분했어요. 농민들의 생존 투쟁이었습니다. 그저 굶지 않고 먹고살게만 해 달라는 투쟁이었지요. 그걸 사상 단체의 사주를 받은 폭력 행위로 몰아갔어요. 지금 생각해도 화가 나네요.

이헌수 그 일로 불령선인으로 낙인돼서 유학길이 막히셨잖아요.
김정한 공부 못 하는 건 저 개인이 견뎌 내면 되는 일이지만, 양산 농민들이 봉기할 수밖에 없었던 처지와 상황엔 개인을 넘어서는 억울함이 있잖아요. 그래서 어떻게든 뭔가 남기고 싶었어요.

이헌수 그래서 쓰신 글이 「그물」이라고 들었습니다.
김정한 총독부의 시퍼런 감시의 눈길 탓에 양산 농민 이야기를 충분히 담아내지 못해 여전히 아쉬움이 많이 남는 작품입니다. 여하튼 그 일로 술을 제대로 배우기 시작했지. (웃음)

●
가슴에 돌덩이를 남긴 구사일생

이헌수 터닝 포인트라 하잖아요, 생애의 중요한 변화가 있는 때를. 선생님껜 양산 농민 봉기가 터닝 포인트가 되는 사건이고 1932년이 그런 시기였지 않았나 하는 생각을 해 봤습니다.
김정한 아니라 할 수 없겠네요. 유학을 포기하고…… 포기할 수밖에 없었죠. 남해공립보통학교에서 교사 생활을 했는데 1936년에 「사하촌」이 『조선일보』 신춘문예에 당선돼서 등단하게 됐죠. 제가 살면서 두 길을 걸었는데, 하나는 교육자의 길이고 또 하나는 소설가, 문인의 길이에요. 그전에도 교사 생활을 잠깐 하긴 했지만 1932년이 교육자의 길에 본격적으로 들어선 시기네요.

이헌수 전 이런 생각을 했습니다. 선생님이 남해공립보통학교 교사였어서 죽을 뻔하기도 하고, 살기도 했다고.
김정한 '죽을 뻔'이라 함은, 「사하촌」

때문에 스님들한테 몰매 맞았다고 한 그 일을 말씀하시는 건가?

이헌수 예, 신춘문예 당선 상금을 치료비로 다 쓰셨다고.

김정한 (웃음) 그랬죠. 지나고 생각하면 웃으며 생각하게 되는 일이 종종 있죠. 그때가 그랬어요. 상대가 오해하려 들면 내가 의도나 진심을 말해도 소용없곤 해요.

이헌수 죽을 뻔한 이야기가 에피소드라면 살게 된 이야기는 반전 드라마 같았습니다. 고통의 당사자를 앞에 모시고 죄송한 말씀인데 반전 드라마 같은 그 이야기를 듣고 싶습니다.

김정한 양산 농민 봉기 이후예요. 일제는 자기들한테 저항하는 사람을 불령선인이라 낙인하고 감시하며 관리를 했죠. 일제가 망하고 우리나라가 해방됐을 땐 불령선인으로 낙인된 사람은 영웅이어야 했어요. 어떤 경위로든 일본 제국주의와 싸운 사람이잖아요. 그런데 우리 사회는 그러지 못했거든. 오히려 초대 대통령인 이승만은 일제에 의해 불령선인으로 낙인된 사람들을 보도연맹에 가입케 하고 일제가 하던 대로 감시하고 관리하려 들었죠.

이헌수 저는 보도연맹이 무슨 언론 단체인 줄 알았어요.

김정한 '보도'란 말 때문에 그런데, 소식을 알린다는 뜻이 아니라 보호하고 지도한다는 뜻의 말입니다.

이헌수 '국민보도연맹'이니까 국민을 보호하고 지도한다는 말인 듯한데, 무엇으로부터 보호하고 지도한다는 걸까요?

김정한 좌익, 공산주의자 들로부터 국민을 보호하고, 좌익과 공산주의자 들을 지도한다는 단체였지요.

이헌수 좀 더 설명해 주시겠어요?

김정한 국민보도연맹(아래 보도연맹)은 1949년 이승만 정권이 좌익 전향자를 관리·통제하려고 만든 반공 단체였습니다. 고무신하고 쌀을 주면서 가입자를 모집했지요. 좌익 전향자가 대상이었지만 가입한 이들은 좌익과 무관한 이가 다수였어요. 6·25전쟁이 발발하자 반공 단체로 조직한 보도연맹 회원들한테 갑자기 좌익 혐의를 씌워요. 적에 동조할 수 있다는 이유로 구금하고 법적 절차 없이 집단으로 학살하죠.

이헌수 선생님뿐만 아니라 다른 문인들도 고초를 겪었다고 들었습니다.

김정한 그랬죠. 황순원, 백철, 김기림, 정지용 등 여러 문인이 가입돼 있었고 그 때문에 고초를 겪었더랬지. 국가에 의한 민간인 학살이 있었지만 오래도록 말하지 못했어요.

이헌수 보도연맹과 관련해서 제가 감격적으로 기억하는 건 2008년입니다. 울산 보도연맹 희생자 추모 행사에서 노무현 대통령이 과거 국가의 잘못된 공권력 행사에 대해 국가를 대표해 포괄적으로 유감을 표명했고, 피해자와 유가족한테 위로와 사과를 표명했습니다. 이제서야 역사가 바로 서는구나 하며 감격했더랬습니다.

김정한 정말 잘하신 일입니다. 진작에 했어야 할 일이지만요.

이헌수 선생님 이야기로 돌아와 보죠. 선생님이 보도연맹 때문에 죽을 뻔했던 이야기는 꼭 소설 같고 영화 같습니다.

김정한 지나고 나서 얘기하니 그런 게지 당시엔 살 떨리는 일이었어요. 당사자로선 뭐가 뭔지도 모르고, 죽으러 가는지도 모르고 줄 서고 그랬지요.

이헌수 부산교도소에 수감되셨다고요?

김정한 그때 부산교도소가 엄궁에 있었어요. 불령선인은 보도연맹에 강제 가입하게 했죠. 전쟁이 나자 다짜고짜 부산교도소에 가뒀어요.

이헌수 교도소는 재판에서 구형된 다음에 가는 곳이 아닌가요?

김정한 그런 게 어딨나. 재판도 없이 그냥 가뒀지요. 그러곤 사람들을 밤마다 트럭에 태워 끌고 가는 겁니다.

이헌수 그들은 어찌 됐어요?

김정한 아무도 돌아오지 못했지. 골짜기로 끌려갔고 살아 오지 못했죠. '골로 간다.'라는 말이 그런 배경에서 생겨난 말이에요.

이헌수 선생님도 트럭에 실려 골짜기로 갈 뻔하셨다죠.

김정한 어느 날 교도관이 감방에서 나오라는 거야. 밤에 캄캄한 형무소 뜰에 많은 사람과 함께 세워졌지. 줄 세워 트럭에 실려 간 사람들이 돌아오지 않았다는 게 석방을 뜻하진 않는다는 것 정도는 짐작하고 있었죠. 죽었을지도 모른다는 불길한 생각도 했고, 설마 재판도 없이 함부로 죽일까 하는 순진한 생각도 했지.

이헌수 「슬픈 해후」에서 "푸줏간에 끌려가는 소 같은 심정"이라 쓰신 게 소설 속 인물만의 심정은 아니었겠네요.

김정한 오만 생각을 하며 줄을 서 있는데 얼굴에 강한 플래시 불빛이 비쳤지. 눈이 부셔서 포박된 두 손을 올려 눈을 가리는데, 그 순간 불빛 주인이 이러는 거야. "선생님, 웬일이십니까?" 어찌 나를 선생님이라 부르나 하고 손을 내려 눈을 가늘게 뜨고 봤더니 남해보통학교에서 가르쳤던 제자지 뭔가. 박태지라고, 집안 형편이 어려웠어요. 월사금을 못 내서 대신 내

주기도 했던. 그 친구 덕분이었죠. 구사일생한 게.

이헌수 선생님은 구사일생이었지만 많은 죄 없는 사람이 죽었더랬죠.

김정한 항상 마음에 큰 돌덩이 하나 안고 사는 양 무거웠어요.

이헌수 6·25전쟁이 일어나자 예비 검속을 피해 엄궁으로 숨은 주인공과 그 가족의 수난을 핍진하게 그린 「슬픈 해후」가 선생님의 마지막 작품인 까닭을 이해할 수 있을 듯합니다.

김정한 그 시절의 나를 이해해 주려는 이가 후대에 남아 학생들을 가르치고 있다니, 고마운 일이네요.

이헌수 「슬픈 해후」에 인용하신 한시에서 선생님 마음이 보여 뭉클했어요.

김정한 뭐였더라? 이젠 오래돼서 가물가물하네.

이헌수 눈 위를 걸을 때 함부로 걷지 말라는.

김정한 그래, 그 시였지. 김구 선생이 1948년 남북협상 무렵 애송해서 더욱

유명해진 시지요.

이헌수 **낭송을 부탁드려도 될까요?**
김정한 기억이 다 나려나 모르겠네. 한번 해 보지요. "눈 덮인 들을 가도다. / 함부로 걷지 말라. / 오늘 나의 이 행적은 / 반드시 뒷사람의 이정표가 되리라."

(사)요산기념사업회에서 『김정한 전집』 발간 작업을 하던 중 기존 작품집에 실리지 않은, 김정한 선생의 미완성 작품 원고들이 발견되었다. 선생은 평소 '마지막 작품'으로 당신의 생애에 대해 쓰고자 했다. 1996년 타계하면서 미완성으로 남아 발견된 「오실부락」, 「낙동강」, 「마르지 않는 강」 등이 당신이 쓰고자 했던 마지막 작품이었던 듯하다. 하지만 미완에 그쳤고, 결국 선생의 의도와는 달리 「슬픈 해후」가 마지막 작품이 되었다.

●
"자신을 봉헌한 탁월한 리얼리스트"

이헌수 **선생님, 결혼하시고 나서 일이 참 많으셨어요.**
김정한 그러게요. 결혼하고서야 행동에 나설 만큼 제가 가치관이 선명해진 건지, 든든한 뒷배가 돼 주는 사람을 얻어선지, 일이 자꾸 생겼지요. 아내가 고생 많이 했어요. 행상도 다니고 그랬으니까. 미안하고 고맙지.

이헌수 **처가가 양산 화제라 하셨는데, 물금에서 화제 고개를 넘어가다 보면 큰 입간판이 서 있어요. 「수라도」의 고장이라고.**
김정한 「수라도」에 나오는 이야기의 모델이 처가에서 들은 애기들이니 화제가 「수라도」의 고장인 건 틀림없지요.

이헌수 **김해 명지에서 시집온 가야 부인이 일제강점기에 집안을 지켜 가는 이야기가 우리 아픈 역사의 축소판으로 읽혔습니다. 「수라도」를 쓰시게 된 이야기를 들려주세요.**

「수라도」 안내물이 있는 명언 마을 들머리. 이 마을은 「수라도」
에서 가야 부인의 시가가 있는 마을로 등장한다.

김정한 처가에 들를 때면 처조모님 이야기를 종종 들었어요. 그 시절 사는 처지란 게 다 그랬겠지만 처조모님 삶이 우리네 어머니들 삶의 전형 같이 여겨지더군요. "윗녘에 삼 받으러 갔다가 오는 아랫데 부인네들"을 집 마당에 불러들여 재우고 먹여 보내는 걸 어디 소설 속 가야 부인만 그랬을까. 우리네 어머니들의 인자한 성품을 가야 부인을 통해 담아내려 했지요.

이헌수 「수라도」를 '여성 성장 서사 형식을 취하고 있다.'라는 식으로 설명한 글을 읽은 적이 있는데, 그렇기도 하겠지만 저는 오히려 여성 수난사로 읽혔습니다.

김정한 성장 서사든 수난사든 다르지 않을 듯하네요. 수난을 겪지 않고 성

부산시 남산동의 요산문학관. 김정한 작가의 생가(왼쪽)도 같이 있다.

장하는 일은 없으니까요. 사람이든 역사든 수난을 지나오는 과정에서 성장하지요. 삶에서든 역사에서든 성공과 성과만을 말하는 건 거짓입니다. 한 번의 성공은 수많은 좌절을 거름 삼은 겁니다. 저 칠백 리 낙동강도 한 방울의 물에서 비롯돼요. 우리가 그림자를 기억해야 하는 까닭이기도 하지요. 수난을 기억해야 성장이 제대로 보이죠.

이현수 '역사를 기억한다는 건 영광이 아니라 수난을 기억하는 것이다.'라는 말씀으로 이해해도 될까요?

김정한 (웃음) 그렇게 정리하니 늙은 이 말이 그럴싸하게 들리는구만.

이현수 「수라도」에서는 스쳐 가는 장면일 수도 있습니다만, 저는 소금 배 이야기에 관심이 많이 갔습니다. 명지 소금곳 기념비가 있는 데도 가 봤어요. 관련된 신문 기사와 옛 지도도 찾아봤습니다. 그러면서 낙동강에 하구언이 없어 바닷물과 민물이 뒤섞이던 때 이야기가 흥미롭게 다가왔어요. 사리 때 맞춰 밀물에 소금 배를 얹으면 구포까지 노를 젓지 않아도 반나절이면 닿고 한나절이면 물금, 토교까지 가 닿았단 이야기를 알고서는 선생님 작품이 허구의 장르인 소설이면서도 소설 이상의 사실적인 삶을 담고 있구나 하며 감탄했습니다.

김정한 이 선생이 너무 좋게만 봐 주는구려. 글이 상상만으로 꾸며져서는 안 된다고 생각해요. 풀 한 포기에도 이름이 있고 그 이름마다 까닭이 있지요. 모름지기 글을 쓴다는 사람이 자기가 모른다고 그냥 꽃, 풀, 나무, 다리 등으로 대략 퉁치고 이름해서는 안 됩니다. 세상에 이름 모를 꽃이 어딨나.

이헌수 선생님이 직접 단어 사전을 만들려 하셨던 까닭도 거기에 있겠죠? 직접 만드신 카드를 보고 또 감탄을 했더랬습니다.

김정한 낙동강에서 살아가는 민초의 삶을 그리고 싶었지요. 민초의 삶을 지식인의 언어로 표현할 수는 없지 않겠어요.

이헌수 문학평론가 최원식 교수가 선생님을 "민중 해방이라는 대의에 자신을 간난히 봉헌한 탁월한 리얼리스트"(『문학과 진보』, 창비 2018, 380면)라고 평한 게 생각나네요.

김정한 문학은 핍진해야 한다고 생각했지요. 젊은 세대 문학인들은 어찌 생각하는지 모르지만 나는 여전히 그렇게 생각해요. 핍진하다는 말은 '실물과 아주 비슷하다.'라는 뜻이기도 하고, '표현이 진실하여 거짓이 없다.'라는 말이기도 해요. 세대가 다르고 시절이 다르니 표현의 방식도 많이 달라졌겠지요. 세상은 어쨌든 진보해 왔고, 진보한 만큼 삶도 생각도 더 다양해졌겠고요. 그러니 제가 활동할 때는 생각지도 못했던 방식으로 문학을 하리라는 짐작은 어렵지 않게 되네요. 그럼에도 변하지 않아야 할 문학의 본질이 있지 않을까 싶습니다. 달라지지 않을 문학의 본질 중 하나가 '핍진함'이라는 생각이에요. 진실하고 거짓이 없도록 실물과 아주 닮게 그려 내는 것이 문학인의 변하지 않는 태도면 좋겠습니다.

이헌수 이름과 핍진함을 이야기하다 보니 「수라도」에서 택호에 대해 언급된 장면이 떠오릅니다. "남자들이 징용 간 곳을 따라 '보르네오'댁이니 '뉴기니야'댁이니 하는 새로운 택호들이 유행되고 있었던 것이다.”라는 구절이요.

김정한 그때 그랬죠. 그런 이야기들이 어떻게 이해될지 모르겠지만 일제강점기 우리네 삶을 엿볼 수 있는 언명입니다. 자신의 이름 대신 친정 고향을 이름 삼은 우리네 어머니, 여성의 삶에 대한 얘기를 읽을 수도 있을 터이고, 남편이 징용 간 곳을 택호 삼은 우리 역사의 비극을 읽을 수도 있겠지요. 이름 하나만으로도 많은 이야기를 할 수 있고 많은 이야기를 들을 수 있어요.

●

불의에 차마
묵묵할 도리가 없어서

이헌수 선생님은 1930년대 촉망받는 신인 작가셨더군요. 평론가 임화가 「사하촌」, 「항진기」를 언급하면서 이렇게 얘기했어요. “시대를 노기를 띠고 내려다보는 듯한 심장의 산물”(「정축년 문단 회고」, 『동아일보』 1937년 12월 15일 자), 김준현의 「1930년대 중반 신문 매체의 문학 담론과 김정한의 초기 단편」(『현대 소설 연구』 제76호, 한국현대소설학회 2019)에서 재인용)이라고요. 당대 문단의 기대주셨는데 해방되고는 오래도록 글을 안 쓰셨습니다.

김정한 그랬지요. 1966년에 「모래톱 이야기」를 발표하면서 작품 활동을 재개했어요. 20여 년 만에 문단으로 돌아온 셈이죠.

이헌수 '불쑥'이란 부사는 이런 때 쓰는 것 같아요. 선생님이 문단으로 불쑥 돌아오신 까닭을 「모래톱 이야기」에 직접 쓰셨더랬죠. 선생님 글을 직접 읽으신 지 오래되었을 듯한데 직접 한번 읽어 주시겠습니까?

김정한 (웃음) 쑥스럽구만. 어디 읽어 봅시다. “이십 년이 넘도록 내처 붓을 꺾어 오던 내가 새삼 이런 글을 끼적거리게 된 것은 별안간 무슨 기발한 생각이 떠올라서가 아니다. 오랫동안 교원 노릇을 해 오던 탓으로 우연히 알게 된 한 소년과, 그의 젊은 홀어머니, 할아버지, 그리고 그들이 살아오던 낙동강 하류의 어떤 외진 모래톱──이들에 관한 그 기막힌 사연들조차, 마치 지나가는 남의 땅 이야기나 아득한 옛이야기처럼 세상에서 버려

요산문학관에 있는 김정한 작가의 사진과 말씀

져 있는 데 대해서까지는 차마 묵묵할 도리가 없었기 때문이다."

이헌수   선생님의 첫 소설 「그물」이 양산 농민의 억울함과 분함을 차마 지나치지 못한 마음에서 비롯된 거잖아요. 다시 문단으로 돌아오실 때도 "차마 묵묵할 도리가 없었기 때문"이라고 하셨어요. 선생님 성정을 짐작할 수 있네요.

김정한   (웃음) 제가 오지랖이 좀 넓네요.

이헌수   「모래톱 이야기」의 조마이 섬이 이야기의 유일한 배경이 아닐 거라 생각했

습니다. 낙동강에 기대어 사는 가난하고 힘없는 이들의 일반적인 이야기일 수도 있겠다 싶었어요. 그래서 학생들한테 「모래톱 이야기」를 가르칠 때면 부산이나 다른 동네 어디의 이야기가 아니라 양산의 이야기인 양 들려주려 노력을 했더랬습니다.

김정한   맞아요. 당시에 낙동강과 양산천이 흐르는 물금은 모래 천지였죠. 모래 강이고 모래천이었지. 그 모랫등과 둔치에도 삶이 있었고 생활이 있었어요. 저마다 기막힌 사연 하나씩은 다 있는 겁니다. 「모래톱 이야기」에는 양산에서 들은 기막힌 그 이야기도

있지요.

이헌수   후대의 저희로서는 그저 감사할 따름입니다. 선생님이 남기신 작품 덕분에 이곳 사람들의 삶이 말이 되고 이야기가 되어 전해지고 있어요.

김정한   잊혔을 거라 여겼던 작품들을 다시 읽게 해 줘서 제가 고맙습니다.

이헌수   요산문학관에 가면 "사람답게 살아가라."라는 선생님의 평소 말씀이 크게 적혀 있습니다. 문학관을 갈 때면 가끔 생각을 해요. 소설가 김정한에게 '사람답게 산다.'는 건 어떤 의미일까 하고요.

김정한   제 소설 「산거족」의 주인공인 황거철의 좌우명이지요. 물론 제 좌우명이기도 하고. 좌우명은 말에서 시작하지만 말에 머물러서는 좌우명이라 할 수 없어요. 말이 삶이 될 때 좌우명이 되죠. 사람답게 살기 위해 제 나름대론 노력했다고 자부합니다. 사람다움을 완성했다는 말이 아니에요. 삶은 과정이지 완성이 아니지요. 사람답기 위해 끊임없이 제 삶을 들여다봤습니다.

이헌수   선생님 소설에 자전적 측면이 있는 까닭이 선생님의 끊임없는 자기 성찰에 있었군요.

김정한   사람답게 살아간다는 건 최소한 불의하지 않는다는 겁니다. 시대의 조류에 편승해 자신의 안위만을 구하지 않는다는 겁니다. 비록 고통스러울지라도 불의에 타협한다든가 굴복해서는 안 되지요. 사람답게 사는 길은 불의하지 않는 데서 비롯된다고 생각해요.

이헌수   불의하지 않으며 사람답게 사는 게 어떤 건지를 삶으로 보여 주신 선생님의 말씀이기에 "사람답게 살아가라."가 더 묵직하게 와 닿습니다. 말씀 깊이 새기면서, 이제 마무리해야겠네요. 함께 이야기 나눠 주셔서 정말 고맙습니다.

김정한   시공간을 넘어 이렇게 독자와 만날 수 있었다니 참 즐거웠고, 저야말로 고맙습니다.

요산문학관에 있는 김정한 작가 흉상

김정한 선생은 민중 속에서 늘 치열하게 살았고, 그렇게 살아낸 삶 자체가 이야기가 되고 소설이 되었다. 동래고보 재학 시절 일제에 맞서 동맹 휴업을 조직하다 감옥에 가기도 했고, 스물한 살에 교사가 되어 교원 연맹을 결성하다가 고초를 겪기도 했다(「어둠 속에서」). 양산 농민 봉기에 연루돼 옥고를 치렀으며(「그물」), 6·25전쟁 땐 국민보도연맹 사건으로 죽을 뻔했다(「슬픈 해후」). 부산대 교수로 재직할 땐 4·19혁명에 참가

했고, 5·16쿠데타 땐 부산대에서 쫓겨났다. "사람답게 살아가라."는 말씀이 그저 머리에서 나온 것이 아님을 선생은 늘 보여 주었고, 당신의 삶부터 그 말씀으로 벼리었다.

선생은 1996년 11월에 돌아가셨다. 부산시 수영구 남천동의 남천 성당에서 사회장이 진행된 뒤 부산대의 넉넉한 터에서 노제가 열렸다. 출생지인 부산시 금정구 남산동을 거쳐 장지인 경남 양산시 어곡동의 신불산 공원 묘원에 영면하셨다.

화희남, 노봉석(이상 중학교 역사 교사) | 이현우, 허정우(이상 고등학교 역사 교사)

타어평영세불망비

메깃들의 애환과 애민의 기록

경남 양산시 물금읍 백호로 23 양산디자인공원 내

'타어평(鼉魚坪)'은 메깃들의 옛 이름이다. 교
동에서 동면 호포 사이의 평야로, 양산 북부동,
중부동, 남부동, 동면 석산, 금산, 범어, 가촌, 증
산을 아우른다. 메기가 비 냄새만 맡아도 홍수
가 진다는 이곳은 상습적으로 강물이 넘쳐 나
자라와 메기의 서식처가 되고 갈대가 가득해
져, 얻을 것 없는 들로 여겨졌다. 가뭄이 계속되
면 그나마 약간의 수확을 하고, 홍수가 나면 한
해 농사가 헛수고가 되는 곳이었다. 고종 때 이
렇게 불모지였던 곳에 가혹한 세금이 부과되자
주민들은 억울함을 호소하는 탄원서를 올리고
대표들이 서울까지 올라가 사정을 호소하기에
이른다. 주민들의 이러한 노력으로 메깃들은
세금을 영구히 면제받는다. 이에 주민들은 이
러한 조치를 한 양산군수 심낙정, 경상도 관찰
사 서헌순, 호위영 대장 정원용을 기리며 고마
움의 표시로 '영원히 잊지 말자.'는 뜻의 영세불
망비(永世不忘碑)를 세운다.

메깃들은 일제강점기에 제방 공사를 통해
풍요로운 들판으로 변했으나 대부분 동양척식
주식회사와 일부 지주들 소유가 되었다. 오늘
날엔 신도시 건설로 아파트가 빽빽하게 들어서
서 늪이었다가 평야였던 옛 모습을 찾기는 어
렵다.

타어평영세불망비

김정한 소설 속 이곳: 소위 합방 이후 낙동강
연안 일대의 그 질펀한 갈밭들이 모조리 동척
의 손아귀에 들어가고, 이내 그들의 논밭이 되
어 가는 꼴을 보고는, 당신은 당신대로 더욱
참을 수가 없는 듯이, 툭하면 구두덜거리며 어
디론지 핑 떠나기가 일쑤였다.

─「수라도」에서

물금역과 물금면사무소

수탈의 역사를 아프게 간직한 교통 중심지

경남 양산시 물금읍 황산로 347(물금역)

도시 발달은 철도와 관련이 깊다. 1899년 경인선 개통으로 인천이, 1905년 경부선 개통으로 부산이 어촌에서 도시가 되었다. 새 철도 도시는 조선의 행정 중심지에서 먼 곳에 들어섰다. 조선의 권력을 배제하고 식민 지배 구조를 굳히려는 의도에서다. 경부 철도가 열리면서 양산에도 물금역 중심의 새 시가지가 형성됐다.

철도역은 쌀 생산지와 연결되는 곳 중심으로 번성해 1920년대부터 일본으로 쌀 반출이 본격화된다. 양산에선 쌀, 목화, 사람까지 부산항을 통해 수탈되면서 물금역은 수탈 창구로써 소용이 커지고 행정 수요가 많아졌다.

경부 철도 개통 당시 물금역은 서부마을 회관을 마주한 곳에 있었으나 수탈 물자의 양이 늘어나 1939년 배후 부지가 넓은 지금 자리로 이전했다. 아울러 행정 수요 감당을 위해 교동 향교에 있던 상서면사무소를 1921년 물금리 390-3으로 옮기고 1936년에 물금면사무소로 이름을 바꿨다. 당시 물금역과 물금면사무소로 이어지는 길은 물금장 거리로, 양산에서 가장 번잡한 거리에 속했다. 물금역은 김정한 소설 「산서동 뒷이야기」에 ㅁ역으로 등장한다.

김정한 소설 속 물금역: '나미오'의 아버지 '이

1950년대 물금역(위)과 물금면사무소 | 양산시 제공

리에쌍'은 원래는 ㅁ선로반에 속해 있던 선로수였었다. (…)

ㅁ선로반의 본선 구역은 ㅁ역을 중심으로 해서 강둑을 따라서 북으로는 멀리 ㅇ역 가까이까지 뻗쳐 있었다. 비가 오나 눈이 오나 웬만한 날은 쉬지 않고, 10여 명의 동료 반원들과 함께 무거운 곡괭이를 휘둘러야만 했다.
—「산서동 뒷이야기」에서

김정한 소설 속 물금면사무소: 수해 뒤치다꺼리에 시달린 탓들인지 면사무소 사람들은 그들을 그다지 반갑게 맞아 주지 않았다. 내무계장인가 하는 사람은 지레 무슨 짐작이 갔던지 얼른 외면하는 듯한 눈치까지 보였다.
—「산서동 뒷이야기」에서

<u>용화사</u>

철길 옆에 감춰진 미륵의 보금자리

경남 양산시 물금읍 원동로 199-133

오봉산 자락과 낙동강이 만나는 아름다운 곳에 자리한 용화사는 1471년 통도사 승려 성옥이 창건했다고 전한다. 하지만 창건 후 자세한 내력은 전하지 않으며, 오늘날의 모습은 1990년대가 되어서야 갖추어졌다. 대웅전과 산신각, 그리고 승려가 머무는 건물이 있을 뿐인 단출한 규모의 절이다. 낙동강변을 따라 경부 철도가 놓이면서 강과 절 사이엔 철둑과 방음벽이 놓이게 되었다.

용화사 석조여래좌상 | 양산시립박물관 제공

대웅전에는 보물 제491호로 지정된 석조여래좌상이 있는데, 통일 신라 후기 작품으로 추정된다. 부처 몸에서 나오는 빛을 형상화한 광배에는 부처의 소리를 전하는 아름다운 선녀 모습인 비천상이 새겨져 있다. 이는 국내 불상에선 찾아보기 매우 드문 모습이라 한다.

불교에서 '용화(龍華)'는 미래에 사바세계에 나타나 중생을 구제한다는 미륵 부처가 주재하는 이상적인 세계를 가리킨다. 용화사는 김정한의 중편소설 「수라도」에서 가야 부인이 세운 '미륵당'의 모티프가 되었으며, 작품 속에서 중요한 의미를 지닌 공간으로 등장한다.

김정한 소설 속 이곳: 제삿장을 보아서 머리에 이고 그놈의 베리끝을 돌아오자니, 언덕 위에

쌓였던 눈까지 휘몰아쳐 부치는 바람결에 인제 곱다시 얼어서 쓰러질 것만 같아서 우선 폭풍이나 잠깐 피할까 싶어, 지금 미륵당이 서 있는 바람의지로 들어간 것이 꼬투리라고 했다.

"장작개비같이 언 팔에 힘을 주어서 머리에 였던 장바굼지를 겨우 내려놓고 막 웅크리고 앉일라 카니 발끝에 수상한 기 안 비이나! 거기만은 이상스럽게도 눈이 녹아 땅이 푸석푸석한데 반들반들한 돌뿌리가 하나 쑥 볼가져 있더라 카이. 그래서 조금 긁적거리 보았디이……."

가야 부인은 그때의 신비감을 만면에 되살렸다.──그것이 바로 한쪽 귀퉁머리가 이지러진 돌부처──지금 미륵당에 모셔져 있는 돌부처의 정수리였다는 것이다.
─「수라도」에서

황산베랑길

벼랑 끝에 매달려서도 세상을 연결한 길

경남 양산시 동면~원동면 용당리에 걸친 길

'황산강'은 낙동강의 옛 이름이고 '베랑'은 벼랑의 방언이다. 낙동강이 내려다보이는 가파른 벼랑에 황산베랑길이 있었다. 벼랑에 선반을 매달아 놓은 듯이 만든 좁은 길인 '잔도'라는 말을 붙여 황산잔도라고도 했다. 이 길은 조선 시대에 동래에서 한양으로 가는 가장 짧은 길이었던 영남대로의 양산 구간에 해당한다. 가파르고 위험했지만 선비들은 과거를 보러 가고자 이 길을 걸었고, 상인들은 생업을 위해 크고 작은 짐을 짊어지고 이 길을 오갔다. 조선통신사가 일본으로 갈 때도 이 길을 걸었고, 임진왜란 때 일본군이 서울로 진격할 때도 이 길을 이용했다. 길을 따라가다 보면 경치가 빼어나게 아름다운 용화사와 임경대, 경파대 등 여러 유적지를 만날 수 있다.

이 길은 1901~1905년에 일제가 경부 철도를 놓으면서 대부분 역사 속으로 사라졌다. 한때는 학생들 통학로로 쓰이기도 했으나 지방도로 개통으로 기능을 잃은 채 방치되었다. 2012년 양산시는 황산베랑길을 복원해 새롭게 길을 열었다. 양산 물 문화관부터 원동 취수장까지 약 2킬로미터 구간을 국토 종주 자전거 길의 하나로 조성해 시민들이 이용할 수 있도록 했다.

황산베랑길과 행동래부사정공현덕영세불망비 | 양산시 제공

김정한 소설 속 이곳: 비록 서울로 빠지는 국도라고는 해도 그 당시의 '황산 베리 끝' 하면 좁기로 이름난 벼룻길로서, 시가 측에서 마중 나온 사람만 보태도 서른 명이 넘었을 텐데, 구경꾼까지 합치면 줄잡아도 오륙십 명 가까운 사람들이 외줄로 사뭇 늘어섰다고 하니, 과연 얼마나 볼 만했을까, 분이는 늘 자랑스럽게 생각했고, 또 못내 부럽기도 했다.

—「수라도」에서

토교 나루

역사의 한 순간을 매금은 소설 속 나루

경남 양산시 원동면 화제리

원동 화제에 있는 토교 나루는 화제천에서 낙동강으로 흘러드는 길목에 긴 나무를 걸치고 흙을 덮어 다리를 만들어 건너다닌 데서 이름이 유래했다. 길은 산을 넘고 물을 건너야 이어진다. 이 흙다리(토교 土橋)는 영남대로를 걸어오가는 사람들이 편안하게 물을 건너게 했다. 하지만 낙동강은 홍수가 잦았고 굽이도는 물살은 셌다.

토교가 있던 곳과 화제석교비

　　토교가 무너지면 인근 동네 사람들은 아무리 바쁜 농사철이어도 공역에 동원돼 다리를 수리해야 했다. 이에 승려 사열이 여러 해 시주를 모은 것으로 시작하여 돌로 된 무지개다리를 놓게 된다. "지나가는 길손들이 모두 축하하여 '양산 서쪽 주민들은 노역의 고통이 없게 됐으니 이 아름다운 일은 사라지지 않을 것이다.'라고 칭송했다."라고 화제석교비엔 기록돼 있다. 이때가 1739년이다. 화제석교비는 경부 철도가 놓이면서 버려진 것으로 추측되며, 1992년 원동취수장을 건설하면서 철도 아래 유실돼 있던 석교비가 발견돼 지금의 자리에 놓았다.

　　토교 나루는 김정한 소설 「수라도」에 '태고' 또는 '태고 나루'로 등장한다. 가야 부인이 친정 소식을 듣는 곳이자, 그의 몸종인 옥이가 일본군 '위안부'로 끌려갈 뻔한 곳이다.

김정한 소설 속 이곳: 할머니는 고향 얘기를 할 때는 염전 얘기를 빼놓지는 않았다. 그러니까 미륵당 길목인 태고란 나루터에 그곳 소금배가 와 닿아 있는 걸 보면, 할머니는 곧잘 달려가서, 아무개 무쇠 가마에 불 들었던가, 띠받등 아무개 잘 있던가 하고, 친정 소식을 깍듯이 묻곤 하였다.

　　(…)

　　'히노마루'가 높다랗게 강바람을 맞아 펄럭이는 동사 앞뜰에는 옥이 말고도 여섯 명의 처녀가 나와 있었다. 배를 타야 할 태고 나루에서 가장 가까운 곳이라, 오봉산 밑 열두 부락의 해당자들이 모두 거기에 모였던 것이다.
　　ㅡ「수라도」에서

2부

양산과
있다

양산 사람도 잘 모르는 양산의 보물

북정동 고분군 이야기

노봉석(중학교 역사 교사)

북정동 고분군 | 양산시 제공

양산을 대표하는 문화재는 누가 뭐래도 통도사일 것이다. 우리나라 3보 사찰 중 하나이고 유네스코 세계문화유산에 등록되었으니 양산의 자랑이 아닐 수 없다.

그와는 달리 양산 사람들도 그 진가를 잘 모르는 보물이 있다. 바로 북정동에 자리한 무덤들이다. 통도사가 양산에서 꽃핀 화려한 불교 문화를 상징한다면, 북정동 고분군은 훨씬

옛적 양산이 신라와 가야의 틈바구니에서 자신의 존재감을 드러내며 묵묵히 걸어온 길을 가장 잘 보여 주는 흔적이다. 이 고대의 유적은 양산이라는 지역의 공간적 특징과 가능성을 온전히 품고 있다. 이 때문에 과거 속에 존재하면서도 양산의 미래를 전망하는 데 많은 상상력을 제공해 주는 양산의 가장 큰 보물임에 틀림없다. 북정동 고분군 발굴의 최대 성과인 부부

총과 금조총을 통해 고대 양산의 자취를 더듬어 보자.

왜 우리는
무덤을 파헤칠까

우리나라의 많은 고분들은 일제 강점기에 발굴 조사가 이루어졌다. 이른바 '임나일본부설'(일제가 만들어 낸 식민 사관의 하나로, 4세기 중엽에서 6세기 중엽까지 일본이 한반도 남부를 통치했다는 학설)의 근거를 찾기 위해서였다. 식민 지배의 정당성을 역사적으로 입증하고 싶었던 일본은 신라와 가야 지역을 집중적으로 발굴했다. 하지만 발굴을 가장한 그 엄청난 도적질에도 찾고자 하는 결정적 증거는 나타나지 않았다. '부부총'이라는 별명이 붙은 북정동의 10호 고분도 바로 그 무렵 일본의 삽 아래 파헤쳐지게 된다. 단 13일 동안의 발굴이었다.

당시 발굴 조사 보고서에 기록된 한 일화가 관심을 끈다. 발굴 이틀째 되는 날 어떤 이가 나타나 북정동 고분이 자신의 조상 묘이니 발굴을 멈

춰 달라고 항의했다는 것이다. 그런데 알고 보니 그 사람은 일전에 이 고분에 매장된 유물을 팔겠다고 했다가 값이 맞지 않아 취소된 '유물 불법 뒷거래 미수 사건'의 당사자였다. 발굴 과정에서도 도굴 흔적이 여럿 발견되었다는 점에 비추어 본다면 조선 말기 혼란한 시절에 가난한 백성들에 의한 도굴이 이미 상당히 진행되었음을 짐작할 수 있다.

무덤은 인간의 마지막 안식처다. 사람들은 왜 고요 속에 잠든 과거인의 무덤을 파헤칠까? 어떤 사람들은 밥벌이를 위해 위험을 감수하고 도굴에 과감히 나섰다. 또 어떤 사람들은 남의 나라를 통째로 훔쳐 가는 도적질을 합리화하는 증거를 찾으려고도 했다. 우리는 궁금증을 풀기 위해 깊은 잠을 자고 있는 조상들을 조심스럽게 흔들어 깨우고자 한다. 무덤은 어쩌면 타임캡슐 같은 것일지 모른다. 거기에는 과거인들이 후대에 남기는 다양한 메시지와 선물이 가득 들어 있다.

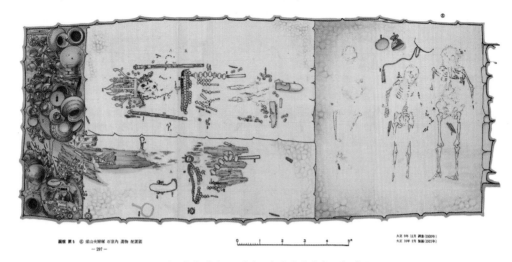

圖版 第 5 図 ⑥ 梁山夫婦塚 石室内 遺物 配置図
ー 297 ー

大正 9年 11月 調査 (1920年)
大正 10年 2月 製図 (1921年)

부부총 석실 내 유물 배치도 | 양산시립박물관 제공

일본에 빼앗긴
부부총 유물

부부총 발굴 결과는 기대 이상이었다. 부부로 추정되는 남녀의 유해와 각종 부장품들이 쏟아져 나왔다. 남자는 경주에서 출토되는 출(卅) 자 모양의 금동 관을 쓰고 큰 칼도 차고 있었다. 부인으로 보이는 여성도 금, 은, 유리 등으로 만든 화려한 장신구를 착용한 상태였다. 경주 이외 지역에서 이런 높은 수준의 유물이 나온 건 이례적이라고 한다. 부부의 발치에서는 순장(지배 계급에 속한 이가 죽었을 때 산 사람을 함께 묻던 일)된 것으로 보이는 시신이 세 구 발견되었다. 『삼국사기』에는 지증왕 3년인 502년에 순장을 금했다는 기록이 있다. 그럼 이 무덤은 그 이전인 5세기에 만들어진 것일까? 아니면 왕의 명령이 아직 온전히 닿지 않은 변방에서 경주의 눈을 피해 여전히 순장을 강행한 것일까? 왕의 명령을 거역할 만큼 강력한 정치 집단이 양산에 있었던 것일까?

1920년 부부총을 발굴한 조선 총독부는 유물 일체를 지금의 도쿄국립박물관으로 기증해 버린다. 국권을 잃었던 식민지 시절에 일어난 일이니

분하고 원통하지만 어쩔 도리가 없었는지도 모른다. 하지만 부부총 유물이 고향에 돌아올 기회가 있었다. 바로 1960년대에 진행된 한일 회담 때였다. 회담 기록을 보면 처음에 우리 정부의 반환 요청 유물 목록에 부부총 유물이 포함돼 있었다. 그런데 일본은 다른 유물들의 반환에는 대체로 동의하면서도 이 부부총 유물에 대해서는 고집스럽게 반환을 거부했다. 우리 정부는 결국 부부총 유물 반환 요청을 포기했다. 경주에 이보다 월등히 우수한 출토물이 많다는 이유에서였다. 역사적 유산의 중요도를 정하는 일엔 여러 점이 고려되어야겠지만, 신라와 가야의 경계에서 피어난 독특한 유산의 가치와 중요성을 오히려 일본이 더 정확하게 이해한 건 아닌지 씁쓸할 따름이다.

2013년 가을, 양산시립박물관에서 '백 년 만의 귀환'이라는 주제로 부부총 유물 특별 전시를 했다. 유물을 도쿄국립박물관에서 빌려 와서 한 것이다. 양산시립박물관 한쪽에는 언젠가부터 문화재 반환을 위한 서명 용지가 줄곧 놓여 있다. 서명에 동참하면서도 의문이 들었다. 좀 더 적극적인 노력이 필요한 건 아닐지. 하루 빨리 완전한 귀향이 이루어지길 바라는 마음 간절하다.

삶과 죽음을 넘나드는 전령을 간직한 금조총

부부총 아래에 작은 무덤이 여러 개 있었다. 1990년대 택지 조성 과정에서 동아대학교 박물관이 지표 조사를 맡았는데, 그때 작은 무덤들 사이에서 금조총이 발견되었다. 규모도 작고 봉분도 거의 남아 있지 않아 일본의 눈길을 끌지 못한 것이 다행이었을까? 도굴되지 않은 이 무덤에서는 금동 관, 굵은 고리 귀걸이 등 무덤 규모에 비해 상당히 수준 높은 유물들이 나왔다. 특히 순금으로 만든 굵은 고리 귀걸이는 경주 보문 지역에서 나온 귀걸이와 유사했는데, 당시 신라 최고 수준의 금세공술로 제작된 것이었다. 이러한 귀걸이가 경주 이외 지

금조총에서 발견된 굵은 고리 귀걸이(왼쪽)와, '금조총'이란 별칭을 짓게 한 금제 조족 | 양산시립박물관 제공

역에서 발견된 적은 없다. 아마 경주에서 제작되어 이곳까지 전해진 것으로 추정하고 있다.

가장 눈에 띄는 것은 이 무덤의 별칭을 '금조총'으로 짓게 한 새 발 모양의 순금 장식품이다. 이것 또한 지금까지 한 번도 발견된 적 없는 새로운 것이었다. 발 모양만 남아 있는데, 몸통은 나무로 만들어져서 썩어 없어진 것으로 보인다.

새는 흔히 하늘과 땅을 연결하는 메신저로 상징된다. 일본의 신사 앞에 항상 서 있는 도리도 새 날개 모양이고, 우리나라 마을 어귀마다 흔히

서 있던 솟대 끝에도 새가 올려져 있다. 무덤이라는 것이 삶의 맨 끝에 놓인 마지막 장식이기에, 그 끝을 새로운 시작으로 연결하고 싶었던 염원을 삶과 죽음의 경계를 넘나드는 신비한 전령 새에 담지 않았을까?

무덤의 주인공은
과연 누구일까

그렇다면 부부총과 금조총에 묻힌 주인공은 누구일까? 신라의 장수 김유신의 아버지이자 당시 삽량주(양

솟대 끝의 새 장식   일본 신사 앞의 새 날개 모양 도리

^{산의 옛 이름}) 도독이던 김서현 장군과 만명 부인 부부의 묘라는 설이 있다. 금동 관을 쓰고, 큰 칼을 차고, 신라 최고 수준의 화려한 금세공품으로 치장한 사실로 미루어 보아 경주와 연계된 강력한 인물일 수밖에 없다는 추론이다. 하지만 무덤 조성 시기와 김서현 장군이 살았던 연대가 맞지 않는다. 그럼에도 이 무덤을 김서현 장군과 연결하려는 것은 그가 금관가야의 시조인 김수로의 11세손으로 알려져 있기 때문이다.

사실 북정동 고분에서 발견된 무덤의 부장품들은 대체로 신라적인 특징을 드러낸다. 하지만 경주에 있는 대형 고분들이 대부분 평지에 조성된 것과 달리 북정동 고분군의 위치는 다분히 가야적이다. 창녕, 고령, 함안 등에 있는 가야를 대표하는 무덤들은 대부분 구릉의 정상부나 지형적으로 높은 곳에서 중심지를 내려다보는 입지를 가지고 있다. 신라에 편입된 뒤에도 가야적인 특징을 여전히 간직한 양산과 부부총의 이중적 성격은 가야 출신이면서도 신라 지배층으로 편입된 김서현 가문의 이야기와 잘 맞아떨어진다. 분명한 것은 양산의 너른 들을 굽어보며 잠들어 있는 이 무덤

의 주인공들이 양산 지역을 다스리던 수장이었으며, 경주의 변방 지역 중에서도 최고 수준의 권력을 갖고 나름대로 독자적인 세력을 형성하고 있었다는 점이다.

양산의 힘

양산은 낙동강을 경계로 김해와 접해 있고, 북쪽으로는 울산, 경주와 연결되어 있다. 수로와 육로가 교차되는 교통의 요지일 뿐만 아니라 남북으로 흐르는 양산천을 따라 넓은 충적지가 형성되어 선사 시대부터 사람들이 터를 이루고 살기 시작했을 것으로 보인다.

일반인에게는 잘 알려지지 않은 양산의 힘이 있었다. 바로 물금 일대가 철광석 산지였다는 사실이다. 오봉산에서 채굴한 철광석을 물금에서 제련하여 덩이쇠를 만들었다는 것이 발굴 조사를 통해 밝혀졌다. 고대 사회에서 철은 군사력과 경제력의 핵심이었기에 이 지역에 강력한 정치 집단

의 존재를 가능하게 했을 것이다. 또한 이 철광석은 사방으로 뻗은 육로와 수로를 통해 경주나 김해 등 주변 여러 지역으로 공급되었을 것이다.

경주에서 시작된 신라는 세력을 확장하며 낙동강을 경계로 가야와 경쟁하게 된다. 『삼국사기』에 신라가 황산진 어귀에서 가야 군사와 싸웠다는 기록이 나오는 걸 보면 양산은 가야와 신라의 치열한 공방전의 중심에 있었던 것 같다. 양산이 가진 철과 교통로를 확보하는 것이 두 나라 모두에게 사활이 걸린 일이었던 셈이다. 4세기 무렵의 것으로 보이는 소토리 출토 토기 조각들이 아직 가야적 특징이 강한 걸 보면 이때까지 양산은 김해를 중심으로 한 금관가야의 영향력 아래 있었던 듯하다. 5세기를 지나면서 양산은 서서히 신라의 영향력 아래 들어간다.

하지만 신라의 영토가 되었다고 모든 것이 완전히 신라가 되는 건 아니었다. 신라의 지방 지배는 우리가 생각하는 것처럼 강력하지 않았다. 6세기 지증왕 때에 와서야 비로소 왕

1965년 물금 광산 | 양산시 제공

이라는 칭호를 썼을 뿐 아니라 국호도 경주를 뜻하는 '사로'를 버리고 '신라'라는 이름을 썼다. 신라는 새 지역을 군사적으로 복속하면 충성을 맹세받고 지배권을 인정해 주는 방식을 취했을 것으로 보인다.

양산은 한때 가야의 땅이었으나 나중엔 신라의 땅이었다. 신라의 땅이 되었으나 여전히 가야와 닮았다. 대립과 갈등의 한가운데서 교류와 상생을 만들어 냈기에 이곳은 한동안 신라도 가야도 아닌 '양산'으로 존재할 수 있었다.

경계의 땅을 바라보는
두 가지 시선

이렇게 양산은 역사의 시작부터 신라와 가야 사이에 있는 경계의 땅이었다. 경계의 땅이었기에 양산의 문화는 다양한 얼굴을 띠게 되었다.

경계의 땅을 바라보는 정반대 시선이 있다. 이중적 간섭과 억압의 공간이기에 항상 휘둘리고 수동적이고 분열적인 운명의 멍에를 안고 살아야 한다는 비관적 시각이 있는가 하면, 상호 견제로 인한 힘의 균형이 오히려 독자적인 운신의 폭을 만들어

내고 균형자로서 새로운 기회를 가질 수 있다는 긍정적 시각도 있다. 복잡한 운명은 공간이 만들어 낸 결과지만, 어떤 미래로 나아갈 것인가는 그 공간에 사는 인간의 일일 터이다.

최근 부산, 울산, 경남을 하나로 묶는 메가 시티 구축 사업이 진행 중이다. 동남권 신공항과 광역 철도 건설도 가시권에 들어왔다. 도시와 도시가 연결되고 사람과 사람이 더 큰 범위에서 교류할 수 있는 동남권의 새로운 시대가 열리고 있다. 조선 시대 황산역을 통해 영남대로의 중심 거점이 되었던 양산은 다시 하늘과 땅 길을 잇는 그 교통망 한가운데 경계 지점에 서게 되었다. 경계에 선다는 건 단절된 걸 잇는 일이고, 대립과 갈등을 조정해 상생의 조화를 이루는 일 아닐까? 양산이 경계의 땅이 지닌 의무를 다하기를 바란다.

그 옛날, 경계의 땅을 다스렸던 부부총의 주인도 분명 단절과 다툼이 아닌 이음과 상생의 미래를 꿈꾸었을 것이다.

시선과 탐색

통도사 가는 길

신전리 이팝나무와 국장생 석표

노봉석(중학교 역사 교사)

통도사 대웅전과 금강계단 | 양산시립박물관 제공

양산역사교사모임에서 우리 지역의 역사에 관심을 가지고 답사를 기획하면서 가장 먼저 떠올린 곳이 통도사였다. 뭘 해도 열심인 우리 모임 선생님들은 우선 양산의 불교 문화 전체를 부지런히 공부했다.

양산을 남북으로 가로지르는 양산천을 사이에 두고 서쪽으로는 영축산이, 동쪽으로는 천성산이 서로 마주 보고 있다. 이 두 산은 양산 불교 문화의 요람이다.

양산 지역에 처음 불교가 전래된 것은 당나라 유학을 마치고 돌아온 자장율사에 의해서다. 그는 인도의 영축산을 닮은 양산 영축산 자락에 석가모니의 진신 사리를 모셔 두고 통도사를 창건했다고 한다. 그래서 특이하게도 대웅전 안에 불상을 모시지 않고 그 옆 금강계단의 진신 사리탑이 불상을 대신하고 있다. 그 안에 정말로 진신 사리가 있는지는 열어 보지 않았으니 모를 일이다. 때로는 사실 그 자체보다 믿음이 더 아름다운 법이다.

우리나라 3보 사찰 중 불보(佛寶) 사찰로 꼽히는 통도사에는 국보인 대웅전을 제외하고도 보물이 20여 개를 헤아린다. 1987년에 개관한 성보박물관은 세계 박물관을 통틀어 가장 풍부한 불교 유물을 자랑하는, 국내 유일의 불교 회화 전문 박물관이라고 홍보 책자에 적혀 있다. 이렇게 대단한 사찰이다 보니 타 지역 사람들은 양산은 몰라도 통도사는 안다.

통도사가 있는 영축산과 마주 보는 천성산에는 원효대사의 자취가 짙게 배어 있다. 전설에 따르면 원효는 이곳에서 승려 1천 명에게 화엄경을 가르쳤고, 모두 깨달음을 얻어 성인이 되었단다. 그래서 이 산 이름을 천성산이라고 한다. 원효는 89개나 되는 사찰과 암자를 천성산에 만들었는데, 내원사나 원효암, 미타암 등 많은 절이 지금도 이 산의 아름다운 산세에 의지해 있다.

양산에 불교가 전래된 건 7세기이다. 그 뒤 양산은 불교와 함께 성장했으며, 고려 시대가 되자 양산의 불교 문화는 화려하게 꽃핀다. 이러한 내용을 거창하게 공부하고 나서야 본격적인 답사 준비를 진행했다. 우리의 공부 정도나 내용도 확인할 겸 시청에 미리 연락해서 문화재 해설사까지 섭외했다. 그런데 통도사만 가기는 좀 심심하다는 의견이 있어 간단히 몇 군데를 더 보기로 했다. 바로 '신전리 이팝나무'와 '통도사 국장생 석표'다. 통도사 가는 길에 잠깐 들르면 되니 일정에 무리도 없었다.

하지만 그날 우리는 아무도 짐작하지 못했다. 답사의 주인공이 통도사가 아니라 길에서 만난 나무 한 그루와, 돌로 만든 장승이 되리라는 것을 말이다.

흰쌀밥 같은 꽃이 피는 이팝나무

신전리는 북쪽에서 남쪽으로 뻗어 내린 영축산의 끝자락에, 양산천과 그 지류인 내석천이 만나는 중간에 있는 동네다. 풍수적으로도 음과 양이 만나는 상서로운 곳에 오래된 이팝나

신전리 이팝나무(오른쪽) | 양산시 제공

무가 팽나무와 함께 서 있다. 이팝나무는 양산시의 시목(市木)이다.

신전리 이팝나무(천연기념물 234호)의 나이는 정확히 알 수 없다고 하는데 둘레가 4미터가 넘는 걸로 봐서 족히 몇백 년은 되어 보인다. 절기로 따져 입하 무렵에 꽃이 펴서 입하목이라고 불리기도 하지만, 꽃이 필 때 나무 전체가 하얀 꽃으로 뒤덮이는 모습이 마치 이밥, 곧 하얀 쌀밥과 같다고 해서 이밥나무, 이팝나무로 불리게 되었다는 이야기에 더 마음이 간다. 허

기에 지친 사람들이 나무 밑에 드러누워서 올려다보면 흐드러지게 핀 흰 꽃이 쌀밥처럼 보였을 법하다. 마음이 애잔해지는 이름이다. 옛날 보릿고개 시절에 밥을 제대로 먹지 못한 아이들이 그만 병이 들어 죽으면 이 이팝나무 아래에 묻었다고 하는 전설도 있단다.

이렇게 가슴 아픈 이야기를 듣고 있는데 일행 중 나이가 가장 많은 분이 손을 들고 이렇게 질문을 한다. "근데, 좀 이상하네요. 둘러보니 들판이

꽤 넓어서 풍요로워 보이는데, 이곳 백성들은 왜 그렇게 가난하게 살았나요?" 해설사님 얼굴에서 약간 당황한 기색을 발견한 것은 기분 탓일까? 하지만 노련한 해설사님은 이렇게 현답을 내놨다. "이 너른 들이 백성들 것이 아니라면 답이 될까요? 오늘 가는 여정에 답이 있을 듯하니, 한번 같이 생각해 봅시다."

돌로 세운 장승, 국장생 석표

때가 일러 아직 꽃도 안 핀 앙상한 이팝나무를 배경으로 개구쟁이들처럼 사진들을 찍고 통도사로 향했다. 오랜만의 나들이에 즐거운 수다를 이어 가는데 해설사님이 길옆 주유소를 가리키며 차를 세우라고 한다. 보물을 두고 그냥 갈 뻔했단다. 국도변에 칸막이를 치고 큰 비석 같은 것이 서 있다. 저것이 국장생 석표(國長生 石標)인 모양이다. 보물 74호. 뭔가 심상치 않은 물건임에 틀림없다. 해설사님의 설명

이 시작되었다. 학구열이 강한 우리는 귀를 쫑긋 세웠다.

이 비석은 절의 경계를 표시하던 고려 시대의 장승이다. 보통 장승이라 하면 '천하대장군'처럼 나무를 깎아 만들어 세우는 것만 알고 있었는데 이렇게 커다란 돌을 세우는 경우도 있다고 한다. 통도사의 기록에 따르면, 무려 47,000보나 되는 사찰 영역의 사방 12곳에 이러한 장승(장생표)을 세워 주변 산천의 기를 보충하려 했다고 전한다. 절의 경계 표시인 동시에 땅의 기운을 보충하여 절에 들어오는 액을 막으려 했던 고려 시대 풍수 사상의 단편을 보여 준다. 그 이름에서 '나라 국(國)' 자는 나라의 허가를 얻었다는 뜻이다. 그중 3개가 아직 남아 있고, 우리는 절에서 동남쪽으로 4.4킬로미터 지점에 있는 것을 보았다. 고려 초인 1085년에 세웠다고 적혀 있다.

통도사 국장생 석표 | 양산시 제공

고려 시대의 재벌 그룹, 사원!

장생표는 한마디로 넓디넓은 절의 구역을 알리는 표시였다. 여기서부터는 절의 땅이니 조심하라는 경고 표시 정도였다고나 할까? 그런데 궁금하다. 절은 스님들의 수행 공간 아

닌가? 어떻게 그런 넓은 땅을 소유하고 있었을까? 해설사님은 고려 시대 통도사 같은 사찰이 막강한 경제력을 가진, 요즘의 재벌 그룹 같은 것이었다고 긴 설명을 이어 갔다.

사찰은 많은 노비를 소유하고 있었는데, 그들을 통해 수많은 물건들을 만들어 냈다고 한다. 거대한 공장

이었던 셈이다. 또한 계속 사찰을 짓고 불구(佛具)를 만들고 불사가 이어졌으니 자재와 물품을 날마다 사들여야 했다. 관아를 제외하고는 사찰이 가장 큰 구매 집단이었던 셈이다. 고려 시대 기록을 보면 사찰에서 마늘과 파를 재배해 신도나 일반인에게 팔기도 하였단다. 마늘과 파는 불가에서 고기와 함께 먹지 못하게 하는 금기 식품인데도 어엿하게 생산하여 상거래 품목으로 팔았던 것이다. 심지어 술도 빚어 팔았다. 경기도 양주의 한 절은 360섬의 쌀로 술을 빚은 사실이 드러나 스님이 처벌받았다고도 한다. 뿐만 아니라 소금, 꿀, 기름 따위의 식품을 가공해서 팔아 이익을 남기기도 했고, 팔관회에 참여해 외국 상인과 교역하기도 하고 경전 인쇄나 단청에 필요한 염료 따위를 구입하려고 직접 외국 무역에 뛰어들기도 했다. 사찰과 승려들은 '원(院)' 같은 독자적인 여관 운영업을 벌이기도 했다. 사찰의 왕성한 상업 활동은 고려 사회에 특수하게 드러난 현상이라고 말할 수도 있지만, 불교와 승려의 세속적 타락과 변질 양상을 보여 주는 현상이라는 점은 분명해 보인다.

고려 귀족들, 사원과 결탁하다

11세기에 이르러 사찰은 '사원전(寺院田)'을 통해 더욱 큰 부를 축적해 나갔다. 사원전은 임금이 내려 준 땅, 신도가 시주한 땅, 절에서 개간한 땅이 중심이 되어 왔는데, 이 무렵에는 직접 사들인 땅도 많았다. 절에서는 땅이 없는 주변 농민들에게 이 땅에서 농사를 짓게 하고 비싼 소작료를 받아 챙겼다.

이렇게 늘린 재산으로 절은 이자놀이도 서슴지 않았다. 당시 법정 이자는 '쌀 15말에 5말'처럼 대체로 원금의 3분의 1 수준이었으나 이는 국가 문서에나 적혀 있는 힘없는 규정일 뿐이었고 실제로는 예사로 무시되었다. 농민들이 빌린 돈을 제때 갚지 못하거나 이자를 내지 못하면 그나마 갖고 있던 조그만 땅뙈기조차 빼앗다

먼저 보고 온 이팝나무의 애틋한 이야기와
국장생 석표의 허영심이 묘하게 대비되었다.
정치권력과 결탁한 사원은 고려 사회에서
가장 부유하고 막강한 힘을 행사하고 있었지만,
그 권력의 바깥에서 민초들은 흐드러지게 핀
이팝나무의 꽃을 보며 배고픔을 달래고
있었던 것이다.

시피 차지했다. 이렇게 얻은 막대한 이자 수입이 다시 토지 확대로 이어졌던 것이다.

업종을 가리지 않는 문어발식 상업 활동과 토지 확대, 고리대금업을 통한 넘쳐 나는 현금으로 사찰은 황금 알을 낳는 거위나 마찬가지였다. 이러한 재벌 사원에 눈독을 들이기 시작한 건 정치권력을 쥐고 있던 귀족 세력이었다. 사원의 토지는 세금을 물지 않는 면세지였기 때문에 귀족들은 자신의 땅을 절에 헌납하는 형식을 통해 손쉽게 탈세할 수 있었다. 귀족들은 사원을 그들의 경제적 기반으로 삼고자 했고, 사원은 귀족들을 통해 든든한 뒷배를 얻고자 한 셈이다.

종교가 있어야 할 곳은 어디일까

어떤 나라건 건국할 당시에는 나름대로 꿈과 희망이 있기 마련이다. 고려를 세운 사람들도 새로운 나라를 꿈꿨을 것이다. 통일 신라가 진골 귀족들의 권력 다툼으로 기울어 갈 때 지방에서 성장한 호족 세력들은 각자의 능력으로 세력을 키워 낡은 체제에 대항했다. 골품 제도의 편협함에 환멸을 느낀 6두품 세력과, 새로운 사상을 받아들인 선종 승려 및 유학자 들도 힘을 보탰다. 참신한 기풍이 새로운 나라 '고려'에 흘러넘쳤을 것이다.

하지만 세월과 함께 새로움은 빛이 바래고 낡은 것이 되어 갔다. 권력은 다시 독점되고 종교는 타락해 갔다. 백성들의 피와 살점을 뜯어 비단옷으로 치장하는 사람들이 늘어 갔다. 정치와 종교가 공범이었다.

먼저 보고 온 이팝나무의 애틋한 이야기와 국장생 석표의 허영심이 묘하게 대비되었다. 정치권력과 결탁한 사원은 고려 사회에서 가장 부유하고 막강한 힘을 행사하고 있었지만, 그 권력의 바깥에서 민초들은 흐드러지게 핀 이팝나무의 꽃을 보며 배고픔을 달래고 있었던 것이다.

금강계단의 진신 사리탑이 통도사의 종교적 상징이라면, 끝없이 넓은 그들의 '영토' 가장자리에 박아 놓은 12개의 국장생 석표는 절이 지닌 또

다른 세속적 권위의 상징일 것이다. 종교는 어디에 서 있어야 할까? 화려한 법당과 예배당의 엄숙한 성가 속에서 부유한 자들의 탐욕을 포장하고 나누어 가지고 있지는 않은가? 종교에 대해서 잘 알지는 못하지만 인간에게 종교가 필요하다면 그것은 국장생 석표의 높은 꼭대기가 아니라 이팝나무 아래가 더 적절해 보인다.

또 세월이 흘러 통도사는 이제 시민들 곁에 성큼 다가서 있다. 영축산 자락은 종교를 뛰어넘어 시민들의 휴식처가 되었고, 때로는 가난하고 힘없는 이들의 간절한 소망을 조용히 경청하는 벗이 되고 있다. 지금 우리 눈앞에 있는 통도사는 어쩌면 그 옛날 이팝나무가 되어 묵묵히 사람들 곁을 지키고 있는지도 모른다. 양산의 자랑 통도사는 그렇게 세월과 함께 변모해 왔고 앞으로도 그럴 것이다.

우리는 답사의 최종 목적지인 통도사를 둘러봤다. 양산에 살며 통도사에 몇 번을 기웃거리면서도 건물 하나하나를 꼼꼼하게 뜯어본 건 처음이

었다. 해설사 선생님이 구룡지에 얽힌 설화와 호혈석에 얽힌 한 처녀의 애틋한 이야기를 정말 재미있게 들려주었다. 우리 관심은 사람 머리가 족히 들어갈 정도로 큰 불이문(不二門)의 문고리에 쏠렸다. 해설사 선생님 말씀이 그 문고리에 머리를 집어넣었다가 빼면 지난날 쌓았던 모든 업이 씻어진다는 것이다. 죄를 많이도 짓고 사는 우리는 착하게 줄을 서서 시키는 대로 했는데, 안타깝게도 일행 중 한 명은 머리가 들어가지 않아서 계속 업을 안고 살게 되었다.

애민의 들녘 메깃들에서 근대 농업지 물금평야로

이헌수(고등학교 국어 교사, 메깃들마을학교 운영위원)

양산엔 큰 물길이 두 갈래 있다. 양산 서쪽을 흐르는 낙동강과, 가운데를 가로지르는 양산천이다. 이 두 물길이 남쪽에서 만나는 곳이 동면이다. 동면에서부터 더 북쪽인 오봉산까지 낙동강을 따라 펼쳐진 지역이 바로 물금이다. 동면과 물금에서부터 양산 시외버스 터미널과 도시 철도 양산역이 있는 데까지 아파트가 빼곡하다. 숲을 이룬 아파트를 사이에 두고 오봉산과 금정산이 마주 섰다. 도시 서쪽을 흐르는 낙동강과 도시를 가로질러 흐르는 양산천이 아파트와 어우러져 잘 계획된 현대적인 도시 풍광을 보여 준다. 계획도시 양산이지만 한때는 해마다 물에 잠겼고, 바닷물까지 밀려들었다.

바닷물과 강물이 넘실넘실
생물다양성의 보물 창고, 메깃들

1987년에 을숙도와 부산 하단을 가로질러 낙동강을 막는 하굿둑이 생겼다. 낙동강이 빠져나가는 남해는 밀물과 썰물의 차가 큰 바다다. 낙동강 하굿둑이 생기기 전에는 밀물 때면 바닷물이 낙동강을 따라 물금 앞까지 거슬러 올라왔다. 토박이 어르신들은 물금 앞 낙동강을 가리킬 때면 이렇게 말씀하신다.

"거기는 바다다."

이 바닷물과 강물이 뒤섞여 양산천을 따라 거슬러 올랐다. 양산천에서 보낸 유년의 기억으로 재첩 잡던 이야기를 하는 분들이 종종 있다. 오

오봉산에서 바라본 1995년의 물금들 | 양산시 제공

1969년 9월 물금 증산 남평마을 수해 모습 | 양산시 제공

늘날의 양산천에서는 상상할 수 없는 일이다. 토박이 어르신들의 유년에는 낙동강이 하굿둑으로 막혀 있지 않았다. 남해에서부터 거슬러 오른 바닷물과 칠백 리 흘러내린 낙동강 물이 뒤섞이고, 이 물이 다시 양산천을 따라 밀고 올라갔다. 오봉산 북쪽 자락에서 양산천까지 동네가 '범어'다. 한자로는 '凡魚'라고 쓴다. '凡'은 '무릇, 모두'라는 뜻이다. 온갖 물고기가 다 있는 동네가 '범어(凡魚)'였단 이야기다. 바닷물과 뒤섞인 낙동강 물이 양산천을 거슬러 오르면 양산천에는 온갖 생명이 넘실했다.

양산천에 뭇 생명이 넘실거릴 때면 사람들 생활은 위태로웠다. 밀물이 가장 높을 때인 사리와 겹쳐 낙동강에 큰비라도 내리면 양산천을 거슬러 오르는 물과 남쪽으로 흘러내리는 물이 부딪히며 들녘으로 넘쳤다. 들녘은 진흙과 개흙으로 덮였다. 진흙과 개흙으로 질펀한 곳은 메기가 살기에 적당했다. 메기가 비 냄새만 맡아도 홍수가 지는 곳이라 해서 그 들녘을 '메

타어평영세불망비

깃들'이라 불렀다. 메깃들은 늘 질퍼덕했다. 질퍼덕한 곳은 사람이 살기에 적당하지 않다. 그럼에도 사람들은 이곳에 모여들었다. 낙동강이 칠백 리를 운반해 온 퇴적물이 쌓여 이 땅이 비옥했기 때문이다. 영축산에서 발원한 양산천은 신불산, 정족산, 천성산 등의 계곡물까지 받아 흘렀기에 수량이 풍부했다. 비옥하고 물이 많은 이 땅은 농사짓기에 맞춤했다.

메깃들에서 애민을 읽다

메깃들의 농민들은 가난했다. 해마다 겪는 물난리에 애써 지은 농사를 망치기 일쑤였다. 그렇더라도 농민들로선 생명줄인 메깃들을 떠날 수 없었다. 저습지인 메깃들도 나라의 땅이었고 나라의 땅이니 농지세가 부과되었다. 세금이 얼마였든 해마다 수해를 입는 메깃들의 백성들에게는 가혹했다.

메깃들에서 걷힌 세금을 사용하는 곳이 호위영이었다. 메깃들의 농민들은 상경하여 호위영 앞에서 자신들의 처지를 호소했다. 당시 호위영 대장 정원용은 관할 군수와 관찰사에게 농민의 탄원 내용을 조사하게 하여 그들의 딱한 사정을 확인한다. 그러곤 메깃들(타어평 鯉魚坪)에 대한 농지세를 영구히 면제하라고 명한다. 애민(愛民)으로 기억할 만한 일이었다. 백성들은 그 고마움을 잊지 않기로 했다. 메깃들의 농민들은 호위영 대장 정원용, 경상도 관찰사 서헌순, 양산군수 심낙정의 고마움을 영세(永世)하게 불망(不忘)하겠다(영원히 오래도록 잊지 않겠다)고 '타어평영세불망비'를 세운다. 이때가 1865년이다.

불망비는 대체로 길가에 세워졌다. 길을 오가는 사람들이 늘 볼 수 있게 하기 위해서다. 타어평영세불망비도 조선의 옛길인 황산로 옆에 세워졌다. 하지만 일제강점기에 메깃들이 물금평야로 개간되는 과정에서 옮겨지고 버려지고 파묻혔다. 2006년 신도시 건설 과정에서 발견되어 디자인공원 안 청룡등으로 옮겨져 지금의 모습으로 정비되었다.

물금평야에서
식민의 역사를 읽다

메깃들녘이 면세지가 되었다고 하지만 메깃들은 여전히 저습지였다. 오늘날의 양산천과 제방 모습을 띠게 된 때는 일제강점기다. 1922년 3월 31일 양산수리조합이 꾸려지고 양

농수로가 바둑판 모양을 만들어 낸 물금평야 | 양산시 제공

산천 개수 공사를 본격적으로 시작해 1926년에 오늘날과 같은 양산천 모습을 갖추게 된다. 이 공사로 1,225정보[1] (정보=3,000평)의 농지가 새로 생긴다. 그중 724정보의 농지가 물금에 생긴 것이었다. 이는 축구장 987개에 이르는 넓이다. 면세지이고 저습지인 메깃들이 번듯한 물금평야가 된 것이다. 넓은 농지가 생겼으나 메깃들에서 농사짓는 백성들의 것은 아니었다. 동양척식주식회사나 몇몇 지주의 땅이 되었다. 메깃들에서 농사지을 땐 면세 혜택이라도 받았던 농민들이 물금평야에서는 오히려 더 많은 세금을 내야 하는 소작인이 되어 살림은 더욱 가난해졌을 뿐이었다.

메깃들이 물금평야가 되면서 달라진 것 중 하나가 농수로다. 중세 농업은 둠벙과 같은 작은 저수 시설에 의지했다면 근대 농업은 농사용 수로를 갖추는 데서 출발했다. 이런 수리 시설을 만드는 데 드는 공사비와 농수로 물을 이용하는 데 따른 수세(水稅)는 농민들 부담이었다. 이 부담은 날로 커졌고, 농민들은 수리조합 반대 운동에 나섰다.

물금평야에 도시가 만들어지기 시작한 해가 1994년이다. 신도시가 들어서면서 농업용 수로가 더는 소용이 없어졌다. 대부분의 농수로는 도시 아래로 모습을 감추거나 사라졌다. 하나가 남았는데 그것이 새들천이다. 새들천의 예전 이름은 '북서측 배수로'다. 양산 부산대 병원에서 범어중학교, 물금고등학교, 양산 워터파크로 이어지는 황산로 아래로 흐른다.

새들천으로 불리는, 물금평야 농수로 중 유일하게 남은 북서측 배수로

메깃들이 물금평야로 개척되면서 농사지을 땅도 많아지고 근대적 농업 시설도 생겨 생산성이 높아졌다. 그럼에도 농민들의 생활은 나아지지 못했다. 일제강점기에 일어난 근대적 변화는 조선인과 식민지 조선을 위한 것이 아니었다. 일본이 조선에서 실시한 토지조사사업(1910~1918)과 산미증식계획(1920~1934)은 일본을 위한 사업이었을 뿐이다. 메깃들을 물금평야로 만들고 근대적 수리 시설을 확충한 까닭은 일본 내지의 식량 문제 해

결을 위한 식민지 농업 경영이었다.

일본은 조선 내 일본인 인구를 늘리기 위해 일본의 소농에게 조선의 땅을 싸게 대부해 주어 조선으로 이주하길 촉진했다. 조선총독부는 각 지역에서 이름난 기름진 논밭인 역둔토부터 조선의 땅을 대부하기 시작했다. 황산 역둔토가 일찌감치 일본인 소유의 땅이 되었다. 그리고 소유 관계가 애매했던 양산천과 낙동강 둔치의 땅인 메깃들은 물금평야로 변하면서 동양척식주식회사 소유가 되었다. 메깃들이 물금평야가 되어 농지가 늘었음에도 오히려 조선인 소작농은 늘었다.

일본은 자국의 필요에 맞게 식민지 조선의 농작물을 단일화했다. 일제강점기에 조선의 항구에는 일본으로 공출되는 일흑삼백(一黑三白, 까만색인 김, 흰색인 소금, 목화, 쌀)이 가득했다. 양산에서는 주로 목화와 쌀이 공출 대상이었다. 자갈밭에서도 잘 자라는 목화는 오봉산 자락에 심겼고, 새로 생긴 들녘인 물금평야에서는 벼가 자랐다. 물금읍의 범어대동타운아파트에서 서남초등학교에 이르는 길 이름이 '목화로'가 된 배경에도 일제강점기 수탈의 역사가 있다. 목화와 쌀은 물금역을 통해 실려 나갔다.

내 삶은 내가 지킨다!
양산농민조합

1929년 세계 대공황으로 쌀값이 크게 떨어지면서 지주들은 자신들의 손실을 소작 농민에게 전가했다. 물금평야를 경영하는 동양척식주식회사와 지주들의 횡포에 맞서 양산의 농민들은 1931년 4월 4일 양산농민조합을 결성한다. 그 해 10월에 양산농민조합은 동양척식주식회사와 지주들에게 소작료는 4할을 넘지 않을 것, 지세를 지주가 부담할 것, 나락 운반 비용을 지주가 부담할 것, 품종 지정을 철폐할 것 등을 통고했다. 농민조합이 보낸 통고문을 본 양산경찰서는 농민조합과 소작 농민들의 활동을 막기 위해 1931년 10월 27일 농민조합 간부를 잡아들인다. 1932년 2월 20일에는 양산 사회단체 회관에서 1천5백여 명의 농민이 제3회 정기 대회를 열어 농민조합 집행위원장으로 전혁, 농민조합 의원으로 김룡호 등 19명을 선임한다. 이 대회에서 지난해 10월에 동양척식주식회사와 지주들에게 보낸 통고문의 내용을 재차 확인했다. 하지만 정기 대회에 참석한 경관은 농민조합의 결의들이 불온하다고 대회를 중단시키고 농민들을 해산했다.

이 무렵부터 양산농민조합의 활동이 강화되자 양산경찰서는 농민조합의 활동을 더는 방치할 수 없다고 판단했다. 이에 3월 15일 농민조합 조직선전부장 이봉재를 검거하고 구류 처분한다. 16일에는 농민조합 간부 신영업 외 16명을 검거하고 그중 7명을 구류 처분하고 나머지 10명에게는 벌금을 부가했다. 이 이틀 동안 검거된 농민조합원 18명 중 9명이 농민조합 간부였다. 양산경찰서의 조치는 사실상 농민조합의 정상적인 활동을 막는 것이었다.

이에 양산농민조합 집행위원장 전혁은 농민조합원과 구류 처분을 받은 가족들 약 300여 명과 함께 3월 16일 양산경찰서로 몰려갔다. 이들은 경찰서 정문과 뒷문에서 함성을 지르고 돌을 던지며 구금된 이들의 석방을 요구했다. 이 과정에서 일본 경관들이 실탄 두 발을 발사해 윤복이(당시 51세)와 이만줄(당시 17세)에게 총상을 입혔다. 이 둘은 그다음 날 사망한다. 일본 경찰이 쏜 실탄 두 발이 민간인 2명을 사망케 한 것이다.('양산농민조합 양산경찰서 습격 사건'으로 알려져 있다.) 같은 해 일제의 경찰은 농민들의 결사를 불법으로 몰았고 농민조합 간부를 검속하면서 결국 와해시켰다.

무엇을 위해 발전할 것인가

한쪽 면으로 흐르는 큰 강이 크고 작은 산을 만나고 그 안에 너른 땅을 이루어 냈다. 산과 강으로 둘러싸인 양산은 부산과 울산을 이어 주는 길이며, 해양이 영남과 서울 등지로 나아가도록 연결하는 길이다. 어딘가와

어딘가를 연결하는 다리이고 이어 주
는 든든한 들보라는 뜻의 '梁(양)' 자가
도시 이름에 쓰인 것은 어쩌면 필연
일 듯도 싶다.

그래서였을 것이다. 조선 시대에
도 나라의 중심이 되는 길의 길목이
었고 근대에 들어서도 철도가 놓이며
교통의 요지가 되었다. 산과 강이 만
난 너른 들판, 자연에 맞춰 살아온 우
리 민중의 삶이 결국엔 지정학적 가
치 탓에 수탈의 거점이 되어 아픈 역
사를 안겼다.

관계성과 연결성이 강한 곳은 양
면성을 지닌다. 뭇 생명이 넘실거리고
식량을 길러 내던 옥토에서 식민 지
배의 아픔이 서린 땅으로, 인간이 살
수 없는 질퍽한 메깃들에서 인간의
주거 욕망이 꿈틀대는 신도시로, 산
과 강, 들이 어우러져 교통의 요지이
자 안정적인 주거지로 변모하고 있는
양산의 미래를 어떻게 그려 나갈 것
인지는 우리한테 달렸다. 양산이 지닌
애초의 생명력대로 뭇 생명이 넘실거
리며 서로 교류하도록 하는 교두보가
되길 그려 본다.

철도, 김복동 그리고 양산의 길

이헌수(고등학교 국어 교사, 메깃들마을학교 운영위원)

평일 아침과 저녁이면 물금과 유산, 어곡 등의 산업 단지를 오가는 차량으로 길은 만원이다. 멈춤과 늦춰짐이 되풀이되는 길이지만 하루도 거를 수 없는 성실함이 이 길에 있다. 이 길은 양산에 사는 많은 사람의 등하굣길이자 출퇴근길인 황산로다. 지금도 그러하지만, 황산로는 오래전부터 양산 사람들의 생활로 닦여 온 길이었다.

주말이면 황산공원에선 형형색색의 옷을 입은 늘씬한 사람들이 자전거를 탄다. 낙동강의 옛 제방인 황산언 위로 닦인 길과 경부 철도 아래로 놓인 황산강 베랑길을 라이더들이 달린다. 도시인의 놀이와 휴식 공간이 되어 주는 이 길은 양산 시민뿐 아니라 이웃한 도시 사람들로부터도 사랑받는다. 놀이와 휴식의 길인 이 길이 한때는 눈물과 절규의 길이었다.

양산 사람들의 생활이 오고 가는 황산로가 중세에서부터 이어져 온 길이라면, 양산 사람들의 놀이와 휴식 공간인 황산공원을 따라 호포에서 물금으로 이어지는 경부 철도는 근대의

길이라 할 수 있다. 중세의 길 황산로에서 근대의 길 경부 철도로 이어지는 양산 이야기를 해 보자.

삶의 길목에서
식민지화의 길로

예나 지금이나 길은 장소와 장소를 이어 사람들을 관계하게 했다. 개인의 사정에 따라, 나라의 필요에 따라 길이 생겨났다. 조선 시대 옛길은 서울로 통했다. 말은 태어나면 제주도로, 사람은 서울로 보내라던가. 조선의 길은 서울로 향하거나 서울에서 시작되었다. 이 때문에 조선의 길 이름은 어디에서 어디까지라는, 지역명의 첫 글자를 딴 요즘의 작명법(서울~부산은 '경부선')을 따르지 않는다. 그저 최종 종착지를 이름 삼는 것만으로 충분했다. 임진왜란 때 선조가 한양을 등지고, 백성을 버리고 명나라로 망명까지 고민하며 도망간 곳이 평안북도 의주다. 의주가 종착지여서 선조의 피난길을 '의주로'라 한다. 서울에서 남쪽의

끝으로 가 닿을 수 있는 고을 중 하나가 동래였다. 그곳에 이르는 길 이름을 그 시대 작명법에 따라 삼으면 '동래로'다. 동래로의 경상도 구간이 영남대로다. 영남대로의 시작이자 마지막 구간이 황산로다. 곧 동래에서 서울로 나서는 길이자 동래로 가 닿는 마지막 길목이 황산로다.

옛길에는 장소의 역사와 사람들의 삶이 있다. 양산의 역사와 양산 사람의 삶을 들려주는 양산의 옛길이 황산로다. 황산로를 따라 나라의 문서가 내려오고 올라갔다. 양산의 선비는 과거를 치르러 나섰고, 장사하는 사람은 장삿길에 나섰다. 누군가는 이 길을 따라 장가를 가고 시집을 왔다. 관리들은 말을 타고 달리기도 했지만 대부분은 걸었다. 황산로의 나그네는 목을 축이려 모래 둔치를 지나 강으로 간다. 황산로는 흙먼지가 날리는 좁고 고단한 길이었다.

황산로를 따라 강을 거슬러 오르내리는 배도 있었다. 돛과 노가 있는 배였다. 밀물이 가장 높은 사리 때에 맞춰 낙동강 하구에서 배를 밀물에 올리면 노를 젓지 않아도 하루 만에 물금에 닿았다. 이 배가 낙동강을 거슬러 올라갈 때는 부산 명지에서 소금과 젓갈을 실었다. 밀물에 배를 올리거나 바람의 도움을 받으면 다행이지만 그렇지 못하면 강을 거슬러 오르지 못한 배를 고딧줄(삼줄로 엮어 만든 굵은 줄)로 매어 끌었다. 그렇게 끌고 저어서 경북 안동, 상주까지 올라가고 내려왔다. 물금 앞을 지나는 낙동강 뱃길은 당시 중요한 운송로였다.

1901년 8월과 9월에 서울의 영등포와 부산의 초량에서 기공식이 성대히 열렸다. 부산과 서울을 잇는 경부 철도 기공식이었다. 초량~구포 구간 공사를 시작으로 구포~물금 구간 공사도 이어졌다. 그러면서 사밧재를 넘어 굽개나루(현재 교동)에서 양산천을 건너 오봉산 자락을 따라 낙동강까지 이어지던 황산로와, 명지에서 물금을 지나 안동, 상주에 이르던 뱃길을 경부 철도가 대신하게 되었다. 길이 바뀌고 삶이 바뀌고 나라의 운명이 바뀌었다.

1905년 1월에 경부 철도가 개통

1950년대 물금역 앞 거리 | 양산시 제공

되었다. 시작한 지 4년도 채 걸리지 않은 속성 공사였다. 그 해 9월에는 부산과 일본 시모노세키를 잇는 뱃길로 관부연락선이 취항했다. 10월에는 조선 식민지화를 주도한 이토 히로부미가 초량역에서 서울행 기차를 탔고, 11월 15일 을사늑약이 체결되었다. 이로써 일본 제국은 일본 섬에서 한반도에 이르는 길을 완성했고, 그로부터 5년 뒤인 1910년 8월 29일에 조선은 일본에 국권을 뺏긴다.

철도를 바라보는
두 가지 시선

철도는 근대적 변화를 주도했고 상징한다. 전통적 이동 수단인 말을 이용하거나 걷는 것과 비교할 수 없는 속도는 경이로웠다. 출발·도착 시간이 표시된 열차 시간표는 조선인에게 근대적 시간 관념을 체험케 했다. 도시와 도시를 잇는 철도는 확장된 도시 생활을 만들어 냈다. 산업이 도시에 집중되었고 도시로의 인구

> 철도는 근대적 변화를 주도했고 상징한다.
> 전통적 이동 수단인 말을 이용하거나 걷는 것과
> 비교할 수 없는 속도는 경이로웠다.
> 출발·도착 시간이 표시된 열차 시간표는
> 조선인에게 근대적 시간 관념을 체험케 했다.
> 도시와 도시를 잇는 철도는 확장된 도시 생활을
> 만들어 냈다. 산업이 도시에 집중되었고
> 도시로의 인구 이동이 촉진되었다.
> 또 신분에 따라 구분되던 탈것이 재력에 따라
> 1·2·3등 칸으로 구분되는 새로운 차별이 생겼다.

이동이 촉진되었다. 또 신분에 따라 구분되던 탈것이 재력에 따라 1·2·3등 칸으로 구분되는 새로운 차별이 생겼다.

철도가 가져온 조선의 변화에 어떤 이는 긍정적이었고 어떤 이는 불안했다. 당시 지식인이었던 최남선에게 경부 철도는 봉건적 질서를 끝낼 근대적 문명의 상징이었다. 그는 1908년에 「경부 철도 노래」라는, 남대문에서 초량까지의 기행 노래를 지어 철도를 예찬했다.

1.
우렁차게 토하는 기적 소리에
남대문을 등지고 떠나 나가서
빨리 부는 바람의 형세 같으니
날개 가진 새라도 못 따르겠네

(중략)

47.
그다음에 있는 역 삼랑진이니
마산포로 갈리는 분기점이라
예서부터 마산이 백 리 동안에

「경부 텰도 노래」악보

여섯 군데 정거장 지나간다데

48.
작원관을 찾으며 낙동강 끼고
원동역을 지나서 물금에 오니
머지 않은 임경대 눈앞에 있어
천하 재자 고운을 생각하도다

49.
통도사가 여기서 육십 리인데
석가여래 이마뼈 묻어 있어서
우리나라 모든 절 으뜸이 되니

천이백칠십 년 전 이룩한 바라

50.
물금역을 지나면 그다음에는
해륙 운수 연하는 구포역이라
낙동강의 어귀에 바로 있어서
상업 번성하기로 유명한 데라

(하략)

— 최남선 「경부 텰도 노래」 부분(『경
부 텰도 노래』, 신문관 1908. 현대어 변환은 인용자)

일본 헌병이 조선인을 공개 처형하는 모습
| 박천홍 『매혹의 질주, 근대의 횡단』(산처럼 2003) 88면

일본은 조선에 철도를 놓아 조선을 발전케 했다고 생색냈다. 최남선은 일본과 다르지 않은 생각이었던 듯하다.

하지만 최남선과 생각이 달랐던 조선인 또한 많았다. 철도 건설 과정에서 나타난 약탈과 학살은 무자비했다. 철도가 지나는 곳마다 조선인의 땅이 일본에게 넘어갔다. 조선 민중을 철도 건설 노동자로 강제 동원하다시피 했다. 철도가 지나가는 곳곳마다 조선인의 피와 눈물이 범벅되지 않은 곳이 없었다. 견디다 못한 조선인은 철도 건설과 운행을 방해하는 시위를 했다. 이 시위에 일본은 군율을 공포하고 엄하게 처벌했다.

위에 나오는 사진은 일본 헌병이 조선인 세 명을 공개 처형하는 모습이다. 1904년에 벌어진 일로, 당시 서울의 행정·사법을 맡아보던 관아인 한성부의 공문엔 "오늘 상오 10시에 용산 부근에서 일본 군용 철도에 방해를 가한 한국인 김성삼, 이춘근, 안순서 등 3명을 총살합니다."(『국역 한성부래

거문 상·하』〔서울특별시 1996~1997〕, 박천홍의 같은 책 88면에서 재인용〕라고 보고되었다.

경부 철도는 조선 침탈과 대륙 진출을 위한 일본의 정치적·군사적 의도가 명백한 군용 철도였다. 경부 철도라는, 그리고 그것으로부터 비롯된 폭력을 체험하는 것만으로도 일본의 의도를 간파했지만 조선 민중에게 선택권은 없었다. 분노조차 조심스러워 했던 엄혹한 시절이었다.

그 확장된 도시는 뉘(누구의) **도시며 그 발달된 교통은 뉘 교통이며 그 개척된 도로는 뉘 도로인 것을 잘 아노라. (…) 아— 이것은 그 곁에 섰는 조선 사람 농부와 상고**(장사하는 사람)**의 입지를 파서 장지**(죽은 사람을 묻는 땅)**를 만드는 그 도로의 개척이 아닌가.**
—「멸망하여 가는 경성 (상) 조선이 다 이렇다」(『동아일보』 1923년 3월 6일 자. 뜻풀이는 인용자)

양산의 이중화와 본격화된 식민 수탈

초량에서 시작한 경부 철도는 구포역에서부터 낙동강을 따라 물금, 원동, 삼랑진으로 이어졌다. 조선의 옛길인 황산강 베랑길 위로 경부 철도가 놓였다. 낙동강가까지 이어졌던 거북산(종산) 자락이 경부 철도의 선로에 잘려 나갔다. 고려 시대부터 낙동강의 범람을 막던 황산언, 서대제종죽의 역할을 철도 둑방이 대신 했다. 경부 철도가 생기기 전까지만 해도 낙동강 제방 안쪽이었던 마을들이 철도가 생긴 뒤로 둑방 너머의 위태로운 강변 마을이 되었다.

일본은 철도를 놓으면서 조선의 기존 행정 중심지와 상당히 먼 거리에 역이 생기도록 했다. 조선의 행정력이 미치지 못하도록 한 의도적인 식민 전략이었다. 물금에 기차역이 생기면서 양산은 봉건적 공간인 원도심과 근대적 공간인 물금으로 나뉘는 이중적인 도시 구조를 띠게 되었다. 근대 도시 공간으로 만들어진 물

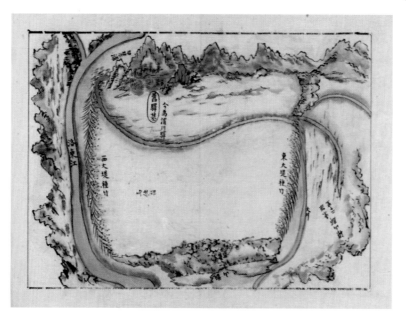

위 지도는 『영남읍지』 중 「황산역도」로, 위쪽 산이 오봉산이고 맨 아래쪽 산이 거북산(증산)이다. 왼쪽 물길이 낙동강으로, 그 강변에 제방(서대제종죽)이 위아래로 길게 이어져 거북산 자락과 닿아 있다. 경부 철도가 이 거북산 자락을 자르고 지나갔다. | 양산시립박물관 제공

금에는 꽤 많은 일본인이 살았다. 일본인은 철도가 놓일 때부터 들어오기 시작해 그들만의 주거지를 따로 이룰 정도로 많아졌다.

1905년 경부 철도 개통 때 물금역은 지금보다 북쪽인 서부마을 언저리에 자리했다. 1939년에 배후터가 넓은 지금의 자리로 옮겼다. 이 해는 일본이 국가총동원법을 시행하며 본격적으로 물자를 공출하고 인력을 징발하던 시기와 맞물린다. 메깃들

의 쌀과 오봉산 자락의 목화를 부산을 통해 일본으로 실어 날랐다. 물금역에는 쌀과 목화를 쌓아 두는 창고가 즐비했다. 물금읍의 범어대동타운 아파트에서 서남초등학교에 이르는 길 이름이 '목화로'인 것은 이곳에 목화를 많이 심었던 데서 유래한다. 이 목화가 양산 원도심과 물금의 창고에 쌓였다가 공출되어 일제의 군복이 되었다.

역사와 문학을 관통하는
김복동과 옥이의 고통

물자 공출은 조선인에게 당장의 궁핍과 굶주림을 주는 것이었다면, 인력 공출은 남은 이와 끌려간 이에게 이별의 고통을 오래도록 남기는 것이었다. 특히 끌려간 이들에게는 이별의 고통에 더해 몸에 대한 착취도 가해졌다. 해방이 되고서도 이별은 이어졌고 몸에 대한 착취의 기억은 오랫동안 억압당했다. 누군가는 고함을 지르고 목청을 높여 외쳐야 했다. 1992년에서야 고함과 외침이 시작되었다.

'일본군 성노예제 문제 해결을 위한 정기 수요 시위'.

이 집회는 일본 총리의 방한을 계기로 시작됐고 세계 최장 집회로 기록되고 있다. 최장 집회라는 건 여전히 문제가 해결되지 않고 있다는 말이다. 최장의 집회를 이어 가는 간절함과, 최장의 집회에도 변함없는 악랄함이 이보다 더 극명할 수 있을까.

양산 출신인 인권·평화운동가 고 김복동 할머니도 슬펐고, 아팠고, 견

디다, 외쳤다.

어느 날 동네 구장하고 반장이 우리 집을 찾아왔어. 누런 옷 입은 일본 사람을 데리고.

그들이 엄마에게 말했어.

"데이신타이에 보내야 하니 딸을 내놓아요."

"이 집에는 아들이 없으니 딸이라도 나라를 위해 내놓아야 하지 않겠어요?"

(…)

엄마가 그들에게 물었어.

"데이신타이가 뭔가요?"

그들이 말했어.

"군복 만드는 공장에서 일하는 거예요."

"일본이 전쟁을 하고 있는데 군복 만드는 공장에 손이 모자라 당신 딸을 보내야 해요."

"3년만 일하면 돼요."

"그 전에라도 나이가 차 시집을 보내야겠다고 고향 집에서 연락하면 언제든 보내 줄 테니 아무 염려 말고 보내요."

사람들이 엄마에게 서류 같은 걸 내

밀었어.

"도장을 찍어요."

"못 찍겠어요."

"어서 도장을 찍어요."

엄마가 끝까지 거절을 못 했어.
그래도 엄마를 원망할 수가 없어.
딸을 내놓지 않으면 배급이 끊기니까.
그들이 그랬어.

"반역자가 되고 싶어요?"

"딸을 내놓지 않으면 고향에서 못 살
줄 알아요."

그래서 내가 가겠다고 했어.
군복 만드는 공장이라는데 죽기야
할까 싶었어.
—김숨 『숭고함은 나를 들여다보는
거야』(현대문학 2018) 48~50면.

이 작품은 김복동 할머니 인터뷰
를 바탕으로 소설가 김숨이 재구성한
소설이다. 김복동 할머니를 비롯한 조
선의 딸들은 내몰렸고 속임을 당했고
약속은 지켜지지 않았다. 일본이 패망
한 뒤에야 고향에 돌아왔다. 구사일생
으로 왔지만 말하지 못했다. 어떤 일

을 당했는지 차마 말할 수 없었다. 몸
이 붓고 허리가 끊어질 듯했다. 김복
동 할머니는 춘추공원에 있는 춘추원
사에서 요양하고, 백련암 뒷마당에서
기도했다. 양산을 떠나면 잊히려나 싶
었다. 고향에 마음을 남기듯 백련암에
석등 하나를 남기고 양산을 떠났다.
남은 생애 내내 몸과 마음을 추스르
는 것만으로도 벅찬 일이었다.

김복동 할머니의 증언과 같은 이
야기는 김정한의 소설 「수라도」에서
도 읽을 수 있다.

'히노마루'가 높다랗게 강바람을 맞
아 펄럭이는 동사 앞뜰에는 옥이 말
고도 여섯 명의 처녀가 나와 있었다.
배를 타야 할 태고 나루에서 가장 가
까운 곳이라, 오봉산 밑 열두 부락의
해당자들이 모두 거기에 모였던 것
이다. 그들 도합 일곱 명을 위한 전
송꾼과 구경꾼이 줄잡아도 사오십
명은 되어 보였다. 그 열두 부락의
대표이기나 한 듯이 이와모도 구장
이 시종 앞장을 서서 서둘렀다. 숫제
학교 선생님처럼, 고작 일곱 사람을

> 양산에서 살아가는 우리에겐 양산의 길이 있다.
> 이 길에는 반짝반짝 빛나던 시절의 이야기도 있고
> 그렁그렁 차오르는 눈물의 이야기도 있다.
> 이 길이 어디로 흘러갈지는 아무도 모른다.
> 분명한 건 과거의 길을 어떻게 기억하고,
> 어떤 가치를 만들어 가며,
> 그래서 어디로 나아갈지에 따라 그 흐름은
> 달라지리라는 점이다.

앞에 두고, 줄을 지어 서라느니, 면서기가 나누어 준 '히노마루'가 박힌 수건을 어서 이마에 동이라느니, 혼자서 야단을 빼듯 했다. 그것을 지극히 만족스럽게 바라보고 있던, 긴 칼을 허리에 찬 순사 부장이 드디어 출발에 즈음한 인사말을 했다.

"여러분은 오늘부터 우리 제국을 위해 일하게 되는 것입니다. 그것은 비단 여러분만의 명예가 아니라, 한편이 지방의 자랑입니다……!"

─「수라도」(『김정한 전집 3』, 조갑상 외 엮음, 작가마을 2008) 215~16면.

소설 속 태고 나루는 지금의 화제 토교다. 소설 속 토교는 가야 부인이 김해에서 양산으로 시집온 길목이었고, 옥이에게는 '위안부'로 징발될 뻔한 곳이다. 소설 속에서 옥이는 박 서방의 처가 되어 징발을 모면한다. 하지만 박 서방이 구출한 옥이는, 끌려가는 일곱 명 중 한 명이었을 뿐이다. 끌려간 여섯 명의 처녀 중 한 명이 현실의 김복동 할머니인 셈이다.

암 투병 중이던 김 할머니는 28일 밤 10시 41분 서울 서대문구 신촌 세브

인권·평화운동가 김복동 | 전쟁과여성인권박물관 제공

란스에서 숨을 거뒀다. 경남 양산 출
신인 김 할머니는 14살에 일본군에
끌려가 22살에 돌아왔다. 김 할머니
는 나라 안팎에서 일본군 '위안부'
피해 사실을 증언해 온 평화운동가
였다.
— 「'위안부 피해' 김복동 할머니마
저 떠났다」(『한겨레』 2019년 1월 29일 자)

물금역을 통해 양산을 빠져나
간 것은 쌀, 목화와 같은 물자만이 아
니었다. 징용, 정신대, 위안부, 학도

병 등 다양한 이름으로 양산 사람들
이 고향을 등져야만 했다. 물금역에
서 강제 노역자로, 일본군 '위안부'로,
학도병으로 징발되는 아버지와 딸과
아들을 보내고 남겨진 어미의 고통이
식민지 근대 공간과 길이었던 물금과
물금역에 있었음이 기억되어야 할 것
이다. 기억은 아픈 역사를 되풀이하
지 않기 위한 의지와 다르지 않기 때
문이다.

길에 대한 기억과
새 길을 여는 힘

조선 시대 황산로는 국가의 주요 도로였으며 황산로를 관할하는 황산역참은 영남 최대 역참(조선 시대에 있던 공공의 여행 체계)이었다. 황산로와 황산역참으로 조선의 중요한 문서가 오갔고 조선의 관리들이 이곳에서 말을 갈아타거나 쉬어 갔다. 황산로는 뱃길을 통하지 않고 낙동강을 따라 이동할 때면 반드시 지나야 하는 주요 교통로이며 황산역참은 그 거점이었다.

조선은 자신의 길을 잃고 일본에 길을 내주었다. 부산에서 서울로 향하는 경부 철도가 그 시작이었다. 경부 철도가 놓일 때 들어선 물금역을 통해 양산에 대한 일본의 침탈이 이루어졌다. 땅을 빼앗겼고 쌀과 목화 등 물자가 실려 나갔으며 사람들이 징발되었다.

도시는 도로와 도로가 주요하게 놓이고 이어지는 곳이다. 과거 아픈 일들이 일어났던 오래된 도로가 있고, 오늘날엔 새로이 만들어져 우리 삶을 연결하고 확장해 주는 새 도로도 있다. 탈것과 사람이 지나는 물리적 공간인 도로에 그곳을 오가는 사람들의 삶이 차곡차곡 쌓이면 도로는 '길'로 탈바꿈한다. 길은 사람들의 생활과 이야기가 묻어나는 하나의 흐름이다.

양산에서 살아가는 우리에겐 양산의 길이 있다. 이 길에는 반짝반짝 빛나던 시절의 이야기도 있고 그렁그렁 차오르는 눈물의 이야기도 있다. 이 길이 어디로 흘러갈지는 아무도 모른다. 분명한 건 과거의 길을 어떻게 기억하고, 어떤 가치를 만들어 가며, 그래서 어디로 나아갈지에 따라 그 흐름은 달라지리라는 점이다. 양산을 파괴하고 수탈했던 철도가 지금은 양산이 타지와 타지를 잇는 교통의 요지로 자리매김하는 데 중요한 조건이 되고 있고, 이는 양산에 열림과 수용의 기회로 다가오기도 한다. 철도와 도로에 어떤 삶을 새겨 넣어 우리 길을 어떤 흐름으로 만들어 갈지는 이미 길 위에 선 우리 모두에게 달렸다.

국민보도연맹 사건과 양산

정영선(전 역사 교사, 소설가)

국민보도연맹
결성과 가입

북위 38도선은 미국과 소련이 제2차 세계 대전 종전 뒤 한반도 내 일본군의 무장 해제를 위해 설정한 일시적 군사 경계선이었다. 하지만 해방 뒤 38도선은 미·소 양국의 군정 실시를 위한 남북 분할선으로 변하였다. 해방과 함께 맞은 분단 상황에 우리 민족이 느낀 당황스러움은 혼란으로 이어졌을 것이다. 그뿐 아니다. 1945년 12월, 소련 모스크바에서 만난 미국, 영국, 소련 3국 외상들은 한반도 신탁 통치를 결정하였다. 이는 정부 수립을 염원한 우리 민족에게 큰 실망과 함께 격렬한 내부 갈등을 불러왔다.

신탁 통치를 반대하는 세력과 찬성하는 세력의 대립은 미국과 소련의 의견 차이로 이어져, 한반도 내 임시 정부 수립을 위해 설치된 미소공동위원회는 결렬되었다. 신탁 통치가 불가능해지자 유엔 총회에서 인구 비례에 의한 남북 총선거가 결정됐으나 소련의 거부로 실시되지 못한다. 결국 유엔 소총회에서 선거가 가능한 지역, 곧 남쪽만의 총선거 실시를 결정한다. 남한 단독 정부, 분단 정부 수립을 예고한 것이었다. 김구 선생 등 통일 정부를 염원했던 사람들의 반대가 이어졌지만 1948년 5월 10일 선거가 실시되고 남쪽에 대한민국, 이승만 정부가 수립되었다.

해방 3년 만에 정부가 꾸려졌지만 제주4·3사건이나 여수·순천사건 등 단독 정부 수립에 반대하는 좌익과 삶이 피폐해진 민중의 저항은 계속되었다. 곧이어 북쪽에 조선민주주의인민공화국(북한)이 수립되었으니 이승만 정부의 경계심은 높아졌을 것이다. 이러한 상황에 맞서 이승만 정부는 1948년 12월 국가보안법을 제정하여 북한에 동조하는 세력 및 좌익 세력을 처단할 수 있는 법률적 근거를 마련하였다. 그리고 몇 달 뒤 좌익 단체에 가입했거나 좌익 운동을 한 사람들에게 전향과 동시에 새로운 사회 건설에 동참할 기회를 준다는 이유로 국민보도연맹(아래 '보도연맹')을 조직한다.

경상남도에서도 1949년 11월 20일 보도연맹이 결성되고 각 시·군에 지부가 조직되었다.

이처럼 보도연맹은 남조선노동당이나 인민위원회 등 좌익 단체에 가입했거나 좌익 활동을 한 사람을 전향시키는 걸 명분으로 하였지만 이후 전국 경찰서를 중심으로 지부와 지회가 조직되면서 가입 대상자의 범위가 점점 넓어졌다. 양산 지역의 경우에도 양산경찰서 중심으로 지부가, 각 면과 파출소를 중심으로 지회가 조직되었다.

양산 지역 보도연맹의 결성 일자 및 조직 체계를 알 수 있는 자료는 발견되지 않았다. 하지만 가입 인원을 늘리기 위해 경찰서와 파출소, 면사무소와 마을의 어른들이 움직였다는 목격자들의 진술은 많다. 동면 삼산국민학교에서도 양산경찰서장과 양산 유지 최 모 씨가 보도연맹에 가입하지 않으면 대한민국 국민이 아니라며 가입을 권유하는 연설을 했다고 한다.

양산은 빨치산들이 출몰하는 지역이라 빨치산과 접촉한 사람이 많았다.(6·25전쟁 전 이승만 정부에 반대하는 사람들이 신불산 일대로 숨어들어 야산대를 조직했는데, 6·25전쟁이 일어나자 인원이 늘어나고 그 규모가 커졌다.) 빨치산에게 강제로라도 식량을 빼앗겼거나 어쩔 수 없이 보리쌀 한 되라도 준 사람들은 경찰서에 잡혀갔기 때문에 그 시달림을 피하기 위해 보도연맹에 가입했다. 이들을 좌익 연루자라 할 수도 없지만, 아예 좌익과 관련이 없는 경우도 많았다. 해방 후 청년 단체에 가입한 사람이 많았는데, 보도연맹 역시 비슷한 청년 단체로 여기고 가입한 사람도 있었고, 가족의 좌익 경력 때문에 강제로 가입된 경우, 군 면제 혜택을 받을 수 있다는 말을 듣거나 취직이 잘된다는 말을 듣고 가입한 경우도 있었다. 마을 유지들이 사람들을 모아 놓고 가입 서류에 도장을 찍으라고 해서 뭔지 알지도 못하고 가입한 경우도 있다고 한다. 이렇게 해서 확보한 회원 수가 일부 좌익 관련 전향자를 포함해 전국적으로 약 30만 명이었다.

이승만 정부로서는 좌익 관련자들의 전향을 유도해 사회 갈등을 줄

국민보도연맹원증

이고 정권의 안정을 이루고 싶었을 것이다. 그러나 취지와는 달리 모집 과정에서부터 이처럼 문제가 많았다. 이들은 가입비를 내고 주민등록증만 한 신분증을 받은 뒤, 사이렌 소리를 듣고 집합해 교육과 훈련을 받기도 하고 도로 공사 등의 부역에도 동원 되었다.

6·25전쟁과
국민보도연맹 사건

1950년 6월 25일 전쟁이 일어나 자 내무부 치안국은 '전국 요시찰 인 물 전원을 구금하라.'는 비상 통첩을 전국 경찰국에 보낸다. 7월 17일에는

'불순분자 일제 검거 지시'를 내린다. 죄를 저지르기 전에 미리 가두어 놓 는 예비 검속이다. 이로써 보도연맹 원들은 보도연맹에 가입했다는 이유 하나만으로 적과 내통할 수 있는 요 시찰 인물, 불순분자가 되어 감시받 고 구금된 것이다. 7월 25일에는 구속 중인 '불순분자(연맹원, 비연맹원 모두)의 명부 를 제출하라.'는 지시가 내려온다. 전 쟁이 난 지 한 달 만의 일이었다. 이미 북한군이 대전을 점령했고 국군과 유 엔군이 낙동강 방어선을 구축하기 직 전이었다.

양산 지역의 예비 검속은 8월 초 순부터 진행된 것으로 보인다. 이들은 각 관할 지서에 소집되었다가 양산경 찰서로 보내져 유치장과 인근 목화

창고에 나뉘어 구금된다. 구금 후 감시는 느슨했던 것 같다. 특히 목화 창고에 갇힌 연맹원들에게는 가족들이 옷과 음식을 가져다주는 경우가 많았고 문이 열려 있었으며 사람들이 자유롭게 드나들었다. 구금된 아버지에게 아침밥을 가지고 간 소년은 창고 앞에 울타리가 쳐져 있었다고 했고, 어떤 가족은 창고 입구를 경찰 2명만이 지키고 있었다고 했다. 이렇게 허술한 구금이었기 때문에 아무도 이들을 죽일 거라고는 생각지 못했을 것이다.

아버지에게 아침을 갖다 주던 소년은 8월 15일 광복절 행사에 참가하려고 등교하던 중 목화 창고에 아버지가 없다는 걸 확인한다. 사람들에게 물어보니 새벽에 트럭에 실려 나갔다고 했다. 소년의 아버지를 비롯한 한 무리의 사람들은 무슨 이유로, 어디로 가는지 알지도 못한 채 트럭에 올랐을 것이다. 이들이 도착한 곳은 양산군 동면 사송리 사배재(현재 부산시 금정구 노포동 뒷산)와 동면 여락리 남락고개였다. 깜깜한 새벽, 트럭에서 내린 사람들은 자기 손으로 구덩이를 파거나 이미 파 놓은 구덩이에서 군인과 경찰에 의해 죽임을 당한다.

유족들 진술에 비추어 볼 때 8월 9일부터 22일까지 여러 차례에 나뉘어 진행된 학살이었다. 보도연맹원이라는 이유 하나로 각 파출소에 구금되어 있다가 양산경찰서로 이송, 며칠 만에 새벽에 끌려 나가 총살당한 것이다. 양산경찰서 소속 경찰과 국군 육군 본부 정보국 산하 경남 지구 CIC('Counter Intelligence Corps'의 약자로, 방첩대를 가리킨다. 공산주의자 감시, 북한 정권의 대남 간첩 활동 조사, 반공·방첩 정보 업무 등을 하면서 이승만 정부 반대 세력을 사찰·탄압한 군사 기구다.) 소속 군인에 의해 희생당했지만 살해 명령은 누가 언제 내렸는지 밝혀지지 않았다.

김정한의 단편소설 「슬픈 해후」(『슬픈 해후』, 창비 1985), 조갑상의 단편소설 「병산읍지 편찬 약사」(『병산읍지 편찬 약사』, 창비 2017)와 장편소설 『밤의 눈』(산지니 2012)은 보도연맹 사건을 서사화한 대표적인 문학 작품으로, 경남·부산 지역을 배경으로 한다는 점에서 그 의미가 각별하다.

학살될 민간인들이 트럭에 실려 가는 모습(왼쪽)과, 군인들이 지켜보는 앞에서 구덩이를 파는 모습

국가의 은폐와
진상 규명

전국적으로 일어난 보도연맹 사건의 진상 규명은 이승만 정권이 무너진 4·19혁명 뒤에야 가능했다. 사건의 피해 규모는 알려지지 않았는데 양산도 마찬가지였다. 1960년 5월 21일 『부산일보』에선 빨갱이로 몰려 총살된 주민이 730명, 『국제신보』에선 750여 명이었다고 보도했다. 유족회 중심으로 춘추원 합동 묘에 희생자 600명의 이름이 새겨진 비를 세우는 등 진상 규명에 한발 다가서는 듯했

다. 하지만 박정희 정부가 들어선 뒤 유족회는 강제 해산되고 유족들은 체포돼 실형까지 선고받는다.

이승만 정부와 마찬가지로 박정희 정부도 '반공'이 국가의 가장 중요한 가치관이었다. 반공은 공산주의에 반대한다는 뜻이지만 박정희 정부는 공산주의자가 아니라 정권을 비판하는 사람들까지 빨갱이로 몰아 반공을 앞세워 탄압했다. 반공을 권력 강화를 위한 도구로 이용한 것이다. 보도연맹 사건에 대해서도 마찬가지였다. 사건을 은폐하고 진상 규명을 금기시할 뿐만 아니라 유족까지 반공 이데올로

아무리 전쟁 중이라 하더라도 민간인을
아무 절차 없이 새벽에 싣고 가 집단 총살할 것이라고
누가 생각할 수 있었겠는가.
어떤 이유나 변명을 대더라도 이 사건이
국가가 저지른 범죄라는 점은 명확한 사실이다.
그 뒤 사건을 은폐하고 유족들을 빨갱이로 분류해
우리 사회에서 격리한 것도 마찬가지다.

기로 옭아매는 연좌제를 적용했다.

연좌제는 범죄자의 가족과 친척을 경찰의 요시찰 인물로 지정해 감시하거나 형사 책임을 지우는 일을 말한다. 실제로 유족들은 희생자들이 범죄자가 아닌데도 감시 대상이 되었을 뿐 아니라 진학과 취직, 승진 등에서 불이익을 받았고 일상생활에서까지 차별을 받았다. 희생자들에게 사죄하고 유족들을 위로해야 할 국가가 오히려 진실을 은폐하고 희생자의 가족과 친지를 빨갱이로 몰아 사회에서 배제한 것은 인권 침해 이상의 폭력이라고 할 것이다.

보도연맹 사건의 진상을 규명하는 일은 군사 정권이 몰락한 1992년 이후에야 가능했다. 민간에서 소규모로 시작된 규명 작업은 노무현 정부 시절인 2005년 '진실·화해를 위한 과거사 정리 기본법'이 제정되면서 속도를 내게 된다. 조사 기관인 '진실·화해를 위한 과거사 정리 위원회'(아래 '진실화해위원회')가 결성되어 정부 차원의 진상 규명이 가능해진 것이다. 다행한 일이었지만 광범위한 발생 지역과 자료 소실 등을 생각해 볼 때 진상 규명의

2004년 도법 스님(오른쪽)을 단장으로 한 생명평화탁발순례단이 진행한,
양산 보도연맹 희생자 천도재 | 양산시민신문 제공

어려움이나 한계 등은 충분히 예측할 수 있는 것이었다.

진실화해위원회는 2007년 8월 23일부터 2009년 6월 3일까지 양산 지역의 보도연맹 관련 진상 규명 조사를 진행했다. 우선 1960년 유족회 활동 내용과 당시 보도 내용, 양산향토사연구회의 자료 등을 확보했다. 이어서 희생자의 신원과 특성, 연행 과정과 목격 내용, 시신 수습 여부, 연좌제 피해 등을 확인하고 마을 사람들과 그 당시 경찰관들의 관련 진술을 받았다. 그 결과 희생자의 신원이 확인된 사람은 97명

이었다. 1960년 유족회의 조사 결과나 당시 보도 내용과 차이가 크지만 사실 관계를 밝힐 수 없을 정도로 시간이 많이 흘렀고 사망 원인이 보도연맹 사건이 아닌 경우도 있었다고 한다. 희생자의 분포를 보면 20~30대가 85%가 넘으며, 가장 어린 희생자는 19세, 최고령 희생자는 61세였다. 직업은 농업 종사자가 73.2%로 가장 많았다. 학력은 대부분 국민학교 졸업 이하였다.

진실화해위원회의 조사 과정에서 웅상면 지서 주임이었던 오강환(경사, 당시 31세)은 지서에 구금돼 있던 보도연맹원

2012년 양산 보도연맹 희생자 추모제 | 양산시민신문 제공

을 양산경찰서로 이송하라는 상부의 지시를 거부하고 연맹원 명부를 파기했다고 진술하였다. 양산은 빨치산 출몰 지역이라 어쩔 수 없이 접촉한 사람이 많은데 그들을 좌익이라 할 수 없다는 것이 이유였다. 그들이 경찰서로 이송되면 죽을 확률이 높다는 것도 알고 있었다고 한다. 이 일로 오강환은 부산 계엄사령부로 연행되지만 계엄사령관이 해방 전 일본군 복무 당시 내무반 동기였어서 무사히 풀려났으며 그 뒤 경찰을 그만두었다는 것도 지역 신문과의 인터뷰에서 밝혔다. 실제로 웅상면 희생자는 진실화해위원회에서 밝힌 것만 해도 97명 중 2명으로 가장 적다.(진실화해위원회에서 밝힌 양산 지역 희생자의 지역별 수는 물금면 40명, 동면 31명, 양산면 8명, 원동면 7명, 하북면 5명, 상북면 4명, 웅상면 2명이다.) 오강환 외에 부산 서면경찰서의 한 경찰관도 양산경찰서로 와서 원동면 화제리 사람들을 구해 주었다는 마을 사람의 진술도 진실화해위원회 보고서에서 확인할 수 있다.

보도연맹 사건은 모집 과정에서부터 문제가 많았지만, 모집을 독려한 지역의 행정 기관도, 마을 유지들도 이런 큰 비극이 일어날 줄은 결코 알지 못했을 것이다. 보도연맹의 성격을 알고 가입한 사람도, 알지 못하고 가입한 사람도 마찬가지다. 아무리 전쟁 중이라 하더라도 민간인을 아무 절차 없이 새벽에 싣고 가 집단 총살할 것이라고 누가 생각할 수 있었겠는가. 어떤 이유나 변명을 대더라도 이 사건이 국가가 저지른 범죄라는 점은 명확한 사실이다. 그 뒤 사건을 은폐하고 유족들을 빨갱이로 분류해 우리 사회에서 격리한 것도 마찬가지다.

국민이 준 권력을 잘못 사용하고 그 권력을 유지하기 위해 잘못을 은폐하며 희생자와 유족을 반국가 행위자로 몰아가는 것이 얼마나 큰 비극을 낳는지, 우리는 보도연맹 사건을 통해 절감할 수 있다. 시간이 많이 흘러 진상 규명에 한계가 있다고 하지만 국가는 더 지속적으로 관심을 가지고 진상 규명에 노력하고 추모와 위령 사업을 펼쳐야 한다. 국가의 잘못을 인정하고 그 사실을 알리는 일이야말로 진정한 사과이고 반성이기 때문이다.

화희남, 노봉석(이상 중학교 역사 교사) | 이현우, 허정우(이상 고등학교 역사 교사)

4대강 유일의 용신제가 열리는 가야진의 사당

경남 양산시 원동면 용당들길 43-62

하천은 도로가 발달하기 전 주요 운송로였다. 이에 배가 건너다닐 수 있도록 곳곳에 '진(津)'이라는 나루터가 설치되었다. 삼국 시대 신라와 가야의 접경지에도 사람과 물자가 드나들도록 가야진이라는 나루터가 생겼고, 강의 수호신인 용에게 배의 안전한 운행과 풍요를 비는 '용신제'가 열렸다. 용신제는 전국의 4대강에서 이루어졌으나 오늘날엔 가야진 용신제만 유일하게 남아 무려 1,400년 넘는 역사를 이어 오고 있다. 가야진사는 용신을 모시는 사당이다. 다음은 가야진사의 용신 설화다.

양주(현 양산)의 한 전령이 공문서를 가지고 대구로 가던 길에 원동의 한 주막에서 하룻밤 묵는다. 그날 꿈에 용 한 마리가 나타나 울면서 이렇게 하소연한다. "저는 근처 용소에 사는 용이온데, 남편이 첩만 사랑하고 저를 멀리하니 그 첩을 죽여 준다면 반드시 은혜를 갚겠나이다." 전령이 다음 날 용이 알려 준 곳에 가 보니 아니나 다를까 용 두 마리가 밀회를 즐기고 있지 않은가. 전령은 칼을 뽑아 첩 용의 목을 베려고 했는데 칼이 빗나가는 바람에 그만 남편 용을 죽이고 만다. 이를 지켜본 아내 용은 슬피 울다가 그래도 보답하겠다며 전령을 태우고 용궁으로 사라진다. 그 뒤로 주변 마을에 가뭄과 기근 등이 끊이지 않아 사당을 짓고 용 세 마리와 전령의 영혼을 위로하는 제사를 지냈다. 이것이 가야진 용신제다.

가야진사 | 양산시립박물관 제공

낙동강의 마을들

대홍수와 철도 개설로 흔들린 삶의 터전들

경남 양산시 물금읍 일부 지역

영남 최대 역참이었던 황산역(驛)은 너른 땅을 소유하고 있었다. 물금역 뒤쪽 황산공원에서 그 앞쪽 디자인공원에 이르는 구간이 황산역 땅이었다. 낙동강과 양산천 사이에 놓인 이곳은 수시로 물에 잠겼고, 이를 막고자 낙동강을 따라선 '서대제종죽'이, 거북산에서 청룡등까지는 '동대제종죽'이 만들어졌다.

서대제종죽 안쪽으로 모랫등이니 오리숲이니 하는 마을들이 있었다. 그런데 1901년 경부 철도 공사가 시작되면서 철둑이 서대제종죽을 대신하게 되었다. 그러자 모랫등과 오리숲 마을은 졸지에 철둑 바깥에 놓이게 되고, 결국 1934년 대홍수로 피해를 입는다. 낙동강과 양산천 주변 마을들도 물에 쓸려 사라졌으며, 사람들은

새 거처를 찾아 나섰다. 경부 철도 때문에 산 꼬리가 잘린 거북산 서쪽 비탈로 옮긴 주민들이 만든 마을이 바로 오늘날의 남부마을이다.

물금의 낙동강가에는 황산나루를 끼고 황산장이 크게 열렸다. 하지만 경부 철도는 이 황산장마저 철둑 바깥으로 밀어냈고, 이에 황산장은 철둑 안으로 옮겨 물금장이 되었다. 서리단길로 불리는 골목이 옛 물금장 길이다.

한편 낙동강 둔치에 만들어진 황산공원은 예전엔 감자밭이었다. 이곳에서 물금 모래감자라는 양산의 특작물이 생산됐다. 하지만 2008년 4대강 정비 사업으로 밭이 공원으로 바뀌면서 감자는 사라졌고 그 자리를 시민들이 채우고 있다.

모랫등 마을 자리에 있는 당산나무

박제상 효충공원

영원한 신라의 충신 박제상을 만나는 길

경남 양산시 상북면 박제상길 11-1

신라는 한때 국력이 약해 고구려와 왜의 눈치를 살폈고, 복호와 미사흔이라는 왕자를 각각 고구려와 왜에 인질로 보냈다. 이들의 큰형인 눌지 마립간은 왕위에 오른 뒤 왕권 강화를 위해 노력하는 한편, 인질로 가 있는 두 동생을 구출해 오라고 박제상에게 시킨다. 이에 박제상은 고구려의 왕을 회유해 복호를 구출하고, 연이어 미사흔을 구출하기 위해 왜로 떠난다.

왜로 간 박제상은 신라를 배반하고 도망해 온 것처럼 속여 미사흔을 탈출시키는 데 성공하지만 정작 자신은 붙잡혀 고초를 겪는다. 하지만 그는 발바닥의 가죽이 벗겨지고 달군 쇠 위에 올라서도 '차라리 신라의 개나 돼지가 될

지언정 결코 왜의 신하가 될 수는 없다.'며 끝까지 충절을 지켰다고 한다.

이러한 충신 박제상을 추모하기 위해 1946년 그의 출생지에 효충사라는 사당이 들어섰다. 2015년에는 양산시에서 효충공원을 조성해 박제상이 머물던 별장으로 알려진 '징심헌'을 복원하고 그의 동상을 세웠다. 박제상은 고려의 김원현, 조선의 조영규와 더불어 양산의 '삼조의열(三朝義烈)'의 한 사람으로 춘추공원 충렬사에 위패가 봉안돼 있다. 양산삽량문화축전에서도 박제상을 추모하는 프로그램을 운영한다.

효충공원 박제상 동상 | 양산시립박물관 제공

법기수원지

빼앗긴 들에서 시민의 안식처로

경남 양산시 동면 법기로 198-13

법기수원지는 일제강점기에 부산으로 이주한 일본인들의 식수 문제 해결을 위해 만들어진, 물을 모아 두는 곳이다. 이 조성 공사로 인근 지역 논밭 78,000여 평이 수원지에 포함돼 소작농 300여 명이 쫓겨났다. 그러자 생계를 위협받게 된 주변 농민들의 원성과 항의가 거세게 쏟아졌다. 하지만 이들의 간절한 요청과 항의에도 불구하고 일제는 근대적 합리성과 개발 논리를 앞세우며 공사를 강행했고 결국 1932년에 준공되었다. 수원지 취수 터널에는 당시 조선 총독이었던 사이토 마코토가 남긴 문구(깨끗한 물은 많은 생명체를 윤택하게 한다)가 아직까지도 새겨져 있어 아픈 역사를 떠올리게 한다.

법기수원지의 물은 오늘날 부산시 금정구 일대 7,000여 세대에 매일 공급되고 있다. 상수원 보호를 위해 수십 년간 일반인의 출입이 금지됐던 인근 숲도 개방되어 시민들에게 휴식처가 되고 있다. 측백·편백 나무를 비롯해 높이 30~40미터에 달하는 개잎갈나무로 이뤄진 울창한 숲이 법기수원지의 절경으로 꼽힌다.

법기수원지

시대의 소용돌이 앞에서 엇갈린 형제의 운명

경남 양산시 하북면 장수길 13-18

'삼 장수'란 이징석, 이징옥, 이징규 삼 형제를 말한다. 이들은 태몽부터 특별해서, 각각 영축산, 천성산, 금정산의 기운을 받아 태어났다고 한다. 어릴 적부터 남달리 용맹했음은 물론이다. 호랑이를 타고 서당에 다녔고 멧돼지를 산 채로 잡아 왔다는 이야기가 있으며, 하루는 서당에서 돌아올 때 50여 명의 도적떼를 만났지만 형제가 힘을 모아 물리쳤다는 얘기도 전한다.

이들은 모두 무장이 되어 이름을 떨쳤다. 첫째 징석과 둘째 징옥은 세종 때 4군 6진 개척의 주역이었고, 셋째 징규도 병조판서까지 역임하며 화려한 관직 생활을 누린다. 하지만 호사다마였을까? 수양대군이 일으킨 계유정난이라는 소용돌이 속에서 형제는 서로 다른 선택을 하고 만다. 징석과 징규는 세조 편에 섰던 듯하다. 하지만 징옥은 어린 조카를 끌어내리고 왕이 되려는 수양대군을 용서할 수 없었던 모양이다. 교과서에 나오는 '이징옥의 난'의 주인공이 이 사람이다. 그는 여진의 여러 부족에게도 군사 지원을 요청하는 등 대규모 반란을 준비했으나 실제 난을 실행에 옮기기 전 측근에게 살해된다.

반역이라는 오명 때문인지 삼 장수 생가터는 오랫동안 쓸쓸하게 남아 있었다. 하지만 그

이야기만은 「삼 장수의 민요」라는 노래를 통해 구전되었다.(「삼 장수의 민요」는 디지털양산문화대전(http://yangsan.grandculture.net/yangsan)에서 가사를 볼 수 있다.)

삼 장수 생가터

신흥사

벽화로 담아낸 빛나는 부처의 세계

경남 양산시 원동면 원동로 2282-111

원동에 자리한 신흥사는 구전에 따르면 신라 시대에 창건됐다고 하나 신빙성이 부족하며, 선조 15년(1582년)에 중창되었다는 기록이 있다. 그 뒤 임진왜란 때 승병의 거점이 되었다가 왜군에 의해 불타 없어진 것을 여러 차례 다시 짓고 고치기를 거듭해 오늘날에 이른다.

비로자나불을 모신 대광전(보물 제1120호)은 1657년 중창되어 지금 남아 있는 신흥사 건축물 중 가장 오래되었다. 대광전 내부의 좌우 측면과 법당 뒤쪽 벽, 공포 사이사이에 부처의 공덕을 엄숙하고 화려하게 장식하기 위한 장엄벽화(보물 제1757호)가 80여 점이나 남아 있는데, 그 색채와 문양을 표현한 수법이 매우 뛰어나다. 이들 벽화에는 부처와 보살, 수호신들이 불교의 종교적 위계에 따라 상중하로 구역을 나눠 질서 정연하게 배치돼 있다. 과거·현재·미래의 중생을 구제한다고 하는 '삼세불(三世佛)'과 그들을 수호하고 돕는 관음보살, 사천왕 등 불교의 신들이 어우러져 불교의 이상 세계를 드러낸다. 이 벽화들은 연대도 오래되었을 뿐 아니라 삼세불을 주제로 한 조선 후기 벽화가 남아 있는 것이 드물어 문화적 가치와 중요성이 높다.

신흥사 대광전 벽화 중 하나

양산시립박물관

양산의 역사를 간직한, 고분군 속 타임캡슐

경남 양산시 북정로 78

2013년 4월에 개관한 양산시립박물관에는 역사실, 고분실, 어린이박물관, 기획전시실, 대강당, 시청각실 등이 마련돼 있다. 겉모습은 양산 신기동의 고인돌 모습과 통도사 대웅전 처마의 곡선 형태를 표현한 것이며, 가운데 부분은 원적산의 봉수대를 형상화한 것이라 한다.

박물관 뒤편 산책로를 따라가면 양산을 대표하는 유적인 북정동·신기동 고분군과 신기산성을 둘러볼 수 있다. 아울러 박물관 3층 고분실에선 북정동·신기동 고분에서 출토된 화려한 금속 유물과 다양한 토기 등을 만날 수 있다. 부부총과 금조총의 발굴 당시 실제 무덤 모습을 그대로 재현한 모형을 두어 사실성을 높였다. 하지만 안타깝게도 이 무덤들의 실제 출토품은 이 박물관에 없다. 부부총은 일제강점기에 발굴되어 그 출토품이 모두 일본의 도쿄 국립박물관에 가 있으며, 금조총 출토품은 동아대학교 석당박물관에 전시돼 있다. 한편 4층 역사실은 선사 시대부터 지금까지 양산의 대표적인 유적과 유물, 인물을 중심으로 둘러볼 수 있게 꾸며 놓아 양산의 역사를 이해하는 데 도움이 된다.

양산시립박물관 | 양산시립박물관 제공

양산향교

성현을 받들고 후대를 교육한 중등교육 기관

경남 양산시 교동1길 10

조선 시대에 초급 교육인 서당 공부를 마친 양반 자제들은 중등교육 기관에 해당하는 향교에 들어가 공부를 이어 갔다. 유학을 중시한 조선 정부는 고을마다 학교를 짓고 학생들을 가르치게 했다. 경상남도 유형문화재 205호인 양산향교는 조선 태종(1406년) 때 세워져 운영되다가 임진왜란 때 불에 타 새로 지어졌고, 여러 차례 자리를 옮기다가 1828년에 현재 자리로 옮겨와 건물을 새로 지었다고 한다.

옛 성현에 대한 제사와 교육이라는 향교의 기능은 양산향교의 공간 배치에서도 잘 드러난다. 가파른 뒷산을 배경으로 문루(바깥문 위 공간)인 풍영루로 들어서면 평지에 교육 공간인 명륜당이 자리해 있다. 그리고 그 뒤쪽 급경사지엔 제사 공간인 대성전이 있다. 양산향교에는 공자를 비롯한 중국인 성현 7명과 설총을 비롯한 우리나라 유학자 18명의 위패가 모셔져 있다. 매년 봄과 가을에는 오늘날에도 '석전대제(釋奠大祭)'라는, 공자를 모시는 사당에서 지내는 제사를 연다.

양산향교 | 양산시립박물관 제공

우불산·우불산성·우불산 신사

웅상 지역 정신이 깃든 신령한 산

경남 양산시 당촌길 70(우불산 신사)

우불산(해발 234미터)은 조선 시대엔 울산군에 속했던 산으로, 오늘날 양산시와 울산광역시의 경계 지점에 자리해 있다. 이 산에 있는 우불산성(경상남도 기념물 제259호)은 산의 남북 양 봉우리를 잇는 산줄기와 계곡을 따라 돌로 쌓은 성이다. 성벽이 대부분 훼손되어 원형은 찾기 어렵다. 건립 시점은 5~6세기 신라 시대로 여겨지는데, 주변 지역 주민들은 우불산성이 이 지역에 존재했던 삼한 시대 소국인 우시산국의 중심지였다고 생각한다. 주민들은 우불산을 산으로서의 가치뿐 아니라 웅상 지역의 정신이 깃든 곳으로 보고, 웅상의 역사와 정체성의 중심인 우불산성을 복원하고 정비하기를 당국에 촉구하고 있다.

한편 우불산 신사(경상남도 문화재자료 제187호)는 우불산의 신령을 모시는 곳이다. 우불산에선 신라 때부터 조선 시대까지 국가에서 제사를 모셔 왔으며, 가뭄이 심할 땐 지방관이 기우제를 올리기도 했다. 1910년 조선 왕조가 멸망하면서 국가 제사는 중단됐으나 신령스러운 산이 방치되는 걸 두고 볼 수 없던 주민들이 성금을 모아 1919년에 신사를 재건했다. 그리고 오늘날까지도 '우불산신사보존회'에서 매년 음력 8월에 제의 행사를 이어 오고 있다.

우불산 | 양산시립박물관 제공

임경대

어지러운 세상 속, 거울 같은 강을 굽어보는 곳

경남 양산시 원동면 원동로 285

양산 물금에서 지방도를 따라 원동의 화제 방면으로 가다 보면 물금과 원동의 경계 지점 왼편에 육각 모양의 정자가 있다. 임경대는 이곳으로부터 남서쪽으로 약 200미터 정도 떨어진 곳에 있는 오봉산 능선의 바위 봉우리다. 낙동강과 건너편 산, 그리고 들이 어우러져 아름다운 경치를 감상할 수 있는 관광 명소이자 양산 8경 중 하나다.

통일 신라 시대에 고운 최치원이 이곳에서 시를 읊었다고 전해져 최치원의 호를 따 고운대, 또는 최공대라고도 한다. 최치원은 6두품 출신 학자로, 능력은 탁월했으나 신분의 한계로 뜻을 펼치지 못하고 어지러운 세상을 비판하며 떠돌다 이곳에 이르렀다. 임경대 벽에 최치원이 지은 시가 새겨져 있었다는 이야기도 있으나 지금은 확인할 수 없고 그 시만 전해지고 있다. 최치원이 낙동강을 바라보면서 천하 제일의 거울을 대함과 같다 하여 임경대(臨鏡臺)라는 이름이 유래되었다고 한다.

안개 낀 봉우리는 뾰족뾰족 물결은 넘실넘실
거울 속 집들은 푸른 봉우리를 마주했네
외로운 배는 바람을 안고서 어디로 가려는고
언뜻 보니 날던 새 흔적도 없이 아득하네
—최치원 「황산강 임경대」 전문(이헌수 옮김)

임경대에서 바라본 낙동강

1천 명의 성인을 배출한 양산의 비경

경남 양산시 하북면

깊은 계곡과 폭포, 수려한 경치로 예부터 소금 강산이라 불려 온 천성산(해발 920미터)은 아름다운 식물과 곤충 들의 생태가 잘 보존돼 있는 산이다. 정상부의 화엄늪과 밀밭늪은 끈끈이주걱 등 희귀 식물과 수서 곤충이 서식하는 등 생태학적 가치가 매우 높다. 봄에는 분홍빛 철쭉이, 가을에는 금빛 억새가 장관을 이루는 산이기도 하다.

이 산에는 신라의 승려 원효와 관련된 설화와 유적이 많이 남아 있다. 원효는 이곳에 대둔사, 내원암을 비롯해 89개나 되는 사찰과 암자를 세웠으며 1,000여 명이나 되는 승려에게 『화엄경』을 가르쳤는데, 이들이 모두 깨달음을 얻고 성인(聖人)이 되어 산 이름을 '천성산(千聖山)'이라 했다고 한다.

한편 천성산 동쪽 자락의 미타암은 다섯 승려가 수행 끝에 깨달음을 얻고 부처가 되어 이상 세계인 서방 정토로 날아갔다는 설화가 『삼국유사』에 실려 있는 곳이다. 미타암에 모셔져 있는 아미타여래입상은 풍만하면서도 우아한 인상을 통해 8세기 무렵 통일 신라의 불상 양식을 살펴볼 수 있게 하는 귀중한 작품이다. 이 밖에도 비구니 스님들의 수행 도량인 내원사와 마애아미타삼존불입상이 있는 원효암에도 사람들의 발길이 끊이지 않는다.

천성산 화엄벌 | 양산시립박물관 제공

춘추공원

나라를 지킨 숭고한 마음을 간직하다

경남 양산시 충렬로 27

춘추공원은 양산의 근린공원 중 하나로 2010년에 완공됐지만, 예부터 시민들의 휴식 공간으로 이용되었다. 공원엔 현충탑을 중심으로 위기의 순간에 나라를 지킨 충의를 주제로 각종 인물들의 기념물이 배치돼 있다. 먼저 김유신의 아버지이자 양주(현 양산) 도독이었던 김서현 장군의 비와, 독립투사인 윤현진의 비를 만날 수 있다. 그리고 동요 「고향의 봄」을 지은 작가 이원수의 노래비도 있다. 공원 주차장 쪽에서 현충탑까지 직선으로 오르는 245계단에는 선열들의 애국정신을 기리는 시비도 세워져 있다.

공원 뒤편에는 충렬사와 삼조의열단이 있다. 충렬사는 나라를 지키며 양산을 빛낸 '삼조의열(三朝義烈)' 3위, 임진왜란에서 공을 세운 공신 28위, 독립 유공자 39위의 위패를 모신 사당이다. 신라의 박제상, 고려의 김원현, 조선의 조영규를 삼조의열이라 하는데 특별히 따로 의열비석을 세워 이들을 기리고 있다.

한편 양산 출신 독립운동가 윤현진의 서거 100주년인 2021년에는 신평장터 만세 운동 등 양산의 독립운동사를 기억하고 조국의 광복을 위해 헌신한 분들을 추모하기 위해 춘추공원 일원에 독립기념공원과 기념관이 조성되고 있다.

춘추공원 | 양산시 제공

통도사

3보 사찰 중 하나이자 양산 불교 문화의 요람

경남 양산시 하북면 통도사로 108

신라 선덕여왕 15년(646년) 자장율사가 영축산(해발 1,082미터)에 창건한 통도사는 우리나라 3보 사찰 중 불보(佛寶) 사찰에 해당한다. 당나라에서 온 부처의 진신 사리가 금강계단에 봉안돼 있기 때문이며, 그래서 대웅전(국보 제290호)에는 불상을 따로 모시지 않았다. 신라, 고려 시대를 거치며 왕실과 대중의 비호 속에서 한국 불교의 구심점으로 자리 잡은 통도사는 조선의 억불 정책과 임진왜란의 전화 속에서도 굴하지 않고 면면히 이어져 한국 불교의 정신적 기반이 되고 있다. 특히 2018년에는 '산사-한국의 산지승원'이란 이름으로 부석사, 마곡사, 선암사 등 여섯 사찰과 함께 유네스코 세계문화유산에 등재되었다.

통도사의 가람 배치는 동서로 길게 이루어져 있다. 법당을 중심으로 상로전, 중로전, 하로전으로 구성되어 있으며, 이는 3개 가람이 합해진 복합 사찰임을 뜻한다. 수많은 불교 회화와 문화재를 소장한 성보박물관을 두고 있고, 보물 제334호인 은입사동제향로, 보물 제471호인 봉발탑 등 많은 문화유산을 품고 있다.

통도사 | 양산시 제공

통도사 산내 암자들

영축산이 깊이 품은, '나'를 찾는 여행길

경남 양산시 하북면 일대

통도사가 있는 영축산 자락과 그 아래 너른 들에는 19개 암자가 저마다 특색 있는 아름다움과 이야기들을 간직하고 있다. 양산 시민들이 무척 사랑하고 아끼는 곳이다.

이 암자들을 연결하는 고즈넉한 숲길을 좋은 사람과 함께 여유롭게 걸어 보자. 바쁜 일상에 작은 쉼표가 될 것이고, 인생의 꼬인 매듭을 푸는 지혜를 얻을 기회가 될지도 모른다. '진정한 나를 찾는 여행'을 떠나 보자.

1. 무풍 한송로

통도사 산문을 지나 무풍교에 오르면 청류동 계곡을 따라 1킬로미터에 달하는 긴 소나무 길이 이어진다. 수백 년 수령의 적송들이 끝없이 이어지는 길을 걷다 보면 어느새 해탈문에 이른다. '춤추는 바람결에 물결치는 찬 소나무 길'이라는 이름에 걸맞게, 흔들리는 나뭇가지 사이로 부서져 내리는 햇살이 맑은 물소리와 어우러져 찾는 이의 마음을 티 없이 맑게 씻어 준다.

2. 서운암

서운암은 봄을 맞으면 들꽃 향기로 가득해진다. 매년 4월에 열리는 들꽃 축제와 천연 염색 축제가 수많은 사람의 발길을 잡아끈다. 햇살

통도사 암자들 | 통도사 제공

을 한껏 머금고 늘어선 긴 장독의 행렬은 서운암의 상징 같은 존재가 되었다. 하지만 서운암의 진정한 아름다움은 성파 스님이 만든 삼천도자 불상과 장경각의 십육만도자대장경에 있을지도 모른다. 서운암의 모든 것이 오랜 기다림과 수행이 빚어낸 결과라는 점을 잊지 말자.

3. 옥련암

'장군수'라 불리는 약수를 꼭 마셔 보자. '삼 장

수'로 유명한 양산 출신의 이징옥 장군이 매일 이 약수를 마시고 큰 업적을 이루었다는 이야기가 전한다. 그래서인지 이 절의 스님들은 힘이 장사라는 얘기도 있다. 비로자나불을 모신 본당에는 누구나 읽을 수 있도록 '큰 빛의 집'이라는 한글 편액이 걸려 있다. 방문객을 배려하는 마음이 아름답다. 천이백 아라한을 묘사한 목조각상을 감상하는 것도 잊어선 안 된다.

4. 자장암

통도사를 창건한 자장율사의 수행처 위에 만든 첫 암자라고 전한다. 신선이 사는 별천지라는 뜻을 지닌 '자장 동천'의 맑은 물소리가 가장 먼저 반긴다. 아름다운 백팔 계단을 오르면 본당인 관음전이 모습을 드러낸다. 거북바위 위에 그대로 건물을 올린 까닭에 입구 마루에 돌이 툭 튀어 올라 있다. 바위에 새긴 마애불의 콧수염과 턱수염을 찾아보는 것도 재미있다. 관음전 뒤편 바위 벽에는 엄지손가락 크기의 작은 구멍이 있는데, 바로 이 절의 진정한 주인인 '금와보살'이 사는 곳이다. 이 신비한 개구리는 신앙심이 깊은 사람에게만 보인다고 하니 꼭 방문해서 확인해 볼 일이다.

5. 극락암

영지 연못 위에 걸린 홍교에 앉아 벚꽃 휘날리며 지는 봄을 만끽해 보자. 세 사람이 웃는다는 뜻의 '삼소굴'은 경봉 스님이 열반에 드실 때까지 지냈던 곳이다. 우리가 흔히 쓰는 '해우소'라는 말을 만든 분이다. 삼소굴 주련에 남은 고승의 깨달음을 되새기다 보면 우리네 일상도 훨씬 가벼워지지 않을까.

6. 백운암

통도사의 산내 암자 중 가장 높은 곳에 있어 가파른 경사길을 걸어야만 닿을 수 있다. 속세를 떠나 하얀 구름 위에 떠 있는 이 암자는 정상을 앞둔 등산객들이 다리쉼을 하는 곳이기도 하다. 젊은 스님을 사랑한 한 아가씨의 애틋한 이야기가 '호혈석' 전설로 전해진다. 대개 바닷가에 있는 절에서나 볼 수 있는 용왕각이 산중 암자인 백운암에 있어 신기하다. 물이 귀한 곳이라 샘이 마르지 말라는 염원이 담겼다고 하는데, 산신각도 함께 있으니 이 암자에선 산신령과 용왕님이 친구 먹은 셈이다. 눈앞에 펼쳐지는 장엄한 풍광은 수고를 아끼지 않고 방문한 자들만이 누리는 특권이다.

황산역

역사에 남은, 영남 최대의 '연결' 중심지

경남 양산시 물금읍 화산4길 18

오늘날 서울과 부산을 잇는 경부 고속도로처럼 조선 시대에 한양에서 동래에 이르는 길을 '영남대로'라 했다. 황산역은 이 영남대로의 경남 구역을 총괄하는 찰방역(중심 역)이었다. 황산(黃山)은 옛부터 양산 물금 지역을 일컫는 지명으로, 이 지역에 흐르는 낙동강을 황산강이라 일컫기도 했다. 물금역 인근 서부마을의 서리단길 쪽에 자리했던 황산역은 한때 주변 16개 속역을 관할하고 관리와 노비를 포함해 8,800여 명의 역민이 소속돼 있을 정도로 규모가 컸다고 한다.

전근대의 '역(驛)'은 주요 도로를 연결하는 통로이자 쉼터로, 국가의 명령이나 공문서 전달, 세금 운송, 외국 사신 접대와 이동, 변방의 긴급한 군사 정보나 외교 문서 전달 등 정치·경제·군사적으로 매우 중요한 거점이었다. 하지만 근대적 통신과 철도 등 교통이 발달하면서 역참제도는 점차 역할을 잃고 1896년 폐지되었다. 황산역은 1857년 대홍수로 유실되면서 흔적조차 없어졌고, 그 뒤 상북면 위천역으로 이전했다가 역참제도 폐지와 함께 역사 속으로 사라졌다.

황산역 터 | 양산시립박물관 제공

윤현진(1892~1921)

시대에 책임을 다한 노블레스 오블리주

윤현진 | 양산시립박물관 제공

상하이 임시정부의 단체 사진 속, 쟁쟁한 운동가들 사이에서 비교적 젊어 보이는 한 사내가 있다. 그는 대한민국 임시정부의 초대 재무차장에 선임되어 임시정부의 살림살이를 도맡았던 윤현진이다. 양산시 상북면 소토리 출신이다. 부유한 집안에서 태어나 부족함 없는 삶을 살 수 있었으나 식민지로 전락한 소국의 아픔을 외면할 수 없어 항일 운동의 불길 속으로 뛰어들었다.

1914년에 일본 도쿄로 건너가 메이지대학 법과에 입학한 뒤 국권 회복 운동에 본격적으로 뛰어든 윤현진은 1916년 고향으로 돌아와 백산상회, 대동청년단 등에서 활동한다. 3·1운동 이후 상하이로 망명해 대한민국 임시정부 조직에 투신했고, 초대 재무차장으로서 망명정부의 큰 어려움 중 하나였던 재정 문제 해결에 온 힘을 쏟았다.

그러다 안타깝게도 1921년 9월, 만 29세의 젊은 나이에 급병으로 세상을 떠났다. 그리고 1962년 건국훈장 독립장에 추서되었다. 상하이 외인 묘지에 있던 유해는 1995년에야 국내로 옮겨져 대전 국립묘지에 안장되었고, 그의 오랜 망명 생활도 마무리되었다.

전병건(1899~1950)

평등한 세상을 꿈꾸었던 비운의 혁명가

전병건 | 양산문화원 제공

전병건은 '일제강점기 양산 지역의 모든 사회운동을 주도한 인물'이라는 평가를 받을 만큼 여러 방면에서 활발하게 활동했다. '전혁'이라는 가명으로 알려져 있으며, 양산시 중부동에서 태어났다.

엄주태와 함께 1919년 3월 27일 양산읍에서 일어난 3·1 만세 시위를 주도한 일로 붙잡혀 2년 형을 살았다. 이후 양산청년동맹을 결성하는 한편 신간회 중앙집행위원으로 선출돼 대중계몽에 앞장섰다. 또한 『동아일보』 양산지국장을 지냈고 양산농민조합의 집행위원이 되어 소작료 문제 해결에 앞장섰다. 1932년 사회주의 농민조합 조직에 관여하고 양산농민조합의 경찰서 습격 사건을 배후에서 조종한 혐의로 붙잡혀 4년 형을 선고받았다. 해방 뒤엔 일제의 잔재를 청산하고 농민들의 권익을 보호하기 위해 양산인민위원회를 결성했으나 미군정에 체포되었고 6·25전쟁 때 처형당했다.

3·1 만세 시위 주도와 관련해 정부는 그에게 1990년 건국훈장 애족장을 추서했다.

오택언(1897~1970)

경남 최초의 만세 운동을 촉발한 장본인

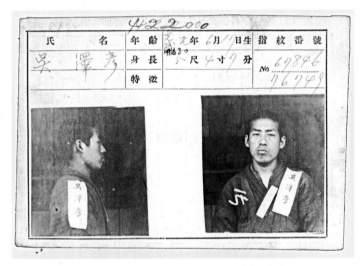

일제 감시 대상 인물 카드 속 오택언 | 양산시립박물관 제공

1919년 3월 13일, 현 보광중학교 앞에 있던 신평장터에서 모처럼 줄다리기 대회가 열리고 있었다. 일제의 강압 통치에 신음하고 있던 조선에서 한가롭게 줄다리기나 하고 있는 모습이 아무래도 수상쩍었다. 그때 어디선가 '대한 독립 만세'를 외치는 날카로운 구호가 선창되었다. 이내 학생들이 독립선언서를 빠르게 낭독했다. 전단지가 뿌려졌고, 구호는 함성이 되어 장터를 뒤흔들었다. 경남 지역에서 최초로 진행된 신평장터 만세 운동이다.

오택언은 통도사의 승려로 신평장터 만세 운동을 촉발한 장본인이다. 1919년 2월 28일 불교계 민족 대표 한용운의 집에 동료 학생들과 모인 자리에서 각 지방으로 흩어져 만세 시위를 확산하기로 뜻을 모았다. 통도사로 내려온 오택언은 승려 및 학생 대표를 만나 양산에서 만세 운동을 계획하고 3월 13일 신평장 날을 의거일로 정했으나 누군가의 밀고로 검거되고 만다. 그렇게 만세 시위가 무산될 위기에 처했으나 만우 스님을 중심으로 한 동료들이 포기하지 않고 계획대로 진행한다. 신평장터에서 터진 만세 함성은 해인사, 표충사 등으로 번져 경남 지역 만세 시위의 도화선이 되었다. 정부는 1990년 오택언에게 건국훈장 애족장을 추서했다.

김철수(1896~1977)

일제의 심장부에서 조선 독립의 횃불을 들다

2·8독립선언 학생 대표 출옥 기념 사진 속 김철수(뒷줄 왼쪽 첫 번째) | 양산시립박물관 제공

김철수는 일본 도쿄 유학생들의 '2·8독립선언'을 주도한 유학생 대표 11명 중 하나다. 양산시 상북면 상삼리에서 태어났다. 부산상업학교를 졸업하고 일본 게이오대학에 입학한 뒤 유학생 학우회 간부로 일하면서 대한 독립을 위한 비밀 결사에 가담했다.

2·8독립선언은 1918년 조직한 '조선청년독립단' 명의로 유학생 대표 11명이 서명하고 재일 한인 유학생 400여 명이 참석한 가운데 1919년 2월 8일 도쿄 기독교청년회관에서 조국 독립을 세계 만방에 선포한 사건이다. 이는 국내 3·1운동에 직접적인 영향을 주었다. 이 일로 9개월간 옥고를 치른 김철수는 고향으로 돌아와 양산청년회 초대 회장으로 활동하는 한편 물산 장려 운동과 민중 계몽에 앞장섰다. 또한 신간회 양산지회 설립에도 참여했다. 그러나 1936년 과로와 경제적 어려움이 겹쳐 활동을 중단하고 고향 산중에 은거했다. 일제 경찰은 가족들의 거주를 제한하고 그를 울산비행장 건설장에 보내 강제 노역을 시켰다. 광복 후에는 미군정 하에서 입법위원으로 위촉되었고 제2대 경남 도지사로 임명되었다. 1963년 대통령 표창을 받았으며, 1990년 건국훈장 애국장에 추서되었다.

김복동(1926~2019)

일본군 '위안부' 피해자에서 인권·평화운동가로

김복동 | 전쟁과여성인권박물관 제공

양산 출신인 김복동은 만 14세에 일본군 성노 예로 끌려간 '위안부' 피해자였고, 일본의 전쟁 범죄를 증언하고 평화를 위해 싸운 평화운동가 였다. 일제강점기 말 일본은 조선인 인력 공출 을 강화했다. 아들에게는 징용을, 딸에게는 정 신대 복무를 강요했다. 1940년 마을 이장과 군 속이 김복동의 집에 찾아왔다. 군복 공장에 데 려가려는 것이며, 나라를 위해 일할 기회라고 거짓말했다. 애국을 운운하는 그들에게 매일매 일 시달렸다. 결국 김복동은 끌려갔고 수년간 중국과 동남아 등지에서 일본군 성노예로 고 통받았다. 8년 만에 고향으로 돌아왔지만 자신

의 불행을 자신 탓으로 여기며 살았다. 그러다 1992년 용기를 내, 자신이 겪은 일을 세상에 알 렸다. 일본 정부와 위선적 정치인들에게 호통 치며 사죄와 배상을 외쳤다. 전 세계를 돌며 일 본군의 만행을 증언했고, 전쟁 성폭력 피해 여 성을 돕기 위한 '나비 기금'을 설립했다. 2015 년에는 국가인권위원회가 '제67주년 세계 인권 선언의 날 기념식'을 열고 김복동에게 '대한민 국 인권상 국민훈장'을 수여했다. 아흔넷 마지 막 눈 감는 날까지 평화운동가로서 혼신의 힘 을 다한 고인의 삶은 많은 이에게 크나큰 울림 을 주었다.

'나'만의 양산 답사 리플릿을 만들어 봅시다

❶ 이 책의 '문학 속 양산 톺아보기'와 '양산 톺아보기'에 소개된 곳을 활용해 다음 활동을 해 봅시다.

(1) 자신에게 흥미롭게 다가온 장소 다섯 군데를 골라 봅시다.

-
-
-
-
-

(2) 자신이 고른 다섯 군데의 정확한 위치를 인터넷으로 검색해 찾고, 이동 순서를 짜 봅시다.

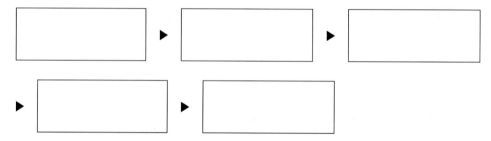

❷ 오른쪽 [보기]를 참조해 양산 답사 리플릿을 만들어 봅시다.

(1) A4 크기의 종이를 가로로 놓고 세로로 3등분해 접는다.

(2) 종이를 펴고 안쪽 면에 ❶에서 고른 다섯 군데의 구획을 이동 순서대로 표시한다.

(3) 구획마다 각 장소의 모습을 그리고 관련 정보를 써 넣는다.

그런 뒤 각 장소에 대해 갖고 있는 생각이나 관심을 가진 이유 등을 적는다.

(4) 바깥 면의 오른쪽 면에는 자신이 짠 답사의 특징이나 주제 등을 활용해 제목을 쓰고 표지로 꾸민다.

(5) 바깥 면의 왼쪽 면에는 답사지 다섯 군데의 핵심 모습과 특징을 간단히 소개한다.

(6) 바깥 면의 가운데 면은 자신이 짠 답사 코스의 특징을 제시하면서

리플릿을 홍보하는 면으로 꾸민다.

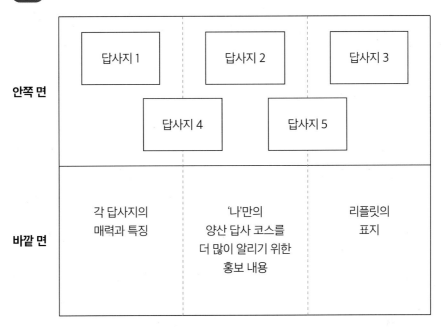

❸ 각자 만든 리플릿을 서로 살펴보고 그 소감을 나눠 봅시다.

❹ 친구나 가족 등 주변 사람에게 리플릿을 보여 주고 실제 답사를 떠나 봅시다.

'양산의 이야기'를 영상으로 만들어 봅시다 (모둠 활동)

❶ 5~10명으로 모둠을 꾸린 뒤 모둠원끼리 의논해 영상으로 만들, 이 책으로 알게 된
'양산의 이야기'를 골라 봅시다. 그런 뒤 아래 [보기]를 참조해 영상 제작 기획서를 써 봅시다.

보기

프로그램 이름	일제강점기 양산과 여성	프로그램 형식	다큐멘터리
방송 분량	10분 내외	기획·연출	○○학교, ○○동아리
기획 의도	일제강점기 양산에서 일어난 수탈과 징집의 아픈 역사를 소설가 김정한의 문학 작품을 통해 되짚어 본다.		
주요 내용 (줄거리)	양산에서 생산한 쌀과 목화를 수탈하는 창구가 되었던 물금역. 문학 작품에 나타난 징용과 징집 이야기. 인권·평화운동가 김복동의 삶을 통해 '위안부' 문제와 역사 기억하기.		

프로그램 이름		프로그램 형식	
방송 분량		기획·연출	
기획 의도			
주요 내용 (줄거리)			

❷ 모둠원끼리 의논해 영상 제작을 위해 할 일을 나누어 맡아 봅시다.

할 일		이름
감독		
스토리보드 담당		
촬영 담당		
편집 담당		
배역	배역 1	
	배역 2	
	배역 3	
	배역 4	
	배역 5	

❸ 다음 [보기]를 참조하여 스토리보드를 작성해 봅시다.

보기

장면	요소	내용
	장면 설명	인터뷰 (정면, 측면)
	소리	(없음)
	자막	질문: 자신에게 양산은 어떤 곳인가요? 대답: 내가 살고 있는 곳요. 이 밖에 별다른 　　　생각을 한 적은 없어요.
	장면 설명	(인서트) 양산 자연 경관
	소리	내레이션: 어느덧 35만 명이 살고 있는 양산. 여느 지역과 다름 없어 보이는 이곳에도 알고 보면 아픈 역사가 있습니다.
	자막	(없음)
	장면 설명	화제석교비 화제천과 낙동강이 내려다보이는 곳
	소리	BGM
	자막	토교는 김정한 소설 「수라도」에서 가야 부인이 친정 소식을 들을 수 있는 유일한 장소이고, 옥이가 '위안부'로 징발될 뻔한 장소이기도 하다.

장면	요소	내용
	장면 설명	
	소리	
	자막	
	장면 설명	
	소리	
	자막	
	장면 설명	
	소리	
	자막	
	장면 설명	
	소리	
	자막	
	장면 설명	
	소리	
	자막	

❹ 스토리보드를 바탕으로 각 장면을 촬영하고,
어울리는 소리와 자막을 넣어 영상을 편집해 봅시다.

❺ 중간 시사회를 열어 영상의 수정·보완 방향을 협의해 봅시다.
그러고는 협의한 대로 영상을 수정·보완해 봅시다.

❻ 모둠별로 만든 영상을 같이 감상하고,
다음 심사 기준을 고려하여 느낀 점을 말해 봅시다.

심사 기준

• 영상의 내용이 잘 이해되는가.
• 화면의 흐름이 자연스러운가.
• 모둠 구성원 간의 협동과 노력이 느껴지는가.
• 영상과 소리, 자막이 잘 어울리는가.
• 하나의 작품으로서 완결성이 있는가.

양산의 내일

양산은 구석기 시대부터 사람이 살아온 곳이다. 고대에는 신라와 가야가 겨루기도 하고 돕기도 하면서 공존한 곳이기도 하다. 그 과정에서 지나친 규제가 해롭다는 사실을 알게 되었고, 그래서 금하지 말라는 규범이 생겼을 것이다. 금하지 않으니 상대를 있는 그대로 이해할 수 있게 되었고, 그런 태도들이 모여서 새로운 전통을 만들 수 있었다.

오늘과

한편 양산은 억압과 착취의 땅이기도 했다. 조상들은 불의에 저항했지만 좌절했고 그 속에서 새 세상을 열고자 동학이라는 사상을 싹틔웠다. 그리고 그 모든 시도가 실패로 끝나고 백 수십 년이 지난 지금, 잠자고 있던 문화적 본능이 깨어나고 있다. 이 이야기의 핵심은 개방과 연결과 창조다. 자신과 다른 생각을 막지 말고, 그들의 뜻과 우리의 뜻을 연결하며, 그 속에서 새 미래를 창조하자. 막지 말아야 이을 수 있고, 이어야 열 수 있다.

막지 말고,
잇고,
열어라

강신익(메깃들마을학교 대표)

물금,

막지 말라!

내 고향인 경기도 안양 출신 시인 김대규는 「엽서」라는 시에서 "나의 / 고향은 / 급행열차가 / 서지 않는 곳"이라면서, 친구에게 "놀러 오려거든 / 삼등 객차를 / 타고"(김대규 『나는 가을 공부 중이다』, 도서출판 시인 2010, 17면) 오라고 한다.

내가 나고 자란 안양과 지금 살고 있는 양산 물금을 이어 준 것도 바로 그 삼등 야간 객차였다. 까까머리 중학생이던 1973년 겨울이었다. 대학 입학을 앞둔 작은형과 함께, 오봉산 자락의 지금 양산시립도서관 자리에 있던 군부대에 근무하는 큰형을 면회하러 오는 길이었다. 야간열차는 초만원이었다. 덜커덩거리는 삼등 열차 바닥에 쪼그려 앉거나 선 채로 꾸벅꾸벅 졸면서 밤을 달려 물금역에 도착했다. 논둑길을 걸어 큰형을 만나 잠시 회포를 푼 기억은 있는데 그다음은 잘 기억나지 않는다. 두 형은 잠이 쏟아져 어쩔 줄 몰라 하는 막내를 여관방에 재우고 동네 구경을 나간 모양이었다.

형이 근무하던 군부대에서 멀지 않은 곳에 새로 들어선 대학으로 내가 직장을 옮긴 것은 그로부터 40년이 지난 2013년이었다. 40년 만에 만난 물금은 이미 기억 속 물금과는 다른 곳이었다. 메깃들에는 벼 대신 아파트 건물이 자라고 있었다. 나는 그 건물들이 거대한 숲이 되어 새 도시를 이루어 가는 과정을 고스란히 지켜보았고 지금은 그 숲의 일부가 되어 살고 있다. 급행열차가 서지 않던 내 고향 안양에는 지금도 KTX가 서지 않는다. 새 고향인 물금에도 KTX는 서지 않는다. 그래서 시간이 금세 빠져나가지 않고 오래 머물 수 있는 곳이기도 하다. 시간과 사람이 머무는 곳에는 문화가 피어난다. 이제 이곳에 머물렀던 시간과, 사람들이 만들어 낸 역사와 문화 이야기를 해 보자.

이곳 물금은 아주 먼 옛날부터 사람과 물자가 들고 나는 관문 구실을 해 왔다고 한다. 고대에는 신라와 가야가 낙동강을 경계로 서로 겨루기도 하고 나누기도 하는 전쟁과 교역

'물금'이란 지명의 유래에 대해 설명된 물금역 앞 안내판

의 장소였고, 조선 시대에는 동래에서 서울로 가는 사람과 물자와 말이 쉬어 가는 첫 번째 역참이었으며, 일제강점기에는 메깃들에서 생산된 쌀과 목화를 빼앗기는 수탈의 기지이기도 했다. 근대 이전에는 낙동강 물길과 그 물길 옆에 만들어진 벼랑길이 사람과 물자의 이동 통로였다. 사람과 물자는 돛단배나 말 등에 실려 느릿느릿 움직였을 것이다. 물금은 그 움직임이 들고 나는 매듭의 장소였으며, 사람이 만나서 서로 사귀며 물자를 교환하면서 상호 이익을 도모하는 장소였다.

　'물금(勿禁)'이라는 이름의 유래에 대해서는 여러 가지 설이 있다. 물이 굽이쳐 흐르는 곳이라는 뜻에서 왔다는 설도 있고(물굽이→물금), 고질적으로 물난리가 나는 지역이라서 물을 금한다는 뜻의 이름을 얻게 되었다는 이야기도 있다. 여러 문화와 풍속이 섞이며 교역이 활발한 곳이었으므로 불필요한 규제㈜를 하지 말아야㈜ 한다는 뜻의 물금이 되었다는 설도 있다. 지금의 자유무역지구와 같은 곳이었다는 말이다. 물굽이에서 물금이 되었다는 첫 번째 설은 자연의 상태를 그대로 반영한 것이며, 물난리와 관련된 두 번째 설은 자연재해를 피하고 싶은 염원을 담은 것이다. 세 번째는 자연이 아닌 사람들 사이의 자유로운 관계에 관한 규범을 담은 설명이다.

　　　이 중 어떤 것이 진실인지를 따지는 일은 부질없는 짓이다. 어떤 것이든 이 땅에 뿌리박고 살아온 조상들의 입에 오르내리며 나름의 상상을 자극해 왔다면 상당한 정도의 진실을 담고 있다고 보아야 하기 때문이다. 하지만 강물의 범람을 효과적으로 막을 수 있을 뿐 아니라 강산의 모양마저도 몰라보게 바꿀 수 있게 된 지금, 우리 삶과 가장 가까운 설명은 역시 세 번째다. 과거의 경험 속에서 나온 이야기지만 다양성과 창의성이 강조되는 21세기 시대정신과 잘 어울리는 이야기이기도 하다. 발칙한 상상을 금하지 말라! 그리하여 다양성 속에서 창의적 문화가 꽃피게 하라!

　　　사람과 물자가 모이고 흩어지는 교통과 거래의 장소였던 물금이 이제는 다양한 생각과 경험을 지닌 12만 인구가 모여 사는 삶의 장소가 되었다. 여기에는 평생 이 땅에 뿌리를 박고 살아온 토박이 어르신들도 계시고 나처럼 외지에서 흘러들어 온 이방인들도 많다. 토박이 어르신들은 주로 거북산과 오봉산 자락에, 이방인들은 그 어르신들이 농사를 짓던 메깃들 들녘에 새로 들어선 아파트에 많이 산다. 이곳은 과거와 현재, 전통과 최첨단, 늙은이와 젊은이의 경험과 생활 방식이 구분되기도 하고 섞이기도 하면서 변해 가는 삶의 현장이다.

양산, 이으라!

물금은 동래에서 서울로 가는 육지 길 영남대로의 첫 기착지인 황산역이 있던 곳이기도 하다. 동래에서 걷거나 말을 타고 한양을 향해 떠난 여행자는 이곳에서 말을 갈아타기도 하고 목을 축이기도 하면서 숨을 골랐을 것이다. 말과 사람이 다니는 좁은 길이었을 영남대로의 물금 구간이 지금은 넓은 자동차 도로와 자전거 도로가 되었다. 그리고 그 옆으로 조성된 숲 사이로 산책로가 나 있고, 새들천이라는 물길도 있다.

새들천은 일제강점기에 양산천에 둑이 생기면서 물길을 돌려 만든 농업용 수로였다고 한다. 양산천의 범람을 막을 수 있게 되면서 새로 생긴 논에 물을 대는 농수로로 만들어졌지만, 그 논이 주택 단지로 바뀌면서 용도 폐기된 역사의 흔적인 셈이다. 이렇게 양산에는 과거와 현재, 역사적 경험과 미래의 가치 지향을 연결해 줄 의미 있는 장소들이 많다. 그런 장소에 살면서 이 땅에 살았던 조상들과 지금 우리의 삶을 연결

지어 보는 것은 무척 의미 있는 일이다. 바로 이것이 이주민인 내가 양산에 살면서 즐기는 일상의 맛이기도 하다.

낙동강 본류에 닿아 있는 물금이 비교적 가까운 과거의 역사를 간직한 곳이라면, 양산천을 중심으로 한 지역은 선사 시대로부터 근대에 이르기까지 이 땅에서 살아온 조상들의 숨결이 곳곳에 살아 있는 타임캡슐 같은 곳이다. 2019년 사송 신도시 건설 현장에서 발견된 유적지에서는 4~5만 년 전에 만들어졌을 구석기 시대 유물인 뗀석기와, 그 이후의 흔적인 분묘와 도자기 등 모두 1천 점이 넘는 유물이 나왔다고 한다. 양산시립박물관에는 보관할 시설이 없어 다른 곳으로 이관해야만 했을 정도로 양산에는 조상들의 흔적이 많이 남아 있다.

양산시립박물관 뒷산으로 올라가면 6~7세기에 만들어졌을 것으로 추정되는 조상들의 무덤도 만날 수 있다. 부부총과 금조총으로 대표되는 북정동 고분군과, 수백 기가 넘는 다양한 형태의 무덤이 확인된 신기동 고분군이다. 제대로 발굴·조사되지도 못한 채 도굴되고 파괴되어 우리 일상 속으로 스며들어 버린 중부동 고분군도 있다. 출토된 유물의 성격으로 보아 이 지역은 신라와 가야의 중간에서 두 문화를 잇는 다리 역할을 했을 것이라 한다.

이들 고분군이 주로 지체 높은 지배자의 삶과 죽음을 보여 준다면, 남부동과 다방동에서 발견된 패총은 이보다 이른 시기(1~4세기) 일반 서민의 적나라한 삶의 모습을 보여 준다. 먹고 버린 조개껍데기, 흙으로 빚은 그릇, 도랑, 나무로 만든 울타리, 둥근 모양의 주거지, 망루로 추정되는 건물 흔적 등을 통해 조상들이 어떻게 살았을지 상상하는 것도 양산살이의 즐거움 중 하나다.

무덤이나 유물처럼 구체적인 모습을 보여 주지는 않지만, 기록과 기억을 통해 전해지는 생생한 역사 경험도 이곳으로 이주해 온 이의 심장을 뛰게 한다. 일제강점기 양산천에 둑을 쌓으며 생긴 너른 농토에서 생산된 쌀은 농민이 아닌 동양척식주식회사의 배를 불리고 군량미로 공출되었다. 이곳 양산은 과도한 소작료와 농민 지도자 구금에 항의하기 위해 경찰서로 쳐들어갔다가 일제의 총에 맞아 숨진 소작농의 넋이 살아 있는 곳이기도 하고, 동부 경남 최초로 독립 만세 운동이 벌어진 곳이기도 하다. 재산 30만 원(현재 가치 수백억 원 추산)을 처분해 독립운동에 투신했으며 상하이 임시정부의 내무위원과 재무차장을 지낸 우산 윤현진 선생이 나고 자란 곳이기도 하다. 그가 태어난 소토에 가서 나라와 미래를 빼앗긴 젊은이의 심정을 헤아려 보기도 하고, 상상으로나마 전 재산을 처분하고 독립운동에 매진했던 그의 삶을 살아 보는 것은 양산살이의 깊은 맛이다. 혹은 배고픈 소작농이 되어 경찰서를 습격하거나 태극기를 들고 만세를 부르는 양산 시민이 되어 보는 것은 양산살이의 쓰고 뜨거운 맛이다.

양산의 양(樑) 자는 한자로 대들보를 상징하는데, 물(水)과 칼날(刀)과 나무(木)가 결합한 모습이다. 나무를 잘라 물 위에

상하이 임시정부 요원들과 함께한 윤현진(윗줄 왼쪽에서 두 번째) | 양산시립박물관 제공

놓아 건넌다는 이야기를 담은 글자다. 여기에서 '다리'라는 뜻이 나왔고, 시간이 지나면서 '대들보'라는 뜻으로도 쓰이게 되었다고 한다. 그리고 지금은 '연결'이라는 추상적 의미로도 쓰인다. 양산은 낙동강과 양산천이라는 물길 주변에 발달한 마을과, 산과 산 사이 골짜기에 만들어진 마을 들이 연결된 지역 공동체다. 양산은 마을과 마을, 골짜기와 골짜기, 물과 산을 연결할 뿐 아니라 그 속에 살았고 살고 있는 사람들의 역사와 경험이 담긴 삶의 장소이고, 그들이 만들어 내는 이야기의 공장이기도 하다.

개벽(開闢),
열어라!

양산은 아주 오래전에 살았던 조상들의 흔적도 많이 남아 있고 몸과 마음으로 전해 오는 역사 경험도 풍부한 곳이지만, 무형의 문화유산과 인류의 미래를 내다보는 사상이 꽃핀 곳이기도 하다.

세계문화유산에 등재된 양산 영축산 통도사는 신라 선덕여왕 때인 646년 자장율사가 창건한 절이다. 이 절에서 의례 때마다 추었다는 춤이 양산 학춤이다. 절에서 추는 춤이지만 춤꾼의 복장과 춤사위 어디에서도 불교의 흔적을 찾기 어렵다는 점이 특이하다. 넓은 갓을 쓰고 도포 자락을 휘날리며 추는 춤은 학의 자태를 본뜬 것인데, 부드러우면서도 맺고 끊는 맛이 있는 춤사위에 절로 몸이 들썩여진다. 이 춤은 사라질 위기 속에서 경남 무형문화재로 지정된 고 김덕명 선생에 의해 전수되었고, 지금은 양산학춤보존회가 그 맥을 이어 가고 있다고 한다.

불교의 장소인 사찰의 공식 행사에 유교의 화신인 선비가 등장하여 고고한 동물인 학의 자태를 재현한다는 사실 자체가 모순처럼 느껴지기도 한다. 하지만 그 속에는 서로 다른 것을 배척하고 금지하기보다는 다름을 존중하고 같음과 연결하는, 그리하여 전혀 다른 새로움을 만들어 내는 삶의 지혜가 숨어 있다. 이것이 바로 사라져 가는 전통을 살려 지금의 현

양산 학춤 | 양산시 제공

실과 연결하며 그것에 새로움을 더하는 문화 발전의 동력이다. 양산 학춤은 전통과 현대, 유교와 불교의 연결을 상징하는 무형문화재라 할 수 있다.

　　이보다 훨씬 먼저 서로 다름을 새로움으로 승화시킨 사상가로 고운 최치원을 들 수 있다. 9세기 신라 사람인 그는 물금에서 화제로 가는 낙동강변의 임경대에 와서 그곳을 노래한 시를 지은 것으로도 유명하다. 그가 쓴 글에는 "유교, 불교, 도교가 섞여서 생긴 우리 고유의 도(道)가 있는데 이를 아득하고 묘한 길(玄妙之道) 또는 풍류라 한다."는 내용이 나온다. 이것과 저것을 나누고 차별하지 않으면서 아우르는, 그리하여 말로 표현할 수 없는 그윽함을 즐기는 우리 고유의 '흥'이 바로 이런 것

오봉산 임경대에서 바라본 낙동강 | 양산시 제공

아닐까 싶다.

사상이란 '사람들이 살아가면서 가지게 되는 이 세상에 대한 생각의 틀'이라 할 수 있다. 유교니 불교니 도교니 하는 것이 바로 그 틀에 붙은 이름이다. 위에서는 이 셋을 엄격하게 구분하지 않는 우리의 문화적 경향을 말했는데, 이제는 그 속에서 전혀 새로운 틀을 만들어 낸 사례를 말해 보고자 한다.

하북면 천성산에 자리한 내원사는 신라 문무왕 때 원효대사가 창건한 사찰로 알려져 있다. 이곳은 우리 고유의 사상인 동학(東學)을 창시한 수운 최제우 선생이 도를 구해 나섰던 곳이다. 1856년 그는 여기서 47일간 기도를 했고, 이듬해 다시 산에 들어가 이번에는 천성산 꼭대기 적멸굴에서 49일간의 기도를 마쳤다고 한다. 여기서도 새 세상을 여는 깨달음을 얻지 못했지만 산에서 내려와 일상으로 돌아온 뒤 시련 끝에 1860년 마침내 하느님과 만나는 영적 체험을 하게 된다. 그러니 양산이 동학을 낳은 곳은 아니지만 적어도 그 사상이 잉태된 곳이라고는 할 수 있겠다.

동학은 앞서 말한 삼교(유교, 불교, 도교) 외에 서양의 천주교를 반면교사로 삼은 사상이다. 네 줄기 어디에도 온전히 속하지 않지만 또한 넷 모두를 아우르는 우리의 독자 사상인 동학은 세상을 새로 여는 "다시 개벽(開闢)" 사상이다. 그 속에는 시련과 극복, 그리고 새로운 깨달음으로 이어 온 조상들의 삶과 지혜도 담겨 있지만, 외세의 총칼과 폭력적 사상으로부터 우리를 지킬, 그리하여 새 세상을 열 생각과 삶의 틀이 담겨 있다. 바람 앞에 선 불꽃과 같은 신세였던 당시 조선의 민중으로서 자신의 눈에 맞지 않는 남의 안경이 아니라 세상의 모습을 똑똑히 비춰 줄 '나'만의 안경을 찾으려는 노력의 결실이었던 것이다.

우리만의 새로운 사상인 동학은 봉건 독재와 외세에 맞서 싸웠지만 수십만 농민군의 희생과 함께 처참한 최후를 맞을 수밖에 없었다. 그 자리에 제국주의와 자본주의가 들어와 오늘에 이르고 있다. 하지만 21세기가 시작된 지금 우리는 유례없는 국운 상승 기운을 느끼고 있다. 전통과 현대, 동양과 서양의 경험과 시대의 바람을 담은 수운의 동학은 우리의 몸과 마음에 스며들어 있다가 지금 우리가 맞고 있는 국운 상승의 문화적 동력이 되었으리라고 생각한다. 전 세계를 강타하고 있는 한국 드라마와 케이(K) 팝을 비롯한 한국 문화의 위력이 그 증거이지 않을까? 가장 한국적인 것이 가장 세계적이다. 양산은 한국인이 살아온 시간과 경험이 농축되어 있는 무척 한국적인 곳이며, 세계로 뻗어 나가기에도 아주 좋은 문화의 고장이다.

양산
타워에서

양산 동면에 우뚝 솟은 160미터 높이의 양산타워는, 물금에서 시작해 양산 구도심과 영축산 통도사를 거쳐 천성산 내원사와 적멸굴에 이른 우리의 여행을 마무리하기에 아주 좋은 곳이다. 양산 전체를 굽어보면서 나아갈 방향을 가늠해 볼 수 있는, 탁 트인 전망을 제공해 주기 때문이다. 이 타워에 올라 양산의 과거와 현재, 그리고 미래를 상상해 저마다의 이야기를 만들어 보자.

양산은 구석기 시대부터 사람이 살아온 곳이다. 고대에는 신라와 가야가 겨루기도 하고 돕기도 하면서 공존한 곳이기도 하다. 그 과정에서 지나친 규제가 해롭다는 사실을 알게 되었고, 그래서 금하지 말라는 규범이 생겼을 것이다. 금하지 않으니 상대를 있는 그대로 이해할 수 있게 되었고, 그런 태도

양산타워와 시가지 야경 | 양산시 제공

들이 모여서 새로운 전통을 만들 수 있었다.

　　한편 양산은 억압과 착취의 땅이기도 했다. 조상들은 불의에 저항했지만 좌절했고 그 속에서 새 세상을 열고자 동학이라는 사상을 싹틔웠다. 그리고 그 모든 시도가 실패로 끝나고 백 수십 년이 지난 지금, 잠자고 있던 문화적 본능이 깨어나고 있다. 이 이야기의 핵심은 개방과 연결과 창조다. 자신과 다른 생각을 막지 말고, 그들의 뜻과 우리의 뜻을 연결하며, 그 속에서 새 미래를 창조하자. 막지 말아야 이을 수 있고, 이어야 열 수 있다.

참고 자료

---

1. 도서

강만길·성대경 엮음 『한국사회주의운동 인명사전』, 창비 1996.

고경림 외 19인 『선생님과 함께 떠나는 문학 답사 2』, 창비 2014.

김동춘 『이것은 기억과의 전쟁이다』, 사계절 2013.

김숨 『숭고함은 나를 들여다보는 거야—일본군 '위안부' 김복동 증언집』, 현대문학 2018.

김용옥 『동경대전 1, 2』, 통나무 2021.

김정한 『김정한 단편선—사하촌』(강진호 엮음), 문학과지성사 2015.

김정한 『김정한 전집 1~5』(조갑상 외 엮음), 작가마을 2008.

박극수 『웅상 사람들의 삶을 말하다』, 웅상신문사 2017.

박창희 『영남대로 스토리텔링』, 도서출판 해성 2012.

배성동 『소금아 길을 묻는다』, 민속원 2017.

서중석 『이승만과 제1공화국』, 역사비평사 2007.

송원근 『그 이름을 부를 때—영화 「김복동」이 일깨워준 세상을 기록하다』, 다람 2021.

이-푸 투안 『공간과 장소』(윤영호·김미선 옮김), 사이 2020.

이이화 『역사 속의 한국불교』, 역사비평사 2002.

조갑상 『밤의 눈』, 산지니 2012.

조갑상 『병산읍지 편찬 약사』, 창비 2017.

최선웅 도편·민병준 해설 『해설 대동여지도』, 진선출판사 2017.

최원식 『문학과 진보』, 창비 2018.

2. 논문 및 보고서

김승 「양산항일독립운동에 관한 학술연구용역 최종 보고」, 양산시 2020.

박은경 「조선후기 영남지역 장엄벽화와 화사집단」, 동아대학교 석당문화연구원 2017.

진실·화해를 위한 과거사 정리 위원회 「경남 양산 국민 보도 연맹 사건」,

　　『2009년 하반기 조사 보고서 04』, 진실·화해를 위한 과거사 정리 위원회 2010.

3. 지역 자료

물금읍지편찬위원회 『물금읍지』, 물금읍사무소 1998.

양산문화원·경남문화원연합회 『양산 마을 이야기—마을 지명의 유래』, 경남문화원연합회 2018.

양산시립박물관 『1919 양산으로부터의 울림』, 양산시립박물관 2019.

양산시립박물관 『땅 속에서 찾은 양산의 역사』, 양산시립박물관 2019.

양산시립박물관 『백 년 만의 귀환 양산 부부총』, 양산시립박물관 2013.

양산시립박물관 『양산』, 양산시립박물관 2018.

양산시립박물관 『양산의 사찰벽화』, 양산시립박물관 2018.

양산시립박물관 『양산이 품은 명산 천성산』, 양산시립박물관 2015.

양산시립박물관 『웅상』, 양산시립박물관, 2020.

양산시립박물관 『황산강 가야진』, 양산시립박물관 2014.

양산시립박물관 『황산역』, 양산시립박물관 2017.

양산시지편집위원회 『양산시지 상·하』, 양산시지편찬위원회 2004.

양산읍사편찬위원회 『양산읍사』, 양산읍사편찬위원회 2009.

양산향토사연구회 『양산항일독립운동사』, 양산시민신문 2009.

이헌수 「문학 속 양산 이야기」, 시루문화방아터 2019.

4. 언론 보도

「경남 양산 '황산 베랑길'」, 『영남일보』 2015년 5월 8일 자 인터넷 기사.

「無情萬里—박창희의 길 이야기 <1> 황산도 나그네 上」, 『인저리타임』 2018년 1월 17일 자 인터넷 기사.

「물금역 관사, 근대건축문화유산 등록 추진… 본지 기획취재 필요성 지적」,

　　『양산신문』 2020년 7월 10일 자 인터넷 기사.

「삼장수 생가에 사당(祠堂)이라도 만들자」, 『양산신문』 2021년 7월 22일 자 인터넷 기사.

「양산 대표할 공원은 어디 있지?」, 『오마이뉴스』 2006년 5월 12일 자 인터넷 기사.

「양산 항일운동 주도자, 전병건 선생은?」, 『양산신문』 2016년 8월 16일 자 인터넷 기사.

「양산시, 항일독립운동사 재조명 위한 '독립공원' 조성」, 『시사저널』 2019년 1월 18일 자 인터넷 기사.

「역사와 함께 걷는 교동 춘추공원길」, 『양산시민신문』 2011년 1월 18일 자 인터넷 기사.

「의열단원 박재혁과 그 친구들 12」, 『오마이뉴스』 2021년 1월 5일 자 인터넷 기사.

「칼바람 뚫고 시집가는 길, 이 고통이 비단 날씨 탓이랴」, 『경남도민일보』 2020년 6월 3일 자 인터넷 기사.

5. 인터넷 자료

두산백과 https://www.doopedia.co.kr

디지털양산문화대전 http://yangsan.grandculture.net/yangsan

부산광역시상수도사업본부 https://www.busan.go.kr/water/index

한국민족백과사전 https://folkency.nfm.go.kr

한국의 산하 http://www.koreasanha.net